U0580932

人文社会科学通识文丛 | 总主编◎廖 进

关于军事学的100个故事

100 Stories of Military Science

廖文豪◎编著

南京大学出版社

图书在版编目(CIP)数据

关于军事学的 100 个故事 / 廖文豪编著. —南京：
南京大学出版社，2012.6(重印)
(人文社会科学通识文丛 / 廖进总主编)
ISBN 978 - 7 - 305 - 07107 - 2

Ⅰ. ①关… Ⅱ. ①廖… Ⅲ. ①军事科学 - 青少年读物
Ⅳ. ①E - 49

中国版本图书馆 CIP 数据核字(2010)第 099492 号

本书经上海青山文化传播有限公司授权独家出版中文简体字版

出版发行　南京大学出版社
社　　址　南京市汉口路 22 号　　邮　　编　210093
网　　址　http://www.NjupCo.com
出 版 人　左　健
丛 书 名　人文社会科学通识文丛
书　　名　关于军事学的 100 个故事
编　　著　廖文豪
责任编辑　还　星　　　　编辑热线　025 - 83686452
照　　排　南京南琳图文制作有限公司
印　　刷　南京市溧水秦源印务有限公司
开　　本　787×960　1/16　印张 18.375　字数 328 千
版　　次　2012 年 6 月第 1 版　　2012 年 6 月第 3 次印刷
ISBN　978 - 7 - 305 - 07107 - 2
定　　价　38.00 元

发行热线　025 - 83594756
电子邮箱　Press@ NjupCo.com
　　　　　 Sales@ NjupCo.com(市场部)

* 版权所有,侵权必究
* 凡购买南大版图书,如有印装质量问题,请与所购
　图书销售部门联系调换

《人文社会科学通识文丛》编审委员会

主　　任　廖进
成　　员（按姓氏笔画为序）

王月清　左　健　叶南客　汤继荣

刘宗尧　沈卫中　杨金荣　杨崇祥

李祖坤　吴颖文　张建民　陈玉林

陈　刚　陈晓明　金鑫荣　赵宁乐

高志罡　董　雷　潘文瑜　潘时常

文丛总主编　廖　进
策　划　执　行　吴颖文

前　言

战争,是文学永恒的主题,贯穿于人类历史的始终。从地球上出现文明以来的五千年中,只有1/10的时间是和平的。

随着战争和生产力水平的发展,作为战争主角之一的兵器经历了由低级到高级,由单一到多样,由庞杂到统一的发展完善过程。根据所用兵器的时代不同,世界军事历史一般可以归结为冷兵器时代、黑火药时代、近代兵器时代、现代兵器时代和热核兵器时代。

冷兵器时代,其特点是使用刀、箭、矛等冷兵器和笨重盔甲近距离格斗。

黑火药时代,其特点是以火药的大规模使用为起点,滑膛式兵器投入战争。

近代兵器时代和现代兵器时代,其特点是坦克、飞机、战舰和现代化运输工具已全部使用。

热核兵器时代,其特点是大规模杀伤破坏武器——核武器出现,将人们对火力杀伤效果的追求推到了顶点。

以战争作为主要研究对象的学科就是军事学,它是研究战争的本质和规律,并用于指导战争的准备与实施的综合性科学。本书用故事形式来讲述军事,并增设"兵家点评"和军事家介绍等内容,以增加军事学知识的广度和深度。

书中一个个经典的战例,经过岁月的冲刷,残酷性被淡化,变得可读、有趣、具有教育意义,能给人思想上的启迪。

名将的传奇和他们的英勇事迹,成为了后人的军事财富、思想财富和品德榜样。

　　战争催生的英烈和灾难,可以让你了解战争的慷慨悲壮和深重苦难。世界范围内的古今军事故事,可以让你了解世界格局的变化,开阔视野。

　　总之,作者将透过100篇最具代表性的军事故事,100位彪炳史册的军事家,80多场重大战争战役,209幅精美图片,将五千年世界军事跌宕起伏的发展历程,尽现在你的面前。

　　读者在品读故事和再现战争场面的同时,可以了解一些重大战役在军事史上的地位。对于国内外最新的军事理论成果,各种主要的战略、战术知识和各类兵种特点及兵器,也会有一个系统的了解。

　　在漫长的历史长河中,有的战争绵延数百年,有的在几个小时之内就分出胜负;无论是战火遍布世界,还是小规模的局部战争,最后的结论只有一个:战争就是流血,战争就是眼泪! 那些动辄数以万计的伤亡统计,不只是资料,更是鲜活的生命。在阅读中最需要我们体会和思考的是:我们该如何来维护世界的和平?

第一章　冷兵器时代

最早有和约传世的战争——卡迭石之战　　　2

后发制人的著名战例——齐鲁长勺之战　　　5

你空城我也空城——中国最早的"空城计"　　　8

不战而屈敌之兵——兵家相争的至高境界　　　10

雅典军队以弱胜强的杰作——马拉松之战　　　13

孔门弟子"借刀杀人"——巧言游说下的军事奇迹　　　15

影响人类文明进程的战役——萨拉米海战　　　18

古代世界大战——伯罗奔尼撒战争　　　21

把战争带给亚洲,把财富带回希腊——亚历山大东征　　　24

无中生有——战国纵横家如此开疆拓土　　　27

华夏骑兵的崛起——赵武灵王"胡服骑射"　　　29

雄主、名将和昏君、庸才之间的惨烈对决——长平冤魂　　　32

规模宏大、慷慨悲壮的卫国战争——邯郸保卫战　　　35

少数包围多数的合围范例——汉尼拔扬威坎尼　　　38

置于死地而后生——井陉口韩信背水一战　　　40

靠"枕边风"求生的大汉皇帝——白登之围　　　42

奴隶觉醒的悲壮史诗——斯巴达克斯起义　　　44

罗马从共和迈向帝制的奠基石——自由高卢之战　　　47

白鹅示警救罗马——卡皮托利亚山之战　　　51

坚守待援与内外攻击战术的灵活运用——昆阳大捷　　　54

古典时代的大决战——罗马与匈奴的沙隆之战　　　57

南北朝军事史上最艰苦的城池攻防战——玉璧之战　　　59

北击突厥——隋朝成为亚洲强国　　　62

阿拉伯对外扩张战争　　　64

亚洲两大帝国的第一次正面交锋——唐与大食塔拉斯之战　　　66

古代军事史上最著名的奇袭战——李愬雪夜入蔡州　　　69

教皇鼓吹下的跨世纪掠夺——十字军东征　　　　71

重装甲马的衰亡——宋军郾城、颍昌大捷　　　　74

第二章　黑火药时代

火药、火器的第一次大规模应用——宋金唐岛之战　　　78

草原上"活动的城"——可汗横扫亚欧大陆　　　80

滞留蒙古铁骑的固守与攻坚——襄樊之战　　　83

长弓利箭穿铠甲——法国骑士兵败克雷西　　　86

中国古代水战史上的典范——鄱阳湖之战　　　88

用剑来保卫上帝的正义——胡斯揭竿而起　　　91

英法百年战争中的奥尔良少女——圣女贞德　　　94

皇权争夺战——红白玫瑰上的血痕　　　96

日不落帝国的崛起——葬身海底的西班牙"无敌舰队"　　　99

"龟船"克倭寇——朝鲜壬辰卫国战争　　　102

铁骑硬弩与坚城火炮的博弈——宁远之战　　　105

欧洲历史上第一次大规模国际战争——30年战争　　　107

两雄争霸的落日之战——绵延200年的伊土战争　　　109

美国自由的摇篮曲——莱克星顿的枪声　　　112

拿破仑毕生最引以为傲的一次胜利——马伦哥之战　　　115

"只要还存在战争，它就不会被忘记"——奥斯特里茨三皇会战　　　118

成败皆英雄——拿破仑兵败滑铁卢　　　121

第三章　近代兵器时代

巴掌大的乌云也会变成滂沱大雨——印度抗英之战　　　126

自由与奴役的博弈——盖茨堡之战　　　129

倒幕战争的冲锋号——鸟羽、伏见之战　　　132

法兰西皇帝竖起了白旗——普法色当之战　　　135

标枪战胜大炮——伊山瓦那之战　　　138

中国战场上的日俄战争　　　　　　　　　　　140

小潜艇击沉大军舰——"U-9"号奇迹　　　　143

首次现代意义的登陆战——加利波利登陆战役　145

德军生物武器演练场——依普尔运河上空的氯气弹　148

坦克也无法突破的"最坚强"防线——索姆河战役　151

凡尔登战役　　　　　　　　　　　　　　　154

战舰作为主角的谢幕演出——日德兰海战　　156

第四章　现代兵器时代

打破日军不可战胜的神话——血战台儿庄　　160

"闪电战"的经典教科书——威塞尔演习　　　163

史上最大规模的军事撤退——敦刻尔克奇迹　166

伦敦上空的"飞鹰"——不列颠之战　　　　　169

希特勒最大的战略冒险——"巴巴罗萨"计划　172

战争的魔术——"消失"的苏伊士运河　　　　174

纳粹空降伞兵最后一次大规模绽放——克里特岛空降战　177

一个冬天的神话——莫斯科保卫战　　　　　180

战术上的巨人,战略上的侏儒——日军奇袭珍珠港　183

日落马来海——皇家Z舰队覆灭记　　　　　186

星条旗陨落——美军魂断巴丹半岛　　　　　189

盟国舰船的克星——诡秘恐怖的"人鱼雷"　　191

"地毯式轰炸"的始作俑者——"戴希曼方案"　194

远程轰炸东京——"杜立特空袭"　　　　　　197

远征军浴血滇缅——仁安羌之战　　　　　　200

纳粹密探落网——密写信中的间谍线索　　　203

将计就计设圈套——罗斯福特破译密码立功勋　205

太平洋战场上的历史性转折——中途岛海战　207

沙漠猎"狐"——阿拉曼战役　　　　　　　　211

无法攻破的堡垒——斯大林格勒会战   213

二战最出色的蒙蔽战术——电子干扰制造的大骗局   216

英国谍报史上的不朽传奇——肉馅行动   218

诺曼底谍战——"美男计"战胜"美女计"   221

世界上最大的一次海上登陆作战——诺曼底登陆   224

刺杀希特勒——"女武神计划"功败垂成   227

最异想天开的"绑架"行动——"格里芬计划"   230

海陆空联合登陆"破门"——冲绳岛之战   232

第三帝国的覆灭——柏林会战   235

第五章　核兵器时代

广岛上空的蘑菇云——世界上第一颗用于战争的原子弹   240

无法跨越的三八线——朝鲜战争   243

山姆大叔深陷战争泥沼——越南战争   246

蚂蚁挑战大象——鳕鱼引发的军事对抗   249

大国强权的最后一曲挽歌——苏联入侵阿富汗   252

赎罪日无暇"赎罪"——以军演绎经典反击   255

以"圣战"的名义——两伊战争   258

血战贝鲁特——"小斯大林格勒"战役   261

空战史上最悬殊的比分——80:0 的贝卡谷地大空战   264

制导武器大显神威——英阿马岛争夺战   267

现代高技术登上战争舞台——海湾战争   270

黑鹰折翼——摩加迪休街头梦魇   273

俄军梦断嗜血之城——格罗兹尼巷战   276

现代非接触性战争的典范——空袭科索沃   278

数字化战争的端倪——伊拉克战争   281

第一章

冷兵器时代

最早有和约传世的战争
——卡迭石之战

军事协议：国家或政治集团之间就军事问题签订的契约性书面协议，是军事条约的形式之一。

古代的叙利亚地区横跨欧、亚、非三大洲，是当时海陆贸易的枢纽，也是兵家必争之地。

古埃及多次出兵古叙利亚地区，并在该地确立了霸主地位。而与它比邻的新兴强国——赫梯，同样对叙利亚虎视眈眈。赫梯人在叙利亚地区攻城略地，严重损害了埃及在该地区的利益。

常言道，一山难容二虎。埃及岂能对赫梯的行为坐视不顾？公元前1290年，埃及新上任的法老拉美西斯二世召开了数次军事会议，决定发兵叙利亚，将赫梯人驱逐出去。

为了赢得胜利，拉美西斯二世厉兵秣马，征粮扩军，进行战争部署。他整饬了阿蒙军团、赖军团和塞特军团，新组建了普塔赫军团，并派手下将领日夜操练佣兵，这些佣兵分别由努比亚人和沙尔丹人组成。

就在拉美西斯二世紧锣密鼓地备战之时，几个身形矫健的壮年男子，骑快马飞奔出了埃及。他们是赫梯国的军事密探，带着拉美西斯二世出兵远征的绝密情报，面见赫梯国王。赫梯国王闻报，连夜召开王室会议，商讨对策。

公元前1286年，埃及军队挺进叙利亚地区，先后占领了别里特（现在的贝鲁特）和比布鲁斯，揭开了赫梯之战的序幕。第二年，拉美西斯二世御驾亲征，扬言要一举拿下叙利亚地区的卡迭石。卡迭石位于奥伦特河上游的西岸，是连接叙利亚地区南北的交通要道，也是赫梯王国的战略重镇和军事要地。拿下卡迭石，也就恢复了对整个叙利亚地区的统治。

面对埃及大军压境，赫梯国王制订了"以逸待劳、诱敌深入"的战术，决定以卡迭石为中心，全力防守。

这一天，拉美西斯二世带领阿蒙军团作为前导，另外三个军团殿后。大军行至卡迭石以南八英里处的一个渡口时,看见两个衣衫褴褛的男子,刚刚从对面摆渡过河,上岸后仓皇逃窜。拉美西斯二世派人将两名男子抓来。经询问,两人自称是赫梯军营中的奴隶,逃亡至此。他们告诉拉美西斯二世,赫梯的主力部队远在百里之外,卡迭石守备空虚,士气低落。拉美西斯二世闻报大喜,来不及等待后面的军团,带领阿蒙军团抢先来到卡迭石城下,没想到进入了赫梯人的包围圈。直到这时,拉美西斯二世才恍然大悟:渡口的两个逃亡者,原本是赫梯人假扮的!

拉美西斯二世的孤军,面对的是赫梯人30 000多辆的双马战车。由于是急行军,埃及士兵早已劳累不堪,还没有喘过气来,就被蜂拥而来的赫梯人打得落花流水,四散逃命。拉美西斯二世的身边,只剩下几名忠心耿耿的勇士和一路上陪伴他的战狮。万般无奈之下,拉美西斯二世命人将身边的战狮放出了铁笼。饥饿难耐的战狮飞身跃入赫梯军中,拉美西斯二世趁乱暂时保住了性命。就在这危难时刻,埃及人的后续兵团赶了过来,就像从天而降一样出现在赫梯人

拉美西斯二世的一生得到了许多称颂:伟大的领袖,勇猛的士兵,杰出的建筑家……

的翼侧。埃及后续兵团分为三条战线,一线为战车并有轻步兵掩护,二线为步兵,三线为步兵和战车各半,一起发动了攻击。赫梯国王急忙投入步兵和战车,猛攻埃及中军。

随后,战况发生了戏剧性的变化,士气大振的埃及士兵,先后对赫梯人发动了6次猛烈进攻,将大量赫梯人驱赶进了奥伦特河。赫梯国王见状,亲自带领守卫卡迭石的8 000名精锐士兵加入战斗。经过一整天的惨烈厮杀,双方势均力敌,胜负未分。赫梯人退回了卡迭石要塞,拉美西斯二世也无力夺取此地,决定返回埃及,卡迭石之战就这样结束了。

兵家点评

古埃及和赫梯王国,为了争夺对叙利亚地区的统治权,进行了数十年的战争。而卡迭石之战,是最具关键性的一场战争,在古代军事史上占据着重要地位。运

用军事计谋调动敌军,步兵与战车兵协同要塞守军出击与野战部队配合等,是这次会战的主要特点。

卡迭石之战也是古代军事史上有文字记载的最早的会战之一。约公元前1280年,拉美西斯二世与赫梯国王哈图西利斯三世缔结合约结束战争。这个合约全部用象形文字写成,镌刻在埃及寺庙的墙壁上,成为历史上最早有文字记载的国际军事条约文书。合约签订之后,赫梯国王将自己的长女嫁给了拉美西斯二世。

小知识:

美尼斯——史上最早的军事家

生卒年:约公元前3100年(具体时间不详)

国籍:古埃及

身分:国王

重要功绩:埃及第一王朝的开国国王,开启了法老统治时代。

后发制人的著名战例
——齐鲁长勺之战

战略上的后发制人,是指不首先挑起战争,战略上不打第一枪。而一旦敌人挑起战争,就应依据具体情况,采取相应的军事行动,努力争取战争的胜利。

公元前 684 年,齐桓公不顾管仲的劝阻,决定兴兵讨伐鲁国,以报鲁国一年前支持公子纠复国的宿怨。

鲁庄公听闻齐军压境,决定动员全国军民的力量进行一场卫国战争。正当鲁国上下积极备战的时候,一位名不见经传的小人物前来拜见鲁庄公,要求参与战事,这个人就是后来的鲁国大夫曹刿。

在晋见鲁庄公之前,乡民们纷纷劝阻曹刿说:"这是朝廷大臣们所操心的事情,你一介草民去凑什么热闹?"

曹刿眯着眼睛反驳道:"那些食肉的士大夫庸碌无能,不具备远大的谋略。"

就这样,曹刿来到了鲁国的王宫。

他见到了鲁庄公后,问道:"大王,敌人强大,我们弱小,您凭什么和齐国抗衡呢?"

鲁庄公说:"我从来不敢独自享用食品和衣物,总是要分发给臣下。危急关头,君臣一定会同仇敌忾。"

曹刿摇摇头说:"这些只不过是小恩小惠罢了,一般民众无法得到,他们是不会为你出力的。"

鲁庄公又说道:"我平时祭祀神祇,一向都用上好猪肉,神灵一定能保佑我打赢这场仗。"

曹刿说:"临时抱佛脚是没有用的,关键是你平时对老百姓怎么样。"

鲁庄公沉思了一会儿说:"我对待国民,一直保持清廉和公正。对于那些民间的诉讼,虽然不敢说明察秋毫,但必定会尽最大努力来公平裁决。"

"那我们就有胜利的希望!"

听了鲁庄公这一番话,曹刿请求和鲁庄公一起来到前线。在此之前,鲁庄公为了避开齐军的锋芒,退守到了长勺,也就是现在的山东曲阜北郊一带。齐鲁两军各自列好阵势,战争一触即发。

第一通战鼓响起,齐军率先发起冲锋。他们实行双车编组,从左右两翼同时出车,络绎压向鲁军,以双鳌的阵形夹攻鲁阵。鲁庄公命人击鼓迎战,曹刿劝阻道:"现在齐军气势正盛,我们应该避其锋芒,以静制动,不能盲目出击。"鲁庄公听取了曹刿的意见,命令鲁国战车紧密收拢,采取守势,成圆形环阵,步卒蹲在地上,依托战车用弓箭射击来稳住阵脚。鲁军的箭弩像飞蝗一样注入齐军,齐国的战车还没等靠近鲁阵,就先中了箭,马仰车覆。冲锋未果,反而遭到了强弓硬弩的攒射,齐军战士内心都很焦躁,逐渐变得疲惫不堪,士气也逐渐下落。

曹刿与鲁庄公讨论战事。

齐军将领见第一波攻击不能奏效,下令擂动第二通战鼓,后续进攻的车辆,裹着掉头回撤的战车,又大呼小叫地向铁桶一样的鲁方车阵淹过去了。这一次,鲁军又以箭雨和兵车抵住了对方的攻势。

连续两次进攻受挫,齐军将领又命令手下敲响了第三次冲锋鼓。曹刿看到尽管这次齐军来势凶猛,但与前两次相比,气势已经消减了很多。他认为时机已到,就建议鲁庄公反击齐军。鲁庄公亲自擂起了战鼓,鲁军将士见状,士气高涨,乘坐战车一拥而上,把队不成列的齐军冲得弃甲跳车,全线溃败。战争结束后,鲁庄公询问曹刿取胜的原因。曹刿说,士兵作战,勇气和士气最重要,齐军三次进攻,三次擂鼓,士气和勇气都衰落了;而我们一鼓作气(在古代战争中,擂鼓代表冲锋前进的信号),士气处于最盛的阶段,所以能大败齐军。

鲁国大获全胜,使齐桓公在对外扩张中遭遇了一次少有的挫折。

兵家点评

长勺之战，在政略、战略和策略上体现了古代一些可贵的军事辩证思想。

从曹刿战前决策、战场指挥和战后分析的诸多言行里，我们可以看到鲁军取得长勺之战的胜利有其必然性。鲁国统治者在战前进行了"取信于民"的政治准备，为展开军事行动创造了有利的条件。在作战中，鲁庄公又能虚心听取曹刿的正确作战指挥意见，遵循"后发制人、敌疲我打、持重相敌"的积极防御、适时反击的方针，正确把握反攻和追击的时机，进而牢牢地掌握了战争的主动权，赢得战役的重大胜利。

长勺之战，正确地反映了弱军对强军作战的基本规律和原则，一直为历代兵家所称道。

小知识：

姜尚——我国军事家的鼻祖

生卒年：公元前 1211 ～前 1072 年

身分：西周的开国元勋、首席谋主、最高军事统帅，被后世尊为"百家宗师"

重要功绩：辅佐武王伐纣成功；军事思想方面著作有《六韬》。

你空城我也空城
——中国最早的"空城计"

"空城计"，就是在自己没有能力迎战的情况下，故意暴露自己的空虚，给敌人造成"真亦假来假亦真"的心理，使敌方产生怀疑，进而犹豫不决，此所谓"疑中生疑"。

公元前675年6月，楚文王暴病身亡。他的爱妃文夫人长得倾城倾国，年纪轻轻就守了寡。楚国令尹（相当于宰相之职）公子元垂涎文夫人的美貌，想尽办法讨好文夫人，企图占有她，可是文夫人却无动于衷。公子元心想，如果我建功立业，文夫人一定会为我的神勇所折服。

经过几年的准备，公子元决定出兵攻打国力较弱的郑国。公元前666年，他亲自率领楚国大军，连续攻破了郑国好几个城池，直逼郑国都城。

面对来犯的强敌，郑国上下慌乱不堪。大臣们有的主张割地求和，有的力主和楚国决一死战，还有人主张坚守城池，等待齐国的援兵。郑国上卿叔詹说："求和要割地赔款，为下下策；决战我们恐怕会全军覆没，也非良策；固守城池等待援军，恐怕也难以支撑多久。公子元带兵来犯，无非是为了讨取文夫人的欢心，他急于求成，害怕失败。我这里有一计，可以使楚军不战自退。"

蜀汉诸葛亮的"空城计"在民间流传最广。

叔詹命令城内的士兵们全部埋伏起来，不让楚军看到一兵一卒。城内商铺照常营业，店门大开；街上行人如旧，不许面露惊慌。城门敞开，吊桥下落，让楚军认为郑国完全没有设防。

楚军先头部队的将领看到这种情况,心中十分疑惑:"难道城中埋伏了重兵,想引诱我们进城?"于是没有轻举妄动,等待公子元的大队人马。公子元赶到后,同样感到奇怪。他站在城外的高地上向郑国都城望去,看见城内的确没有设防,街市熙熙攘攘,一派繁华景象,全然没有大战前夕的紧张氛围。他仔细观望,发现城头隐隐约约有郑国的甲士旌旗,认为必定有诈。为了搞清实际情况,他派人到城内探听虚实。时隔不久,探子回报说城内和平时没有两样,看不见军兵聚集。公子元听了探子的禀报,心中更是疑惑。

这时,郑国的盟国齐国,已经联合了鲁、宋两国人马前来救援。公子元听到这个消息,心想:"三国联军一到,自己绝难取胜。好在我已经攻取了几座城池,在文夫人面前已经很有面子了,还是见好就收吧!"于是,公子元下令楚军连夜撤走,为了防止郑军趁自己撤退的时候突然出城追击,他命令楚军人衔枚、马裹蹄,不得发出一点声响,所有营寨原封不动,里面旌旗招展,给郑军造成没有撤退的假象。

第二天,叔詹登城,目视楚军大营,高兴地说道:"郑国的危难已经解除了!"众人见楚军大营内旗帜招展,不明白叔詹的话。叔詹说:"你们看,楚军大营上面盘旋着许多飞鸟,营中一定没有人马了。我们用'空城计'吓走了楚军,而楚军也用'空城计'欺骗我们,安全撤军了。"

兵家点评

楚郑这场来有影、去无踪的围城之战,在兵法上属于"三十六计"中的"空城计",这也是中国历史上第一个使用"空城计"的战例。有趣的是,郑国用"空城计"延缓了楚军的攻势;而楚军用"空城计"悄悄撤走。

空城计属于一种心理战术,但带有赌博性质,是一个"险策"。一旦敌人将计就计,就会给自己带来毁灭性的打击。

小知识:

孙武——百世兵家之师

生卒年:约公元前535年 ~ ?

身分:春秋时代的吴国上将军

重要功绩:生平所著的《孙子兵法》被尊为世界第一兵书、兵学圣典、兵学经典之首,被视为武学的教范。

不战而屈敌之兵
——兵家相争的至高境界

"上兵伐谋"就是"挫败敌人的战略企图",也就是说,在敌人的战略企图还没有付诸实施之前就揭露它、破坏它,使之夭折、失败。

齐景公当政时,燕国和晋国组成联军一起进犯齐国领土。齐兵屡战屡败,景公甚为忧虑。

在齐国宰相晏婴的推荐下,齐景公破格任用出身低微的田穰苴为将。田穰苴内心十分清楚,自己从一介草民平步青云官至大将军之位,手下的将士必定不服。作为三军统帅,如果不能服众,仗是无法打的。所以,当务之急不是统兵出战,而是如何立威。

田穰苴对齐景公说:"我出身卑贱,而您却擢升我为三军统帅,位列于士大夫之上。将士未必肯服从,百姓未必能信任。我人微言轻,希望派一位德高望重的大臣做监军,帮我统领军队。"

齐景公听了田穰苴的一番话,正合心意。对他而言,派一个亲信做监军,一则可以帮助田穰苴带兵立威,二则可以随时向自己报告田穰苴的情况。于是,他派自己最宠爱的佞臣庄贾,到军营中做监军。

庄贾是景公身边的红人,满朝的文武大臣自然对他毕恭毕敬,礼让三分。庄贾受命后,田穰苴辞别了齐景公,临行对庄贾说:"请您明天午时三刻到军营集合,准时出兵,不得有误。"可庄贾并没把田穰苴的话放在心上。

第二天一早,田穰苴早早来到军中,集合大队兵马,用沙漏计时,等待监军庄贾的到来。庄贾倚仗齐景公的威势,素来骄横跋扈。亲朋好友见他被任命为监军,纷纷设宴送行。庄贾喝得不亦乐乎,把田穰苴"午时三刻在军中会见"的话早已抛到了九霄云外。

午时三刻一过,田穰苴就命令士兵将漏壶撤掉,申明军纪后回到大帐。

直到傍晚,庄贾才醉醺醺地来到军营。

田穰苴俨然端坐,问:"监军为什么违期迟到?"

庄贾拱了拱手说:"亲朋好友为我设宴践行,我推辞不过,喝多了。"

田穰苴大怒:"国有国法,军有军规。现在外敌入侵,君王寝食难安,百姓身处水深火热之中,而你还在饮酒寻欢,简直是岂有此理!"

中国古代战车一般为独辀(辕)、两轮、方形车舆(车箱),驾四匹马或两匹马。车上有甲士三人,中间一人为驱车手,左右两人负责搏杀。

田穰苴说完,回身问军纪执法官:"对于迟到者,军法应怎样处理?"

执法官说:"按律当斩。"

田穰苴喝令士兵将庄贾推出去斩首。庄贾见状,吓得脸都白了,急忙派人飞马请齐景公前来救命。景公得知消息后,急忙派另一个宠臣梁丘据手拿节杖来到大营,此时庄贾已经身首异处了。梁丘据乘坐三驾马车,传达齐景公的旨意。田穰苴不亢不卑,对他正言厉色:"将在外,军令有所不受!"

梁丘据骄横,还要纠缠。田穰苴厉声说道:"军营中严禁跑马,而你等在军营中肆意奔驰,该当何罪?"执法官说:"当斩。"

吓得梁丘据抖作一团,连称奉命而来。田穰苴说:"虽然君主使臣不可杀,但军法不可不执行。"于是下令毁掉车子,砍杀驾车马匹,代替使臣受法。

三军将士见状,皆领教了这位田穰苴将军的厉害,不禁对他肃然生畏。在申明军纪的同时,田穰苴对于士卒的居住和饮食,乃至生病医治之类的事情,都非常关心,亲自检查、询问,并将自己的军粮、俸禄拿出来分给士卒。

经过一段时间的操练和治军,齐军上下一心,军纪严明,士气高涨。士兵们对田穰苴既心存敬畏,又心存感激,都愿意早点上战场,报效田穰苴的恩遇。

田穰苴见时机成熟,于是报请齐景公,要收复被燕国和晋国占领的城池。

听说要开战了,全军上下斗志昂扬,就连生病的士兵也纷纷要求上阵杀敌。齐国出兵的消息传到了晋军的大营,晋军十分害怕,还没对阵就弃城逃跑了。燕军看到晋军不战自退,军心涣散,也慌忙渡过黄河逃走。田穰苴乘胜追击,一举收复了齐国的失地。

兵家点评

田穰苴所实行的"不战而屈人之兵"是孙子的"全胜"战略思想的具体体现。孙子认为:"百战百胜,非善之善者也;不战而屈人之兵,善之善者也。"

所谓"不战而屈人之兵"的"全胜"思想,就是用不流血的斗争方法,迫使敌方屈从于我方的意志,达到"自保而全胜",将用兵之害减少到最低的程度。这是用兵取胜的最上策,比百战百胜还要高出一筹。"全胜"思想的本义,绝不是说不要武力、放弃武力或不要战争、反对战争,而是指以武力为后盾,透过施展谋略和巧妙用兵,造成强大的威势,力争不直接战斗而迫敌投降,达到"屈人之兵"、"拔人之城"、"毁人之国"的目的。

小知识:

田穰苴——文能附众,武能威敌

生卒年:不详

身分:春秋时代的齐国大司马

重要功绩:其事迹流传不多,但其军事思想却影响巨大。齐威王令大夫整理古时的《司马兵法》,将田穰苴所作的兵书附于其中,号为《司马穰苴兵法》。

雅典军队以弱胜强的杰作
——马拉松之战

斜线阵,又名梯形阵,是军队阵式的一种,亦是一种战术思想。顾名思义,斜线阵式是以军队斜线式队列的阵形作战,或以左至右倾前(右斜阵式),或以右至左倾前(左斜阵式)。

公元前491年,波斯帝国皇帝大流士,派遣使臣到希腊各个城邦索取"土和水",实际上就是要他们无条件献出国土。有些城邦害怕波斯帝国,立即献上了"土和水",表示屈服。雅典和斯巴达却坚决反抗,雅典人把波斯使者从高山上抛入深渊,斯巴达人则把使者押到井边,指着水井说:"这里面有水,你进去拿吧!"说罢就将他扔到井里。消息传到波斯,大流士气得暴跳如雷,并于次年9月,亲自率领大军在马拉松平原登陆,妄图先将雅典征服,再一步一步占领整个希腊。

波斯大军压境,雅典国王急忙派"长跑能手"斐迪庇第斯去斯巴达城邦求助。不料,自私的斯巴达统治者并不想出兵支持雅典,他以祖宗规定月不圆不能出兵为由,拒绝了雅典的求助。盟友失信,雅典人只能靠自己来挽救自己了。名将米太亚得紧急动员全体雅典人民进行抗战,甚至把奴隶也编入了军队。

9月12日,双方军队在马拉松平原展开了决战。

米太亚得针对波斯人善于平地作战和惯用中央突破的特点,命令部队在山上扎营,扼守通往雅典的去路。这是一个三面环山的河谷,向下是一个大斜坡,可以一眼望到驻扎在平原上的波斯军大营。战斗开始之前,米太亚得采用了正面佯攻、两翼夹攻的战术,将精锐部队配置在两翼。为了防止波斯骑兵从两翼迂回,米太亚得命令阵线向两侧延伸,与两边的泥沼地相接,形成了天然的屏障。列阵完毕后,希腊士兵开始全速冲锋。背负40多公斤装备的希腊重装步兵,表现出了极高的军事素质,一路狂奔,队形始终保持整齐。对面的波斯士兵严阵以待,当希腊人冲到距离只有300公尺的时候,波斯人开始放箭。波斯人的箭是一种三棱宽刃箭镞,青铜质地,带倒钩,杀伤力强大,但穿透力不足。飞蝗般的箭雨落在高速奔跑的雅典方阵之上,如同雨打芭蕉般在雅典步兵的盔甲和盾牌上纷纷弹开,杀伤力极弱。雅典步兵手持长矛,带着跑动带来的巨大惯性,刺向波斯人。只有一道盾牌防线的波斯方阵,难以抵挡如此迅猛的攻势,阵脚渐渐出现了松动。前排持有盾牌的波斯小队长很多都被雅典士兵的长矛连人带盾牌刺穿。失去盾牌保护的波斯人,只得拔出弯刀对敌,但始终敌不过雅典人密集的长矛攒刺。波斯骑兵一度想从雅典人的两翼合围,却苦于两侧沼泽地的阻挡。

战斗中,波斯统帅发现雅典军队的中央阵线比较薄弱,便集中兵力向那里冲

古代雅典国王和士兵的画像

锋,这一举动恰恰中了米太亚得的计策。中央阵线的雅典士兵且战且退,波斯人步步逼进。正在这时,突然杀声震天,两侧的雅典精锐部队发起了冲锋,夹攻波斯军。波斯军三面受敌,首尾不能相顾,开始全线溃退,纷纷向海边的舰船逃去……

战争结束后,米太亚得派士兵斐迪庇第斯将胜利的喜讯告诉雅典人。他徒步一路奔跑,从马拉松一直跑到雅典中央广场,对着盼望胜利的人们说了一声:"大家欢乐吧!我们胜利了!"之后就倒在地上牺牲了。为了纪念马拉松战役的胜利和表彰斐迪庇第斯的功绩,1896年在雅典举行的第一届奥林匹克运动会增加了马拉松赛跑项目。

兵家点评

马拉松战役,标志着过去单枪匹马作战方式的结束和重甲方阵战术的开始。

希腊联军以少胜多,战胜了当时最强大的波斯人,一方面是由于联军在地势运用、战术发挥上处于优势;另一方面是由于希腊公民怀着满腔爱国热情和为保卫家园而战的决心,士气高昂。

这次胜利使希腊各城邦空前团结在一起,以前屈服于大流士的一些希腊城邦受到鼓舞,纷纷宣布独立。此次战役的影响,正如英国著名军事家富勒将军所说的那样,这是"欧洲出生时的啼哭声"。

孔门弟子"借刀杀人"
——巧言游说下的军事奇迹

"伐交",是指透过外交斗争挫败敌人的战略企图。

公元前 484 年初,作为鲁国实际统治者的季康子面临着一场灾难。齐国宰相田常意图谋反夺权,但害怕自己不能服众,所以准备调兵攻打弱小的鲁国,意图借外敌之手来消耗政治对手的实力。

孔子听到这个消息,召集弟子们说:"鲁国是我的故土,是养育我的父母,此时正处于存亡关头,我们应该尽力挽救。"经过讨论,富可敌国的子贡接受了这个艰巨的任务。

子贡姓端木,名赐,鲁国人,当时 36 岁。他的口才极为出众,史载其"利口巧辞",在紧要关头,他的辩才终于为孔子所倚重。

《史记·仲尼弟子》中记载:"子贡一出,存鲁,乱齐,破吴,强晋而霸越。"

子贡首先来到齐国,见到宰相田常,说道:"鲁国的国土狭窄不堪,城墙又矮又薄,国君软弱无能,文臣武将也没有什么本事。您讨伐这样的国家,实在是一个不明智的举动。"在发表了这一番颠覆常识的惊人议论后,子贡继续说:"吴国城高池深,国君贤明,文臣足智多谋,武将英勇善战,应该去讨伐它。"

田常听到子贡匪夷所思的建议后,显然认为自己受到了羞辱,不由得勃然大怒:"让我放弃容易的,去攻打难对付的,岂不是让我损兵折将,让其他大臣看我的笑话吗?"

子贡这时已经完全把握了对话的主动权,从容答道:"如果您灭亡鲁国来增加齐国的领土,那么最终受益的还是齐国的君主和派兵作战的世卿。您的君主和政敌得到好处,对您就是损害。况且您赢得军功之后很容易凌驾于国君之上,所谓功高震主,您的政敌也会恶意中伤,那么您就很难在齐国立足。如果去讨伐难以战胜的吴国,无论战争胜败与否,都会造成齐国内部空虚。这样,您就有可乘之机了。"

田常恍然道:"确实是好主意!不过我已经对鲁国开战了,如今撤兵讨伐吴国,师出无名啊?"

子贡说:"您暂且按兵不动,在下随即去游说吴王,让他兴兵来救鲁国,到时候您就可以带兵迎战吴军了。"

子贡来到吴国后,在夫差的庙堂上慷慨陈词:"大王,齐国即将攻打鲁国,如果鲁国被吞并,齐国的实力就会壮大,那么吴国就危险了。不如联合鲁国共同讨伐齐国,齐国战败,吴国便可以称霸天下。"

吴王听后深有顾虑:"越国是我的心腹大患,只有消灭越国,我才能出兵。"

子贡说:"到那个时候,鲁国已经被齐国占领了,您对鲁国见死不救,会让人们认为您欺软怕硬。吴越之间原本有盟约,假如你现在攻打越国,属于失信之举。我现在就去说服越王,让他出兵和您一起对付齐国。"

子贡又从吴国来到越国,对越王勾践说:"吴国要攻打齐国,如果失败了,这就是上天赐予您的机会;如果胜利了,吴国势必与晋国开战,争夺霸主地位。到那个时候,大王就可以趁虚而入,打败吴国,一雪仇恨了。"

越王听了,即刻派使者到吴国,答应随吴国出兵,攻打齐国。

子贡游说了齐、吴和越三国,达到了自己的目的。但他担忧吴国取得霸主地位后,也同样将兵锋指向弱小的鲁国。因此,他离开吴国后,直奔晋国而来,向晋国的君臣告警。

由于齐军统帅故意放水,鲁国终于坚持到吴国援军的到来。齐国折损了数员大将,最后请罪求和。和子贡预料中的一样,夫差获胜后骄傲自满,立刻移师攻打晋国。因为晋国早有准备,加之晋国是当时的强国之一,所以很快击退了吴军。

就在这个时候,越国突袭了吴国的都城,俘虏太子友。九年后吴国灭亡。

兵家点评

　　子贡纵横斡旋,竟然一举数得,不仅让鲁国得以保全,还促成了齐国乱、吴国亡、晋国强、越国称霸的联动效应。用司马迁的话说:"子贡一使,使势相破,十年之中,五国各有变。"如此扭转时局的游说本事、惊天动地的外交壮举,简直是前无古人。

　　他和孔子的目的很明确,就是不惜一切代价拯救鲁国,哪怕因此让其他国家灭亡。由此可见,在军事冲突中,为了国家利益可以欺骗自己的盟友,可以让其他国家的人民为不义之战流血,乃至国破家亡……就像英国政治家、作家班杰明·迪斯雷利曾经说过的那句名言——"没有永恒的敌人,也没有永恒的朋友,只有永恒的利益。"

小知识:

　　孙膑——战车里的指挥家

　　生卒年:不详,约活动于公元前4世纪下半叶

　　身分:战国时代的齐国军师

　　重要功绩:在作战中运用"避实击虚、攻其必救"的原则,创造了著名的"围魏救赵"战法,为古往今来兵家所效法;所撰的《孙膑兵法》为后世留下了宝贵的军事理论遗产。

影响人类文明进程的战役
——萨拉米海战

接舷战,是用己方船舷靠近敌方船舷,由士兵跳帮进行格斗的海战方法。这是最早的一种海战战法,一直沿用至 17 世纪。

一天夜里,几个希腊联军的士兵慌慌张张地跑到波斯大军的营地,要求面见主帅薛西斯。他们对薛西斯说道:"我们仰慕大军的威仪,很早就有投诚的心愿,这一次冒死逃出来投奔,希望您能够接纳我们。"薛西斯向这些降兵问及希腊联军的情况,他们说:"现在希腊人已成惊弓之鸟,正准备从萨拉米斯向外逃跑。如果趁机把希腊人堵在海峡中,一定会取得空前的胜利。"

这些所谓的希腊降军,其实是主帅泰米斯托克利故意派来的,意图迷惑薛西斯。

薛西斯听到这些情报后陷入了沉思:"难道雅典人真不想打仗了? 会不会是给自己设下的陷阱?"他在军帐中来回踱步。

"报告统帅,有人求见!"军帐外传来卫士的声音。

"快请进来!"薛西斯的眉头顿时舒展开来。

话音刚落,两个波斯间谍像幽灵一样溜进军帐,跪在地上向薛西斯口述情报。薛西斯听完之后,得意地笑了,因为他们的报告和希腊降军所述情况完全一致。

薛西斯立即下令舰队进行军事部署。

凌晨,波斯舰队对希腊联合舰队的合围顺利完成。200 艘埃及战舰已经按时到达海峡西端,堵死了希腊联合舰队的退路;800 多艘波斯战舰排列成三列,将海面遮盖得严严实实,一条小鱼也别想漏过去。薛西斯志在必得,他在皮劳斯河口旁的一个山丘上搭起帐篷,安下宝座,悠悠然准备隔岸观战。

此时的希腊人还在为是战是逃的问题争论不休,一位将领突然从门外冲进来,气喘吁吁地喊道:"我们被包围了,波斯舰队已经堵死了海峡的所有出口!"在场的将领听到这个消息无不大惊失色。主帅泰米斯托克利却会心一笑,因为他早已拟订好了作战方案:科林斯分舰队开往海峡西端,顶住埃及分舰队的冲击;主力集中在海峡东端，180 艘雅典战舰在左翼，16 艘斯巴达战舰在右翼，其他城邦的战舰在中央。

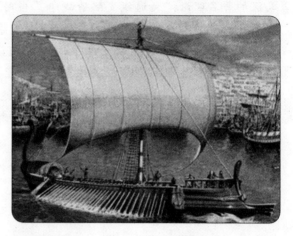
古希腊战舰

在萨拉米斯海峡的中间横着一个叫普西塔利亚的海马状小岛，将海峡口一分为二，宽的一侧有 1 200 公尺，窄的一侧只有 800 公尺。波斯人的战舰体型都很庞大，不得不分成两股从小岛旁边绕过，一次仅能通行几十艘战舰。战舰前后连成长线，无法展开作战的队形。这个时偏偏天公不作美，海面上刮起了大风，这些战舰像醉汉一样摇晃不定，几乎要失去控制。这时，严阵以待的希腊联合舰队划起长桨，以决死的姿态朝挤成一团的波斯舰队直冲过来。

那时木质划桨战舰的战斗，主要靠船头的冲角撞击对方。雅典的新式三层桨座战舰长 40 ~ 45 公尺，舰首的水下部分包着铜套，形成一个锐利的金属冲角；舰首还有一根约 5 公尺长的包铜横木，在对敌船作斜线冲击的时候，可以破坏敌舰的挠桨。而波斯舰队仍然是一些慢速度、灵活性差的老式战舰。

面对希腊战舰的冲击，海湾周边的波斯战舰被全部撞沉，后面的战舰这时才掉转船头。狭窄的海峡内布满了战舰，没有一点空间。雅典战舰上的重装步兵，趁机登上波斯战舰，和波斯士兵短兵相接。波斯舰上的士兵全是弓箭手，没有铠甲，无法抵挡攻势凌厉的重装步兵。十几个雅典步兵，就能轻松拿下一艘波斯战舰。就这样，里面的波斯战舰想往外跑，被紧随而来的波斯战舰堵住；外面的舰队不知道里面的情况，源源不断往海峡内派遣船只，都希望在薛西斯的面前表现一番。波斯战舰一批接一批进入海峡，一批接一批被消灭。最后，波斯战舰丧失了进攻的能力。薛西斯只好带着残兵败将，从陆地跑回小亚细亚。

波希战争到此结束，希腊人赢得了最后的胜利。

兵家点评

萨拉米海战的结果有力地证明了海军战略家和理论家艾尔弗雷德·塞耶·

马汉的著名理论:"交通线支配着战争。"当时的补给必须依靠水上交通,只有海上战斗的胜利才能为取得陆地上的胜利创造条件。

从这以后,西方世界的文明中心,从两河流域转移到了地中海地区。雅典一跃上升为爱琴海地区的霸主,而波斯帝国却至此走向衰落,最后被马其顿所灭亡。《西洋世界军事史》中说:"随着这一战,我们也就站在了西方世界的门坎上面,在这个世界之内,希腊人的智慧为后来的诸国,奠定了立国的基础。"

小知识:

泰米斯托克利——铸造海上利剑的雅典人

生卒年:约公元前 528 年 ~ 前 462 年

国籍:古代雅典

身分:雅典首席将军,被誉为"海军之父"

重要功绩:在萨拉米海战中,几乎全歼了数倍于己的波斯舰队,取得决定性胜利。

古代世界大战
——伯罗奔尼撒战争

撞击战,是把整个的舰体作为一种武器,对敌船实施撞击,使其完全丧失战斗力。这种战术盛行于桨船时代,并一直延续到帆船时代,直至舰船普遍装备了固定式的滑膛炮为止。

古希腊最强大的两个城邦雅典和斯巴达,一直以来都想击败对方,称霸希腊。雅典是生意繁忙的贸易之邦,海军力量强大,企图控制东西方海上贸易通路,还想把盛产粮食的西西里岛抢到手。斯巴达却是一座大兵营,人人厉兵秣马,熟谙战斗技巧,它联合伯罗奔尼撒斯半岛上的大多数城邦组成同盟军,发誓要与雅典一争长短。雅典的民主派憎恨斯巴达的军事独裁统治,斯巴达的贵族讨厌雅典的民主制度,两个城邦的冲突越演越烈,战争由此爆发。

公元前431年,以斯巴达为首的伯罗奔尼撒同盟首先挑起了战争,双方互有胜负。在战事发生的第三年,一场可怕的瘟疫突袭了雅典,一半的人口死于这场天灾。更为可悲的是,他们的领袖伯里克利也不幸罹难。一位名叫亚西比德的年轻人,赢得了公众的支持,被选为伯里克利的继任者。

亚西比德是一个追求名利、野心勃勃的人,早就想透过一场战争使自己名扬希腊。于是,他极力鼓吹远征西西里岛,攻占支持斯巴达的叙拉古城。公元前415年,在赢得大多数雅典人的支持后,他率领拥有100艘三层舰的庞大舰队在一片祝福声中启航了。可是就在舰队离开雅典不久,亚西比德却接到了"萨拉米亚号"战舰传达的公民大会决议,命令他随船回雅典接受审判。

原来,在出征的前一天,雅典城内的海尔梅斯神像全被打坏了。一些反对远征的人散布谣言说,这是一向不敬重神的亚西比德指使人干的。雅典的公民大会经过决议,要求亚西比德回来接受公开审判。正在指挥战斗的亚西比德听到这个消息十分恐慌,在回雅典的路上悄悄溜走了。雅典的公民大会随即对亚西比德进行了缺席审判,判处他死刑。亚西比德走投无路,最后投降了斯巴达人。他向斯巴达人告发了雅典军队的一切军事秘密,希望借助斯巴达人之手报一己私仇。斯巴达人得到这些情报后,立刻派海军去解救被雅典人包围的叙拉古城,并派出一支强大的陆军占领雅典城北的狄克利亚高地,切断了雅典的对外通道。

西西里岛上的叙拉古城眼看就要被雅典人攻破,但斯巴达援军的到来却使战局发生了根本性的变化。先是雅典人的海军损失了全部船只,接着其陆军又遭到毁灭性打击。为雅典重甲兵扛盔甲武器的奴隶率先投降了斯巴达人,重甲兵只好自己扛武器,战斗力受到了极大的影响。战斗进行了七天,雅典人在斯巴达轻甲兵和骑兵的四面阻击下,几乎全军覆没,少数幸存的雅典士兵被俘后,押往锡拉库扎的采石场做苦役,最终死于饥渴。

西西里岛失败的消息传到雅典,引起雅典人极大的恐慌。他们积极准备重建海军,防止斯巴达人入侵。斯巴达人认为,雅典势力被推翻之日,就是他们在整个希腊称雄之时,因此要全力以赴将战争进行到底。

关于伯罗奔尼撒战争的美术作品

公元前 405 年夏末,斯巴达人从海上包围并攻占了支持雅典的拉姆普萨科斯城。雅典人闻讯派出一支拥有 180 艘战船的大舰队,火速奔向与拉姆普萨科斯隔岸相对的羊河口。雅典人将舰队开到斯巴达人阵前,向其挑战。可是一连四天,斯巴达人就是按兵不动。雅典人渐渐滋长了麻痹轻敌的心理,士气也受到影响。第五天,雅典人依然挑战如初,喊叫之后无人理睬,便驶回驻地。雅典人刚离开船上了陆地,斯巴达人的所有舰只便全速冲了过来。没费多大气力,雅典人的空船有的被拖走,有的被损坏,庞大的舰队顷刻间瓦解。斯巴达人登陆后,对雅典进行了长达数月的围困,不堪饥饿之苦的雅典人最终在城头竖起了白旗。

公元前404年4月,双方签订和约,伯罗奔尼撒战争结束。

兵家点评

这场战争几乎波及了当时整个希腊语世界,被称为古代世界大战。它结束了希腊的民主时代,给社会带来了前所未有的破坏。古希腊历史学家修昔底德说,这次战争"给希腊带来了空前的祸害和痛苦。从来没有这么多的城市被攻陷,被破坏,从来没有过这么多的流亡者,从来没有丧失这么多的生命!"

这场战争在古代军事史上占有重要地位:雅典人海战失败,他们熟练应用的撞击战术并没有被以后的希腊海军承袭下来,接舷肉搏战成了海战的主流。这次战争使整个西方海军战术僵化了上千年,直到在英国人打败西班牙无敌舰队后,海军战术才再次得到发展。与之相反的是,陆军的战术却得到了极大的提升。夺取要塞时创造了许多新方法,如使用水淹、火焚和挖掘地道等;方阵虽还是战斗队形的基础,但步兵能以密集队形和散开队形在起伏地机动行动;职业军人开始出现。这些都对希腊以及西欧军事产生了深远影响。

小知识:

色诺芬——缪斯女神在借助他的嘴巴说话

生卒年:公元前430前~前350年

国籍:古希腊

身分:希腊佣兵领袖,苏格拉底的弟子

重要功绩:所著《远征记》是一部不可多得的古代军事教科书,向后人提供了古代希腊人的用兵之道及其实际战例,影响深远。

把战争带给亚洲，把财富带回希腊
——亚历山大东征

方阵是古代军队作战时采用的一种队形，是把参战部队（车、步、骑兵等）按照作战要求排列的阵式。

公元前 334 年春，亚历山大继承父业，开始了称霸世界的军事战争。他率领 30 000 步兵、5 000 骑兵和 160 艘战舰，渡过达达内尔海峡，向波斯进军。波斯帝国在大流士三世昏庸无能的统治下，政治腐败，军备废弛，根本无力抵挡马其顿和希腊各邦的联军，刚一交战就节节败退。大流士三世不甘心国土的不断丧失，在第二年的 11 月，集合了 600 000 大军进入伊苏斯，企图切断马其顿军队的后路。亚历山大听到消息后，立即命令部队回师迎战，并在急速转移中展开战斗队形。此时，大流士三世已在皮拉鲁斯河摆好阵势。他自恃军力庞大，将优势骑兵集中在右翼，准备从海岸边的平坦地带攻击、包围希腊军队。而战斗力很差的杂牌步兵则被放在了左翼，并在前方排列了数队弓箭手，以掩护右翼骑兵的进攻。亚历山大见状，命令全部轻重骑兵集中自己的右翼，向波斯步兵发起了猛烈攻击。波斯左翼的弓箭手刚放完第一箭，联军的骑兵已冲到面前。波斯的弓箭手慌忙后撤，没想到打乱了身后的步兵方阵，波斯左翼顷刻瓦解。大流士三世见左翼瓦解，慌忙驾车逃跑，他的母亲、妻子和两个女儿全都成了俘虏。

此役过后，联军大获全胜，打开了通往叙利亚、腓尼基的门户。

为了将希腊文化推广到亚洲，亚历山大带头迎娶了大流士的女儿斯塔提拉，并鼓励手下的将领与波斯人通婚。同时，他还下令让 30 000 名波斯男童学习希腊语文和马其顿的兵法。

公元前 332 年，亚历山大挥军南下，在攻占叙利亚后，顺利进入埃及。他自封为埃及的法老，并派兵在尼罗河口兴建亚历山大城，作为东征的基地。

公元前 331 年春，大流士三世集结了 24 个部族的百万大军卷土重来。10 月初，两军在底格里斯河东岸的高加米拉以西展开了激烈的骑兵战和肉搏战。双方兵力相差悬殊，联军仅有步兵 40 000，骑兵 7 000 人。大流士三世倚仗数量优势，命令左翼骑兵首先攻击并包抄亚历山大的右翼步兵。接着,又挥动右翼步兵猛攻亚历山大的左翼骑兵。亚历山大的军队虽然英勇奋战,但战线还是被突破了。突破战线后,大流士立即分出相当兵力驰往战场后方的亚历山大营地,解救自己的母亲、皇后和公主,劫掠财物粮秣。亚历山大抓住战机,亲自率领近卫重骑兵,利用缺口迅速切入敌阵,直逼大流士大营。此举完全出乎大流士意料,他顿时惊慌失措,调头后逃。亚历山大放走大流士,率军向左右攻击波斯军,波斯军再次大败溃散。

此图描绘了马其顿王亚历山大东征的最后一场战斗,联军和古印度波鲁斯王国的军队交战的场景。汤姆·洛弗尔的作品,由美国国家地理学会收藏。

联军乘胜南下夺取巴比伦,占领了波斯都城苏萨和波斯利斯,以及米底古都埃克巴坦那,并在城中大肆掳掠,他们用 20 000 头骡子和 5 000 只骆驼来驮运战利品,波斯的古老文明遭到了野蛮的摧残。

公元前 325 年,在征服整个波斯之后,亚历山大率军占领印度河流域。当他准备进军恒河流域时,他手下那些疲惫不堪、备受疟疾和毒蛇伤害的士兵却拒绝继续前进,要求回家。最后,亚历山大不得不放弃东进计划,从印度撤兵,东征也在第二年宣告结束。

兵家点评

亚历山大一生中从未打过败仗,他的军事才能和所建立的帝国面积只有后世的成吉思汗及其创建的蒙古帝国可与之相比。

在征战中,亚历山大创造性地发展了古希腊的军事体制和方阵战术,增加军队侧翼的密度,进而提高其攻击能力。创建了新型骑兵———"龙骑兵",使骑兵成为军队的决定性突击力量和机动力量。战术上制订了战斗队形各组成部分的机动和相互协同作战的原则,发挥骑兵的突击作用。他还善于根据实际情况,集中使用兵力或把军队分成若干独立的纵队。从亚历山大四次最主要的战役来看,他的主要战术是利用重骑兵率先突击,打击敌人的左翼,然后中军巨大方阵跟进摧毁敌方中军主力。战斗力较弱的左翼则咬住对方右翼,有时左翼抵挡不住,但随着右翼和中军的胜利和对敌人的反击,最终也能击溃敌军,获得全面胜利。

亚历山大的军事艺术,对后来的西方军事思想产生巨大影响,汉尼拔、凯撒、拿破仑这些伟大的军事家都曾效仿过他。

小知识:

亚历山大——古代世界最著名的征服者

生卒年:公元前 356 年~前 323 年

国籍:马其顿

身分:国王

重要功绩:首创著名的"马其顿方阵";建立起了一个西起马其顿,东到印度恒河流域,南临尼罗河,北至巴比伦的庞大帝国。

无中生有
——战国纵横家如此开疆拓土

纵横术，又名长短术，是指以辩才陈述利害、游说君主的方法。

战国时期，六国为了对付强秦，在纵横家苏秦的游说下，联合起来，而苏秦也成了六国的"总丞相"，身挂六国相印。

公元前328年，和苏秦师出同门的著名纵横家张仪，出任秦国丞相。为了打破六国结盟的局面，他假意到魏国做丞相，并对魏王说："就连亲兄弟，也会因为财产分配不均而争执，况且是六个国家！尽管现在六个国家合在一起，但各有各的想法，这种结盟不会长久。"在张仪的游说下，魏王放弃了和六国的结盟，转而和秦国结盟。

战国七雄中，秦国的国力最强，楚国的地域最广，齐国的地理位置最优越，是七国中的三大强国。齐国和楚国结盟，对秦国威胁很大，张仪向秦王建议，要出使楚国，破坏齐楚之间的联盟。

张仪到楚国后，首先用重金买通了楚王身边的近臣，得以面见楚王。张仪说："秦国愿意和楚国交好，只要和齐国绝交，秦国就会出让于、商六百里土地给楚国。"楚怀王原本是个昏庸之辈，一听有利可图，十分高兴。他不顾屈原等大臣的反对，答应了张仪的条件。第二天，怀王派大将逢侯丑随同张仪来到秦国，要和秦王签订条约，接受于、商的土地。

一路上，张仪和逢侯丑交谈饮酒，亲如兄弟。两人快到咸阳的时候，张仪假装从凳子上摔了下来，叫苦连天，他让左右带领着逢侯丑暂且住在驿馆内，自己匆匆忙忙去

屈原怒斥张仪。

看医生了。

张仪这个因醉酒摔成的伤病，一病就是三个月。逢侯丑多次求见张仪，都遭到了拒绝。一天又一天，逢侯丑心急如焚。逢侯丑只好上书秦王，让他出让于、商之地。秦王很快给逢侯丑回了话，说道："既然张仪和贵国有约，寡人必定遵守诺言。可是我听说楚国和齐国还没有绝交，我害怕受到你们的愚弄。还得等张仪亲自奏明，我才能决断。"

逢侯丑再去找张仪，还是见不着人，于是向楚王奏明了这里的情况。楚怀王明白了秦王的意思是嫌弃自己没有和齐国绝交。于是派出勇士，到齐国边境，高声辱骂齐王，来向秦王表明自己的决心。受到辱骂的齐王大怒，派人到秦国，要和秦国结盟攻打楚国。

张仪见齐国的使臣前来拜见秦王，知道自己的目的达到了，伤病自然也就好了。他入朝觐见秦王，恰好在朝门外遇见了逢侯丑，张仪故作惊讶地问："你怎么还没有回去？那片土地领受了吗？"

逢侯丑无奈地说："秦王专等相国病好，请您说明情况后，才出让土地。"

张仪说："这件事难道还要经过秦王同意吗？我自己的封地六里，献给楚王，我自己就可以决定了。"

逢侯丑当时的表情，可想而知，他结结巴巴地对张仪说道："当时……当时相国说的是六……六百里土地，怎么现在成了相国自己的封地六里了呢？"

张仪冷笑道："楚王一定是老糊涂了。我们大秦的国土，都是将士们艰苦奋战、流血拼杀争取过来的，怎么能够轻易送人呢？"

逢侯丑知道中了张仪的计谋，回去禀告楚王。楚王大怒，派兵攻打秦国，结果大败而归。

兵家点评

张仪以"连横"破"合纵"，所用的计策正是《三十六计》中的"无中生有"计。此计的关键在于真假要有变化，虚实必须结合，一假到底，易被敌人发觉，难以制伏。先假后真，先虚后实，无中必须生有。在实战中，指挥者必须抓住敌人已被迷惑的有利时机，迅速地以"真"、以"实"、以"有"，也就是以出奇制胜的速度，攻击敌方，敌人在头脑还来不及清醒时即被击溃。

华夏骑兵的崛起
——赵武灵王"胡服骑射"

骑兵是陆军中乘马执行任务的部队、分队。既能乘马作战，又能徒步作战。通常担负正面突击、迂回包围、追击、奔袭等任务。

公元前340年，赵武灵王继位。此时的赵国四周强邻环视，东北是燕国，东南是强大的齐国，西面是刚刚经历"吴起变法"的魏国，曾经攻占邯郸达三年之久，南方则是"超级大国"楚国。赵国处在这样的地理位置，注定成了各国眼中的一块"肥肉"，在和这些大国的战争中，不是城邑被占，就是大将被擒。不仅如此，甚至连中山这样的邻界小国也时常来侵扰赵国。

赵国地处北边，经常与北方的游牧民族接触。赵武灵王对林胡、楼烦、东胡强大的射控骑兵深表叹服。这些人身穿窄袖短袄，生活起居和狩猎作战都十分方便；作战时，士兵骑在马上用弓箭进行远距离攻击，具有更强的灵活机动性。他不只一次对手下人说："胡人来如飞鸟，去如绝弦，带着这样的部队驰骋疆场哪有不取胜的道理！"

为了富国强兵，赵武灵王提出了"着胡服"、"习骑射"的主张，决心借胡人之长补自己之短。可是"胡服骑射"的命令还没有下达，就遭到了许多皇亲国戚的反对。他对军事将领肥义说："我想改变国家军队的服装和装备，让士兵穿胡人的衣服，学习骑射，放弃原有的以步兵和战车为主的作战方式。可是有人反对，怎么办？"

肥义表示支持："要办大事就不能犹豫，只要对富国强兵有利，何必拘泥于古人的旧法。"

赵武灵王听到后坚定了改革的信心，他说："讥笑我的都是些蠢人，明理的人一定会支持我！"

第二天上朝的时候，赵武灵王穿着胡人的服装走进了王宫。大臣们见到他短衣窄袖的穿着，都吃了一惊。赵武灵王就把改穿胡服的好处向大家耐心讲了一遍，可是大臣们总觉得这件事太丢脸，不愿这样做。

赵武灵王"胡服骑射"的石雕

　　赵武灵王有个叔叔叫公子成,是赵国一个很有影响的老臣,头脑十分顽固。他听到赵武灵王要改服装,就干脆装病不上朝。赵武灵王派人去请,并传话说:"我想改变传统的教化,改穿胡式服装,您作为国家重臣却不支持,我为此十分忧虑。古人说,普及教育要从平民开始,推行政令高层应该带头奉行。所以要仰仗您的声望来完成胡服的变革。"

　　公子成回信说:"中原之国是圣贤教化、行礼作乐的地方,边陲的少数民族无不景仰。如今大王舍弃这些传统习俗,去因袭胡服,违背人心,老臣认为有失斟酌。"使者回去向赵武灵王报告了公子成的话。赵武灵王于是亲自去公子成处拜访,说:"我国东面有齐国、中山国,北面有燕国、东胡,西面有楼烦国,并且与秦国、韩国接壤。没有骑兵,怎能守卫? 中山国虽小,但它倚仗齐国强大,屡次侵犯我国土地,俘虏我国民众,引水围鄗地,若无土神、谷神保佑,鄗地几乎守不住,先君为此感到羞耻啊! 所以我改革服装以防备边境的危难,报中山国之仇,可是叔父您迁就中原国家的习俗,不穿胡服,忘了鄗地耻辱,这不是我期望的啊!"公子成终于被说服了。赵武灵王趁热打铁,立即赏给他一套新式胡服。次日朝会上,文官武将一见公子成也穿起胡服来上朝了,只好改穿胡服了。

　　紧接着,赵武灵王又号令兵士学习骑马射箭。不到一年,就训练出一支强大的骑兵。次年春,赵武灵王亲自率领骑兵队打败邻近的中山国,又收服了林胡和西北方的几个游牧民族。到了实行"胡服骑射"后的第三年,中山、林胡、楼烦都被收服了。赵国从此兴盛强大起来,可以与其他的强国分庭抗礼了。

位于河北邯郸市区的"武灵丛台",相传是赵武灵王观看歌舞和军事操演的地方。

兵家点评

赵武灵王推行的"习骑射",推动了整个中原骑射的发展,标志着中国由车战时代进入骑战时代。骑射的推广,在为赵国赢得赫赫战功的同时,也开创了中国古代骑兵史上的新纪元。从此,中原地区除车兵、步兵和舟兵之外,开始出现骑兵这一崭新的兵种。"着胡服"的措施,使胡服成为中国军队最早的正规军装,以后逐渐演变改进为后来的盔甲装备。

晚清梁启超对赵武灵王尤为推崇,他说:"商周以来四千余年,北方少数族世为中国患,华夏族与戎狄战争中胜者不及十分之一,其稍为历史之光者,仅赵武灵王、秦始皇、汉武帝、宋武帝四人。"他甚至称赵武灵王为黄帝以后的第一伟人。

小知识:

白起——战国第一名将

生卒年:? ~公元前 257 年

身分:战国时代秦国上将军,被封为武安君

重要功绩:征战沙场达 37 年之久,战胜攻取者 70 余城,歼敌百万,未尝败绩;指挥的长平之战,是中国历史上最早、规模最大、最彻底的围歼战。

雄主、名将和昏君、庸才之间的惨烈对决
——长平冤魂

歼灭战，是指全部或大部杀伤、生俘敌人，彻底剥夺敌人战斗力的一种作战方式。

战国时期，赵国为了阻止秦军进入上党郡，倾全国之兵，聚集了四十多万大军驻守在长平地区。赵军的首领，就是威名远扬的廉颇。

名将廉颇在中国传统戏曲中的净角形象

秦军远离国土，粮草辎重的补给都很困难；赵军却能够以逸待劳，随时补充所需的给养。为此，廉颇制订了"固守防线、拒不出兵"的策略，以期达到"持久疲敌"的目的。面对秦军的挑战，廉颇按兵不动。就这样，廉颇利用长平地区的有利地形，和秦军拖延了三年之久。

秦军统帅王龁，知道这样拖延下去势必对秦军不利。事实上，三年过去了，秦军的军需补给已经日渐艰难，再拖延下去将不战自败。正当局势朝着对赵国有利的方向发展时，年少无能又心浮气躁的赵孝成王登上了王位。他认为廉颇拒不迎战，是临阵怯敌，对廉颇十分不满。秦朝抓住时机，在公元前262年夏天，秦相范雎派间谍悄然潜入邯郸，用重金收买了赵王身边的几个大臣，让他们散布流言说，秦军最怕的人，不是廉颇，而是赵括。谣言达到了预期的效果，秦王实现了他的目的。

赵王召来赵括，问道："你能为赵击退秦兵吗？"

赵括说："如果武安君白起为将，我或许要思量一下，可是眼前这个王龁不足道也！"

赵王听完赵括这一番年轻气盛的高谈阔论之后,立即决定拜赵括为将,赐黄金彩帛,再增兵二十万,替换廉颇。

重病在身的蔺相如听闻赵王易将,大吃一惊,不顾重病上朝面君,苦劝赵王收回成命,赵王拒不采纳。赵括的母亲也知道儿子无法担此重任,忧心忡忡地对赵王进谏,希望赵王罢免赵括。她说:"常言道,知子莫若父,先夫赵奢曾经和我说过,儿子赵括才学虽然过人,但始终局限于书本,和实际应用还有很大距离。将来赵国征战,不选赵括,则是赵国之幸;重用赵括,乃是赵国之大灾!"

赵王对赵括母亲的话十分反感,执意不听。无奈之下,赵夫人说道:"既然您不纳忠谏,老妇也没有办法。只希望一旦长平兵败,不要连累赵氏家族。"

赵王应允。

赵国易将,对秦国而言是一个天大的好消息。为了确保此次战斗的胜利,秦朝也作出了相对的调整,让名将白起担任主帅,原来的统帅王龁成了副手。

长平古战场遗址

公元前 260 年,赵括正式取代了廉颇。他一上任,就废除了廉颇的固守战术,并且随意更换将领。针对赵括年少气盛的特点,白起决定用一小簇部队诱敌深入,然后将赵军分成数段,分割围歼。当年 8 月,战斗打响。白起首先派出一小部分军兵,引诱赵军。赵括不明虚实,贸然迎战。秦军假装不敌,且战且退。赵括见状大喜,命令大军全力追歼,却遭到了秦军两翼伏兵的拦截,被分割包围。白起命25 000 名骑兵绕到赵军的背后,将赵军的退路切断。赵军无奈,只好坚守,等待援兵。而秦军则不断出动机动灵活的轻骑兵,骚扰赵军。

雄才大略的秦王,也在国内积极配合秦军的作战部队。他下令秦国境内 15 岁以上的男丁全部从军,源源不断向前线补充兵源。

赵军在艰苦卓绝的环境下,顽强坚持了 46 天。因为粮草断绝,军中开始杀人充饥。与此同时,赵军分成四队,有组织地轮番突围。在战斗最惨烈的武讫岭上,白起指挥弓箭手向赵军攒射,赵括被乱箭射死,四十多万赵军投降。白起将其中 240 人放归赵国报信,其他降兵全部被坑杀。

兵家点评

长平之战,是先秦历史上规模最大的歼灭战。一方面是知人善任的秦王和战国第一名将白起;另一方面是昏聩无能的赵王和夸夸其谈的赵括。孰胜孰败,分晓已定。

但白起坑杀四十万赵军降卒,却是难以饶恕的罪恶和战略失误。它是古今中外战争史上规模最大、手段最残暴的一次杀降。此次杀降坚定了赵国殊死反抗的决心,秦国自长平之战即歼灭赵国主力并独霸天下,却在事隔 32 年后才最终灭赵,又过了 7 年才统一海内。目标和手段发生混淆,秦国的胜利成本空前加大了。更为严重的是,白起协助秦王开创了一个以暴制暴、以毒攻毒的历史进程。

小知识:

廉颇——壮心未已空余恨

生卒年:公元前 327 年 ~ 前 243 年

身分:战国时代赵国的上将军

重要功绩:长平之战前期,以固守的方式成功抵御了秦国军队;长平之战后,击退了燕国的入侵,并令对方割五城求和。

规模宏大、慷慨悲壮的卫国战争
——邯郸保卫战

军事战略主要指筹划和指导战争全局的方略。按作战类型和性质,分为进攻战略和防御战略。

秦赵长平之战后,秦国坑杀了赵国四十万降卒,赵国乞降,割地求和。但是赵国内部对求和条款产生了巨大的分歧,最后赵王决定不履行合约,积极备战。为此,赵国在邯郸囤积了大量粮食和军用物资,并积极开展外交,游说楚国和魏国一同对抗秦军。

赵国的举动激怒了秦昭襄王。公元前 259 年,秦军一路攻城略地,将赵国都城邯郸包围。围困邯郸的是秦国的中路军,大多数是步兵和弓箭手,总兵力约三十万,以五大夫王陵为统帅。赵国为了保卫都城,实行"坚壁清野"策略,放弃周边的小城镇,将全国的人力和物力集中到了邯郸。赵国的青壮年男子在长平之战中几乎损失殆尽,此次对抗秦兵的主力大多都是 40 岁左右的老人(在古代,40 多岁就属于老人了)和 13～18 岁的体弱少年,年轻力壮的士兵不足十万。

当年 10 月,秦军开始了第一次猛烈攻城。他们首先动用了云梯,在后方弩兵密集火力的掩护下发起冲锋。秦军弓弩手在不到四个小时的时间里,就向邯郸城发射了数十万支箭。攻城的步兵分为两队,一队肩扛云梯强行攀援城墙,另一队士兵推冲车撞击邯郸的城门。城头的赵军冒着密集的箭雨进行顽强抵抗,首先用弓箭还击,随后用长竹竿推倒秦军的云梯,在城头用滚木、礌石打击登城秦军,同时用大锅将滚水泼向敌军。战斗持续了一个月,在赵军的殊死抵抗下,秦军仅校官就战死五名,伤亡近两万人,只得暂停休整。与之相反的是,赵军则不断在夜间派出精锐步兵或少量骑兵,突袭秦军大营,使秦军不得不日夜防备,弄得疲惫不堪,士气大为低落。

秦昭襄王接到前线传来的战报,十分震怒,一边组织援军开赴前线,一边催促王陵加紧攻城。当年 12 月,在凛冽的寒风中,秦军开始了第二次大规模攻城。这时候秦军已经疲惫不堪,在赵军弓弩的攒射下,伤亡五千多人。赵兵出城追击,秦军退出数十里之外。主帅王陵上书秦昭王，请求撤退或增援。

公元前258年正月，秦朝大将王龁带领十几万援军，以及大批粮草、器械，到达邯郸。在秦王的督促下，王陵组织秦兵发动了第三次攻城，这次攻城的规模之大，超过以往。秦军动用三万以上的弓箭手进行掩护射击，并出动新型攻城塔配合攻城。攻城塔下面是一个巨大的四轮底座，由人力推动前进。上部是一座高大的塔楼，塔楼里面是多层盘旋而上的云梯，外面由厚木板掩护，顶端前部是一个可以开合的吊桥门。士兵在里面可以得到保护，当接近城墙后放下吊桥门，士兵可以直接从塔内冲出登城作战，避免了以往云梯伤亡大的缺点。在危机时刻，老将廉颇不顾生死亲自上城指挥作战，赵王和城里的妇孺也加入了战斗，这让赵军士气大振。秦军的攻城塔在赵军火箭和巨石的轮番攻击下，不是被焚毁就是被击碎。第三次攻城持续了一个多月，秦军伤亡惨重，士卒们多有怨气。秦王一怒之下，免去了王陵的主帅之职，让王龁代理。但是，王龁率军连续攻打邯郸近五

反映中国古代攻城战的图片。

个月，仍没有丝毫进展。同年10月，秦昭王命郑安平率军五万携带大量粮草支持王龁。此时邯郸城外的秦军超过了三十万，而城内的赵军却死者、伤员遍地皆是，粮食已经耗尽，军民到了吃死人肉的地步，邯郸城岌岌可危。

就在此时，楚国派出的十万大军和魏国派出的八万大军来到了邯郸周边，增援赵国。秦军在内外受敌的情况下，全线崩溃。秦朝大将郑安平带领的两万秦兵，在邯郸城南被赵军围困。他们内无粮草，外无援军，最后全部投降。而溃败的秦军则逃往河西，三国联军趁机收服了河西600里失地。赵国的卫国战争，取得了伟大胜利。

兵家点评

邯郸保卫战是战国时期东方诸侯国合纵抗秦取得的第一次大胜,直接导致秦国以往执行的全面打击政策的失败。

长平之战中,白起坑杀四十万赵军,造成赵国几乎每家丧子、丧夫或丧父,在"报仇雪恨"的口号下,赵国上下同仇敌忾。加之赵国的民众普遍有强烈的尚武情节,从汉朝起就有"天下精兵尽出赵地"的说法,极大地保证了赵军的战斗力。同时,赵国优秀的军事指挥人才如廉颇等卓越的指挥部署,以及平原君的外交策略也对战争胜利起到了至关重要作用。

从军事角度看,秦国在邯郸保卫战打响前就已经犯下一系列错误。秦昭王仅仅从单纯的兵力比对出发,武断地认为秦强赵弱,不顾大臣的反对坚持攻赵,这已经是战略性失误。而在初战失利、屯兵坚城之下时,仍一意孤行不断增兵邯郸而不顾南线强大的魏、楚援军,更是重大失误。这些都直接导致秦军的失败。

赵国的这次卫国战争,其悲壮惨烈程度,丝毫不亚于斯大林格勒保卫战和柏林战役。赵国在经历了长平之战的重大惨败后,依然能够取得卫国战争的伟大胜利,简直就是战争史上的奇迹。

小知识:

王翦——智而不暴、勇而多谋

生卒年:不详

身分:战国时代秦国上将军

重要功绩:吞灭赵、魏、楚、燕、齐五国。

少数包围多数的合围范例
——汉尼拔扬威坎尼

合围,从不同方向向敌方实施攻击或机动,达成四面包围的作战行动。

北非古国迦太基与发祥于意大利半岛的罗马,为了争夺地中海的控制权,先后进行了三次战争,史称"布匿战争"。

公元前 218 年,迦太基人推举 25 岁的汉尼拔为主帅,企图从罗马手中夺回失去的土地。当年 4 月,汉尼拔带领步兵 90 000 人,骑兵 12 000 人,战象 37 只,对意大利发起了远征。经过了 33 天的长途跋涉,远征军越过庇里牛斯山脉,到达意大利的波河平原,并用了四天三夜的时间,奇迹般地穿过齐胸深的沼泽地,迂回进入通往罗马的大道。当罗马军队赶来时,汉尼拔已经选好了战场。在迦太基人的前后夹攻下,罗马人全军覆没。

一年之后,不甘失败的罗马人再次向迦太基人挑战,双方军队集结在坎尼地区。罗马人为这场战争投入的兵力有步兵 80 000 人,骑兵 6 000 人;而汉尼拔手下只有 40 000 名步兵,14 000 名骑兵,总兵力比罗马少很多。但是,汉尼拔为这场战役做好了充分的准备:迦太基战线的前列是投石手与轻长矛手,左翼部署着伊比利亚与高卢骑兵,旁边是半数的非洲重步兵;在战线中央,交替排列着穿紫边白麻布短军服的伊比利亚步兵与惯于赤膊作战的高卢步兵;他们旁边是另一半非洲步兵,处在右翼的是努米底亚骑兵。布好战阵以后,汉尼拔命令中路的伊比利亚与高卢步兵向前挺进,使其战线中段呈新月形前凸。罗马军团依然是惯用的三线战斗编队,骑兵在右,同盟骑兵居左,轻装步兵也按常规部署在主战线前方。罗马统帅瓦罗发现迦太基军利用河湾地形使其左侧面得到保护,便下令各中队正面收拢以加长其纵深,并使行列之间的距离缩小,以一种完全生疏的新队形投入战斗。

瓦罗一声令下,罗马军团率先发起冲锋,当接近迦太基主阵地时,双方步兵从战线的空隙中后撤,骑兵战在了一处。迦太基的西班牙与高卢骑兵很快就压倒了冲上前来的罗马骑兵,将其歼灭了大部分,并沿河道追歼残部。在迦太基战线右翼,数量居于劣势的努米底亚骑兵勇敌罗马军左翼同盟骑兵,双方的战斗一时难分胜负。战线中段，高卢兵与伊比利亚兵缓慢后退，将先前的凸形战线变成凹形。冲锋的罗马士兵却越来越多地向中心涌入，挤在一起，连挥动武器都有困难。这正是汉尼拔所希望的，他命令左右两侧的重武装非洲步兵向中央压迫。在此同时，凯旋的西班牙与高卢骑兵从背后攻击与努米底亚部队交战的罗马左翼同盟骑兵，罗马骑兵落荒而逃。就这样，罗马人陷入了汉尼拔精心设计的包围圈中，挤成一团，任人宰割。大约 70 000 个罗马人阵亡，只有 300 多名骑兵逃了出来。

坎尼一战，汉尼拔威名远扬。

兵家点评

坎尼之战，是西方军事史上第一次合围战争，也是少有的以少数包围多数并全歼敌人的光辉范例。在此次会战中，汉尼拔对罗马军团实施了"钳形包围"，将冲锋的罗马士兵挤压在狭小的空间里，使之无法施展战斗力。这种战术影响深远，以致后来凡是包围并全歼敌军的大会战都被称为"坎尼"。直到 1914 年第一次世界大战前，德国将军冯·施里芬还在研究这套战术并试图重现坎尼一幕，可见汉尼拔战术的不朽魅力。

小知识：

汉尼拔——西方战略之父

生卒年：公元前 247 年～前 183 年

国籍：北非古国迦太基

身分：将军、行政官

重要功绩：坎尼之战，是西方军事史上第一次合围战争，也是全球史上在单日中伤亡最严重的战役之一。

置于死地而后生
——井陉口韩信背水一战

士气是维持意志行为、具有积极主动性的动机,外在表现为勇气、耐心、操心三种心理状态,内在表现为自觉性、凝聚力和竞争心理三种心理状态。

公元前 204 年,汉朝大将韩信在张耳的协助下,带领数万汉军来到井陉,准备攻打赵国。

听到韩信带兵前来的消息,赵王命令大将陈余带领二十万大军,在井陉口驻扎阻挡。井陉口是一道极其狭窄的山口,易守难攻,旁边有一条大河。赵国谋士李左车向陈余献计说:"韩信乘胜而来,一路上抢关夺寨,势不可挡。但汉军经过长途跋涉,必定粮草不足。我们井陉地方的山路很窄,车马很难通过。我倒有个主意,可派三万精兵从小路截获汉军的粮车,然后将沟挖得深些,墙垒得高高的,固守营寨,不与他们交战。这样一来,他们前不得战,后不得退,用不了十天,汉军就会不战自败。"

陈余是个书呆子,他对李左车说:"兵法上说,兵力比敌人大十倍,就可以包围敌人;兵力比敌人大一倍,就可以和敌人对阵。现在汉军号称数万人,其实不过几千人,况且远道而来,疲惫不堪。我们的兵力超过汉军许多倍,难道还不能把他们消灭掉吗? 如果今天避而不战,别人会讥笑我胆小的。"

陈余的作战意图,被韩信手下的探子获知。韩信闻之大喜,下令士兵们在距离井陉三十里处休息。半夜时分,他亲自挑选轻骑兵两千人,命令每人带一面红旗(汉军旗帜为红色),趁着夜色到井陉口隐蔽起来。韩信告诫这些士兵说:"明天我将亲自带兵和赵军对阵,交战不久就会假装败退。赵军见我大军后退,必然倾巢出动来追,你要立即冲入赵军营垒,拔去赵旗,换上汉旗。"接着,他对诸将说:"明天破赵以后一起设宴庆祝!"诸将不信,但不好反对,只是表面迎合。韩信又说:"赵军占据有利地形,易守难攻,必须将他们引出来。"于是,又派出一万汉军作先头部队,沿着河岸摆开阵势。陈余得知韩信兵马沿河布阵,哈哈大笑说:"这个钻人家胯下的小子实在是浪得虚名! 背水作战,不留后路,简直是自己找死!"

第二天,韩信带领一部分汉军,高举大将军仪仗,大张旗鼓地向井陉口杀来,赵军立刻出城迎战。交战后,汉军假装败退,抛弃旗鼓,向河岸阵地退去。陈余不知是计,指挥赵军拼命追击。这时,埋伏在井陉口的汉军两千骑兵,闯入赵军大营,拔掉了赵军的旗帜,插上了汉军的红旗。而在水边背水一战的汉军,则拼死抵抗。赵军见无法取胜,急忙返回营地,却发现军营里面全是汉军的红旗,以为军营被汉军占领了,军心顿时涣散,士卒四散奔逃。汉军两面夹攻,赵军主将陈余被杀,赵王被活捉。

兵家点评

韩信攻赵国,在后勤保障困难的情况下,千里奔袭,外线作战。因此,必须速战速决,不能进行攻坚战和消耗战;必须全歼敌军,不能形成击溃战。所以此次作战中,韩信采取了以下军事策略:

一是诱敌出战,使赵军主力舍弃有利地形,与汉军进行运动战。

二是选择河岸作为主战场,利用地形抵消赵军兵力上的优势,还可以进行侧翼包抄作战。

三是背水列阵,用来麻痹赵军,促使其轻敌,产生骄傲情绪,诱使其倾巢出动。而更重要的目的是激励汉军:后退无路,只有死战才有生路。在背水列阵的同时,预先埋伏一支奇兵,趁赵军倾巢而出,内部空虚之际,趁虚而入,拔赵旗换汉旗,给赵军造成心理上的威慑,然后里外夹攻。

陈余则希望以堂堂之阵,一战而击败韩信,手刃张耳,而且要胜得干净利落,进而震慑诸侯。他在对阵中没有凭险据守,而是尽遣主力贸然就进攻,这恰恰落入了韩信的圈套,使汉军最终大获全胜。

"背水一战"、"置之死地而后生"虽说是此次战役的关键点,但其并不是战役的决定因素。决定此次战役成功的关键是间谍战、心理战、迂回包抄作战的综合运用:透过"用间"获得敌方关键信息;利用赵军主帅轻敌的心理,诱敌成功并牢牢拖住敌人,虚张声势扰乱敌方军心;进行腹背夹攻,一战而胜。

靠"枕边风"求生的大汉皇帝
——白登之围

战役,是指军团为达成战争的局部目的或全局性目的,在统一指挥下进行的由一系列战斗组成的作战行动。

汉朝开国之初,匈奴多次侵犯汉朝边界。公元前200年,冒顿单于领兵包围了晋阳。刚刚平定天下、心怀丰功伟业的汉高祖刘邦,岂容匈奴如此嚣张,他亲率兵马,赶到晋阳和匈奴决战。

汉军到达晋阳时,已经是寒冬了。天寒地冻,还下起了大雪。士兵们大多自幼生长在中原地区,从来没有承受过如此严寒,加上衣服鞋袜准备不足,一时间冻死、冻伤了不少人,有的人连鼻子和手指都冻掉了。

如此惨状并没有动摇汉高祖进攻匈奴的信心,他决定发动一次大规模攻势,一举将匈奴歼灭。他事先派出特使去匈奴侦察虚实。冒顿单于识破了刘邦的用意,事先将精锐部队和肥壮的牛马全部藏匿,只把老弱残兵与羸弱的牲畜展示给汉朝的特使看。刘邦派出十次特使,所见到的情况都一样。汉高祖还是心怀疑惑,又派亲信娄敬前去打探。可是还没等娄敬回来,他就迫不及待地下令全军出击。

金冠展露出匈奴尚武本色。

三十二万人的庞大军团,向北推进。前锋刚越过句注,娄敬回来了,他急忙劝阻刘邦说:"陛下,我们绝对不能采取军事行动!按照常理,两国交战,双方一定会显示自己的强大,可是我在匈奴那里看到的却全是老弱残兵。冒顿的用意十分明显,要引诱我们攻击,然后伏兵四起。"这时汉军已经完成了战略部署,箭在弦上不得不发。刘邦两眼冒火,咆哮道:"你这个齐国死囚,靠着两片嘴皮,当上高官,今天又站在这里胡说八道,扰乱军心,还不给我住嘴!"他下令把娄敬囚禁于广武监狱,亲自率领大军,出城追赶匈奴。

汉军刚到平城,突然间,四下出现了无数匈奴兵。他们一个个体格彪悍,精神抖擞,战马更是嘶鸣有力,奔跑如飞,原来那些弱兵瘦马全都不见了!刘邦见匈奴兵将汉军拦腰切断,心下大惊,急忙杀出一条血路,跑到平城东面的白登山,所带人马死伤无数。冒顿单于调集30万匈奴兵马,将白登山团团围住,扬言要生擒刘邦,南下扫平汉朝。刘邦站在白登山上四下观望,但见匈奴的战马分成四色,极其雄壮齐整。西方尽白马,东方尽青骢马,北方尽乌骊马,南方尽骍马。汉军整整被围困了七天七夜,人马缺水缺粮,衣被单薄,情形之惨,难以言状。

白登之围

最后,刘邦之所以能化险为夷,全身而退,是沾了"枕边风"的光。他身边的谋士陈平,派使者给匈奴王后阏氏送去了大量黄金、珠宝,请她帮忙说服单于。至于阏氏是如何说服单于的,成了历史之谜。

在阏氏的斡旋下,冒顿单于答应放刘邦一条生路,命令匈奴兵马给刘邦让开一条通道。借着漫天浓雾,刘邦在弓箭手的护送下,撤离白登山。他快马加鞭,狼狈逃回广武。

兵家点评

白登之围,说明汉朝还没有力量和匈奴对抗。在娄敬的建议下,刘邦对匈奴采取了屈辱性质的"和亲"政策,把宗室女作为公主,嫁给匈奴单于。此法从汉高祖到文帝、景帝,沿用六七十年,但始终无法解除匈奴对西汉王朝的威胁。一直到武帝时期,才真正将匈奴打垮。

奴隶觉醒的悲壮史诗
——斯巴达克斯起义

军事思想,是关于战争与军队问题的理性认识。主要揭示战争的本质和基本规律,研究武装力量建设及其使用的一般原则,反映从总体上研究军事问题的理论成果。

"看,拿匕首的那个多雄健! 我敢打赌他肯定能赢。"

"我保证拿长剑的能胜,我敢赌 30 塔伦。"

赛场上两名年轻的角斗士用盾牌护着身子,手握武器伺机刺向对方。场下的罗马贵族们在兴奋地争论着。

突然,拿长剑者被刺中,鲜血顺着手臂流了下来。

"太棒了!""快,再补两刀!"贵族们疯狂地吼叫着。

最终,拿长剑者倒下了。

此时,台上的女巫站起身来,战败者的存亡就在女巫的弹指一挥间。她大拇指朝上,战败者活;朝下,战败者则当场毙命。大家都瞪大眼睛盯着她,只见她伸出拳头,大拇指朝下,瞬间,战败者躺在血泊之中。台下一阵刺耳的欢呼。

这就是罗马每年都要举行的野蛮活动——角斗。角斗士没有自由,一切行动都被密切监视,还要戴着脚镣。他们都是身强体壮的奴隶,被选进角斗士学校培训,然后在赛场上与猛兽或彼此搏斗,这成了贵族们一种取乐的方式。

公元前 73 年,一个寂静的深夜。

"啊!"一声可怕的惨叫突然从卡普亚城角斗士居住的铁窗内传出,叫声划破夜空让人心惊胆颤。四名士兵闻声来到铁窗前吼道:"找死啊? 老实睡觉!"

"死人了。你们管不管?"

士兵拎着油灯一照,果然如此。

就在他们开门准备看个究竟时,几个高大威猛的角斗士迅速跨到门口将四名士兵打晕,带头冲出牢门。

"兄弟们,向维苏威跑啊!"伴随一声高呼,所有的角斗士蜂拥而出,消失在卡普亚城的夜色中。

斯巴达克斯就是这次暴动的领袖。他本是希腊色雷斯人,在一次反抗罗马入侵中被俘,被选进角斗士学校。他时刻不忘鼓动角斗士们起来反抗,争取自由。逃出后,斯巴达克斯率起义军驻扎在维苏威山中,奴隶们纷纷加入到队伍里,很快就发展到10 000余人。罗马元老院派3 000兵马前来镇压,封锁维苏威山,打算将起义军困死在山中。斯巴达克斯命人用葡萄藤编成梯子,下放到悬崖边缘。突击队顺梯下山,从敌军背后发起猛攻,将他们打得落荒而逃。

公元前72年秋天,斯巴达克斯大败瓦里尼率领的罗马军,控制了南意大利的许多地区。虽然如此,斯巴达克斯深知自己的实力仍不能与罗马抗衡,决定向阿尔卑斯山进军。阿尔卑斯山,终年积雪,气候恶劣,要想翻越它十分困难。当大军来到阿尔卑斯山下的时候,战士们强烈要求斯巴达克斯改变原定计划,带他们直捣罗马。斯巴达克斯只得顺应民意,决定南下。

斯巴达克斯起义

起义军再次出现在亚得里亚海岸,让罗马统治者惊恐万分,立即宣布国家处于紧急状态。元老院选出大奴隶主克拉苏担任执政官,率领六个兵团的兵力对付起义军。为了提高战斗力,克拉苏恢复了意大利军队残酷的"什一抽杀律",但仍无法阻止斯巴达克斯的进军。需要一提的是,起义军势力不断扩大,给局面的控制带来了困难,在此期间,起义军内部曾出现两次分裂,在一定程度上影响了军队的战斗力。

公元前71年冬,斯巴达克斯起义军与克拉苏的罗马军团进行了最后的决战。斯巴达克斯骑着黑色骏马,带领起义军驰骋杀场,拼杀八九个小时,在杀死两名罗马军官后,大腿不幸被击中而落马。受伤的斯巴达克斯一条腿跪在地上,手拿长剑和盾牌,面对包围上来的群敌,他酷似愤怒的雄狮,顽强拼杀。终因势单力薄,倒在众多敌人的剑下……

起义军兵败后,嗜血成性的克拉苏残酷地把 6 000 名战俘全部钉死在从卡普亚到罗马城沿路的十字架上。

兵家点评

斯巴达克斯起义能够建立较强大的军事组织,多次打退罗马精锐部队,在军事上有许多成功之处:如在战斗行动中力求夺取和掌握主动权;组织步兵和骑兵的协同,力主进攻;在战区内巧妙地机动部队;行军隐蔽迅速,设置埋伏,实施突袭;善于各个歼灭敌人。这些为后来的奴隶起义战争提供了许多有益的经验。

小知识:
费边——拯救罗马的"拖延者"
生卒年:? ～公元前 203 年
国籍:古罗马
身分:执政官
重要功绩:首创"费边战术",用一种拖延迂回的方法,拖垮迦太基军队。

罗马从共和迈向帝制的奠基石
——自由高卢之战

士兵，一般被用作对军士和兵的泛称。这一词源自意大利文"钱币"和"薪饷"，它作为军事术语最早出现于 15 世纪的意大利，当时指领取军饷的雇佣军人。

这天夜里，被罗马军队围困在阿莱西亚城内的维钦托利作出了一个超乎寻常的决定：鉴于城内仅剩下一个月的存粮，他命人将城内的老幼妇孺全部驱赶出去。这些人不得不走向罗马军队，苦苦哀求做他们的奴隶，却遭到了无情的拒绝。这些可怜的人前行无路，后退无门，只好在两军之间的无人地带露宿风餐，几天之后悲惨地冻馁而死。

这是自由高卢之战中的一个画面。

此时的罗马士兵，在距离阿莱西亚一英里之外，像蚂蚁一样紧锣密鼓地修建防御工事。他们修建的是古今罕见的军事土木工程——大型双环防御工事，目的是对付不断聚集而来的高卢援军。

这场仗打还是不打？凯撒一时难以决断。即便全军撤退，对他的政治前途也毫无影响。再者，面对城外不断聚集的高卢援军，两线作战乃是兵家之大忌！但是，雄心万丈的凯撒在稍事犹豫之后，即刻决定：这场仗非打不可！而此刻，维钦托利也站在阿莱西亚城外的山坡上，望着近在咫尺的罗马大营，同样心情复杂：一方面庆幸罗马人的行动十分符合自己的战略意图，另一方面也担忧高卢援军不能突破凯撒的周边阵地。

公元前 59 年，凯撒出任高卢总督。他用了五年的时间，先后攻破了高卢的多个城邦，最后将高卢地区全部控制。凯撒在总督职务到期后，为了防止政敌夺权回到了罗马。他手下的军队被分散到高卢各处。维钦托利看到罗马军队群龙无首，便领导高卢人发动了起义。

维钦托利领导的起义军，采用游击战术，从来不和罗马人正面交战，令罗马人羞恼不已。凯撒在罗马得到高卢起义的消息后，骑快马返回高卢，迅速将分散在各地的罗马军队集结起来。

维钦托利知道罗马军队每到一处,都就地筹集粮草。于是他采取了坚壁清野的"焦土抗战"政策,将罗马领地附近的农田和村庄全部烧毁。阿瓦利肯是高卢一座美丽富饶的城市,起义军不忍心将其烧毁,拒绝执行维钦托利的命令。无奈之下,维钦托利只好死守阿瓦利肯,并且和罗马人进行了第一次正面交锋。

公元前52年,凯撒带领罗马大军,兵临阿瓦利肯城下。为了攻城,罗马军队修建了一座宽30公尺、斜面长度达100公尺的云梯,又建造了两座高达25公尺的攻城高塔。经过27天的攻防战,罗马人进入阿瓦利肯,将城里的40 000个居民,屠杀殆尽。

骁勇善战的罗马军团

时隔不久,维钦托利在日尔戈维亚再次和凯撒交手,取得了一场胜利。几个星期后,凯撒重整旗鼓,带领一支60 000余人的大军再次南下。维钦托利带领起义军在中途设伏,准备截获罗马人的辎重物资,结果遭到了重创。维钦托利只好带领残兵败将,退居到了阿莱西亚要塞。在凯撒的大军合围之前,维钦托利派出大批亲信,到高卢各部落四处求援,希望用内外夹攻的办法,将凯撒大军一举歼灭。

凯撒修建的防御工事,正是针对高卢援军设立的。两条环形防线,构造相同,都是宽5公尺、深达2.5公尺的深沟。两个深沟相距10公尺,中间布满了用尖木桩建构的、形如鹿角的障碍物;深沟外面,全是陷阱,里面放置了尖锐的树桩,陷阱口用杂草和树枝覆盖。紧邻的第二道堑壕,是一道高达4公尺的土墙,土墙后面每隔 100 多公尺,就有一座高楼,上面有弓箭手把守。

从高卢各部落赶来的援军不断聚到阿莱西亚城外,仅两个月就达到了 250 000 人之多。这天清晨,在惊天动地的咆哮声中,高卢援军狂风暴雨般地向罗马人的防线涌去,却被罗马人攒射过来的弓箭、标枪和深沟挡住。当天夜里,高卢人携带大量树枝,填进了堑壕,到达罗马人修筑的土墙之下。土墙上布满了削尖了的树桩,高卢人难以攀援上去。战争整整持续了一夜,高卢人死伤惨重,只好再次撤退。

第二天,在高卢人的精密部署下,一支由精锐部队组成的夜袭团,在夜幕遮掩下来到罗马防线的北侧。次日中午时分,这支奇兵从天而降,向罗马防线最薄弱的部分发起了猛攻。与此同时,高卢援军从西面也发起了进攻;维钦托利率军从城内冲出。罗马军队的多个防线被突破。身披猩红色斗篷的凯撒,在战线上往返奔波,总是在第一时间赶到最危急的地区。他每到一处,士气大振。下午时分,凯撒孤注一掷,命令一直没有参战的日耳曼骑兵出战。尽管这支骑兵只有几千人,但极大瓦解了高卢人的意志。一时间,高卢人乱作一团,凯撒率领步兵趁机反攻,高卢人被打得一败涂地。

维钦托利在阿莱西亚之战后向凯撒投降。

会战的结果是罗马人大胜,高卢人请降。维钦托利成了凯撒的阶下囚,高卢人有组织的反抗运动也到此结束。公元前 46 年,维钦托利在罗马被绞死。

兵家点评

　　凯撒在自由高卢之战中，创造了一个军事奇迹，古往今来，围城的人被前来增援的军队反包围，不得不进行前后两条线作战的战例不胜枚举，但只有凯撒取得了胜利。战争的结果是凯撒征服了整个高卢，为建立个人的独裁政权铺平了道路，高卢之战也成了罗马从共和迈向帝制的转折点。

　　凯撒先后在高卢打了八年的仗，大约有一百万高卢人死在刀剑之下，还有一百多万人被卖作奴隶。自由高卢之战后不久，作为凯尔特民族的一支，高卢人彻底消失了。

小知识：

　　凯撒——我来了，我看到了，我征服了

　　生卒年：公元前102～前44年

　　国籍：古罗马

　　身分：执政官、高卢总督、独裁官

　　重要功绩：用八年时间征服了高卢全境；占领罗马，打败名将庞培。

白鹅示警救罗马
——卡皮托利亚山之战

战役机动,是指为达成一定的战争目的而组织实施的兵力、兵器移动。基本样式包括战争包围、战争迂回、战争穿插、战争退却等。

公元前 4 世纪前期,罗马通过几个世纪的征战,成为意大利中部最大的强国。许多城邦和部落,都尊罗马为盟主,屡战屡胜的罗马军队也被人们称为"铁鹰"。与此同时,波河北面的高卢部落也不断发展和强大起来。这些被罗马人称为蛮族的高卢人,不断侵扰罗马北部的伊特鲁里亚地区,掳掠足够财物后便撤军北去。

公元前 390 年春,布伦努斯率领高卢各部落组成联军,又一次浩浩荡荡地南下攻掠。高卢人一路烧杀掳掠,最后围攻了罗马的一个重要附属国克路西乌姆城邦。面对高卢军队大兵压境,克路西乌姆人立刻派出使节向罗马求援。罗马元老院起初对高卢人的抢掠行径并不怎么重视,以为这些蛮族部落还会像往常一样掠得一定数量的财物之后退走。不过在接到求救报告后,还是派出了一个外交使团前去斡旋,劝说布伦努斯退兵。

布伦努斯对克路西乌姆城邦的顽强抵抗甚为恼火,他仗着自己兵强马壮,一门心思地想攻破城池,劫掠财物,对罗马使节的劝说置若罔闻。罗马使节见劝说无效,恼羞成怒之下便加入克路西乌姆人一方,与高卢人作战。战斗中,一位罗马使节亲手将高卢人的一个部族酋长斩于马下。这下闯了大祸,布伦努斯派出使者前往罗马,向元老院提出强烈抗议,要求交出凶手由他们处置。

罗马元老院不仅没有道歉,还把那位被高卢人看作是凶犯的使节选为下一年度的保民官。此举激怒了布伦努斯,他一改过去不与罗马人直接交锋的惯例,径直率领 70 000 大军浩浩荡荡杀奔罗马城。

自以为强大无比的罗马军队,立即北上迎敌。布伦努斯在探明了罗马军队的行踪后,亲自率领主力部队在阿里亚河岸边秘密设下埋伏,等待罗马军自投陷阱。同时,派出小股部队分头袭扰乡镇和农村,以此分散罗马人的注意力。7 月 18 日,傲慢的罗马军队进入了设伏圈。以逸待劳的高卢人在大楯的掩护下,高举长剑冲向罗马军队,罗马人猝不及防,一部分被射死,一部分被赶到河中,一部分落荒窜入山谷,剩下很少的一部分狼狈逃回了罗马城。这些惊慌失措的罗马逃兵在退入城中时,忙乱之中连城门也忘了关闭。高卢士兵追赶到罗马城下,见城门洞开,便毫不犹豫地冲了进去。他们见人就杀,抢后即烧,在短短的几天里,罗马城变成了一片废墟。罗马的一些年轻元老,带领一部分军队固守在城中的卡皮托利亚山和朱庇特神庙中,誓死与罗马城共存亡。这些勇敢的罗马人凭险扼守,严密监视着高卢人的行动,准备随时出击。

卡皮托利亚山陡峭险峻,易守难攻,高卢人多次进攻都被打退。布伦努斯改变策略,实行长期围困,企图用饥饿、缺水来逼罗马人投降。就这样,卡皮托利亚山成了一座孤山,粮食补给全部断绝。元老们在情势危急之下,被迫采取了一个冒险行动,派一个年轻人在深夜从山上攀援而下出城搬救兵。年轻人攀崖成功了,但他攀登的痕迹也被高卢的巡逻兵发觉了。布伦努斯获悉后,立即派人组成突击队,在当天晚上循着罗马人攀登的路线,悄悄地往上攀登。山岗上静极了,卡皮托利亚山上的罗马守军都已进入梦乡。高卢人眼看就要上到山顶,突然传来了一阵"嘎、嘎……"的鹅叫声,刺破了万籁俱寂的夜空。

古罗马遗址

这些白鹅是罗马人进贡给山上女神庙的。虽然山上食物短缺,但大家还是你省一口我省一口地用口粮喂它们。听觉灵敏的白鹅最早听到高卢人上山的动静,就惊叫起来。

罗马前执政官曼里乌斯的家正好住在神庙,他听到白鹅的叫声后立刻警觉起来,拿起武器就向悬崖边跑去,边跑边大声疾呼,将熟睡的罗马士兵唤醒。他和罗马士兵们用石块、长矛、投枪,将爬上崖顶和贴壁攀登的高卢人一个个打下了山谷。山岗得救了,罗马人得救了。

黎明时,曼里乌斯将战士们召集起来,向大家叙述说了白鹅的功勋,大家纷纷把粮食拿出来奖赏白鹅。从此白鹅在罗马人心目中变成了"圣物",这一天被定为"白鹅节"。每当这一天来临的时候,罗马人就给白鹅戴上装饰华丽的项圈,披挂彩带,抬着它游行,街上的民众纷纷向它欢呼致敬。

高卢人攻占不了卡皮托利亚山,也就控制不了罗马城。卡皮托利亚山上的要塞,始终由罗马士兵扼守着。罗马城外的军民,在执政官卡米鲁斯的领导下也不断进行反击。七个月后,高卢人自己打了退堂鼓,要求和罗马人谈判,并撤离了罗马。

兵家点评

罗马人和高卢人经过双方谈判,最后达成协议:罗马付出1 000磅黄金作为赎金,高卢军撤出整个罗马地区。后来,罗马执政官卡米鲁斯率军在险要地段袭击了高卢军队,把那1 000磅黄金全部抢夺回来。

经过几个月的敌军蹂躏,罗马人饱尝了异族抢掠的苦头。于是,他们重新训练军队,加修罗马城防,大力进行军事改革,逐步完善了早期罗马的军事组织。这一切对于后来完成统一意大利的大业起了重大的作用。

> **小知识:**
> 屋大维——跻身于神灵行列的君王
> 生卒年:公元前63~14年
> 国籍:古罗马
> 身分:皇帝
> 重要功绩:在阿克图海战打败安东尼,消灭了古埃及的托勒密王朝。

坚守待援与内外攻击
战术的灵活运用
——昆阳大捷

兵力机动有翼侧机动、沿正面机动、由后向前的机动和由前向后的机动。突击、包围、迂回、退却等都是兵力机动的样式。

公元23年，刘玄称帝，改年号为更始元年。长安城中的新朝皇帝王莽听到这个消息后，气得七窍生烟，立刻命令大司徒王寻、大司空王邑，调遣四十万精锐部队向南阳进军，妄图一举消灭更始政权。

新军打头阵的将领是个怪人，名字叫巨无霸，来自东海蓬莱，身长一丈，腰圆十围，史书上说他"轺车不能载，三马不能胜，卧则枕鼓，以铁箸食"。

他所带领的部队除了士兵之外，还有一支由老虎、狮子、豹、大象、犀牛这些猛兽组成的特种部队，简直是骇人至极。

更始军首领刘演此时正率军攻打宛城，得知王莽的新军已经浩浩荡荡地开到南阳，不由得头皮一阵阵发麻：如果不尽快拿下宛城，就得成为王莽的下酒菜。为了争取攻城的时间，刘演命令昆阳城的守将王凤和王常想尽一切办法拖住新军主力。

5月中旬，王寻、王邑率领新军开进了阳翟，战旗辎重，千里不绝。主帅王寻拒绝听从纳言将军严尤提出的先救宛城的正确建议，下令主力部队向昆阳挺进，想一举拿下这座弹丸之城。

汉偏将军刘秀听到消息后，急忙策马直奔昆阳城报信。情势危急，昆阳守将王凤和王常紧急召开军事会议，商议对策。可是商量来商量去，也无非就是弃城逃跑，守在这里只有死路一条。

这时，探子急报："新军绵延数百里，已经杀到昆阳城北门了！"

王凤急忙与刘秀商议对策，刘秀主张死守昆阳，并慷慨请命，愿意带几个弟兄冒死突围去搬救兵，然后里应外合，大破新军。

当天夜里,刘秀和骠骑大将军宗佻、五威将军李轶等十三人以及随从骑兵,骑着快马冲出昆阳南门,趁新军先头部队立足未稳之际,突围而出。王寻听说有人逃走,大骂守将无能,下令新军将昆阳城团团围住,一只麻雀也不许放过。为了攻城,新军在大营的空地上竖起十余丈高的楼车来俯瞰城中,并用强弩向下攒射。箭如飞蝗,城中守兵伤亡惨重,就连居民取水做饭,都得顶着门板出来打水。王寻又下令士兵挖掘地道攻城,用冲棚撞城。此时的昆阳城犹如惊涛骇浪里的一叶扁舟,随时都有可能被巨浪吞没。王凤、王常见援兵迟迟不到,粮草断绝,于是派出使者乞降。可是王寻和王邑却拒绝了他们的投降请求,命令新军继续猛攻。

汉光武帝刘秀的画像

"既然守是死,降也是死,还不如拼个鱼死网破!坚守下去,说不定还有一丝生还的希望。"王凤和王常一咬牙,带着弟兄们在城上顽强死守。

双方僵持了半个月左右,到了6月下旬,刘秀率领援军赶到。王邑根本没把刘秀当回事,随便点了几千人出营和他们交战。没想到这支更始军作战非常顽强,大破新军,刘秀还亲手斩杀了几十个敌军。见刘秀如此英雄,同行的将领无不交口称赞:"我们以前总认为刘将军胆小如鼠,没想到你居然还有这等本事,真是让人心服口服!"

王邑仗着人多势众,下令诸营不得妄动,自己和王寻等人在城西依水列阵。刘秀派出3 000人敢死队,不顾生死,冲进敌阵。新军虽然兵多,却没有斗志,被杀得七零八落。王寻试图上前拦截,被刘秀大喝一声,吓退三步。刘秀的士兵知道对方是敌营大将,一拥而上,你一刀,我一枪,把王寻砍落马下。王寻立时毙命。王邑见王寻被杀,无心恋战,只好退走。更始军胆气渐壮,喊杀声震动天地,昆阳城内的守军看见救兵来了,兴奋地大叫着,打开城门配合援军攻击已经成为无头蛇的新军。

新军的前锋巨无霸听说王寻阵亡,王邑已经败走,不由得咆哮起来,当即驱出猛兽,掩杀过来。更始军哪见过这样的阵势,一个个吓得手忙脚乱,纷纷败退。这时,突然雷声大震,大雨倾盆而下,潍川河水暴涨,摇摇欲泄。又刮起一阵怪风,将貔、狼、虎、豹卷进巨无霸的队伍。巨无霸没办法,也只好向后退走,一不小心坠入水中。他身体笨重,哪里还爬得上来,一眨眼就无影无踪了。巨无霸一死,各营士兵开始弃营乱跑,猛兽们也四散逃窜。王邑、严尤、陈茂等人见势骑着快马踩着新军的尸体勉强渡河逃去,奔回洛阳。

兵家点评

昆阳之战,以更始军大获全胜而结束,王莽覆灭已成定局。

在这场事关义军前途命运的大决战中,刘秀虽然只是个小小的太常、偏将军,却在大决战中承担起了实际上的统帅职责。他善于观察敌我情势,善于分析,面对强敌,制订了坚守待援与内外夹攻的灵活战术,表现出了一个卓越军事家的非凡胆识和勇气。他还善于鼓舞士气,能够调动部下的积极性,以弱胜强,最终扭转了败局。

小知识:

班超——以夷制夷的行家里手

生卒年:公元 32 ~ 102 年

身分:西域都护

重要功绩:完成了东汉王朝对塔里木盆地的征服。

古典时代的大决战
——罗马与匈奴的沙隆之战

军事家,是指具有对军事活动实施正确指引,或是擅长具体负责军事行动的实施人。一般能被称为军事家者,多为军队最高统帅或高级将领,战略家、战术家和军事理论家都可称之为军事家。

公元451年9月20日,古典时代欧洲历史上最大规模的战役——沙隆之战在"阿提拉营地"拉开了序幕。

会战打响后,在密集如蚂蟥的箭雨掩护下,骁勇善战的匈奴骑兵风驰电掣般地冲向罗马联军,很快将罗马阵线拦腰斩断。罗马联军方面,由末代名将埃裘斯亲率罗马军团组成左翼,西哥德军队在右翼,而中央是阿兰人和其他蛮族。阿提拉带领骑兵全力进攻西哥德人。因为他知道,以大量重装骑兵为核心的西哥德人战斗力最强,只要将其打败,此次战役就能稳操胜券了。

但是,西哥德人并不是人人都可以捏的软柿子,他们最终力挽狂澜,为罗马帝国赢得了这场会战的胜利。战斗中,西哥德国王中箭落马,被战马踩死。可是在王子的带领下,失去首领的西哥德士兵仅仅混乱了片刻,就开始了反攻。遭到顽抗的匈奴人开始向埃裘斯领导的左翼军团突围,却遭到了罗马士兵标枪密集的攒射,无数匈奴人丧生在标枪之下。匈奴人大规模溃败,沙隆之战的胜负已见分晓。

经过拼死冲杀,阿提拉率领残兵突围而出,在马恩河附近的一个小山包下,临时挖建营垒负隅顽抗。匈奴人的战鼓一刻不停地敲击,羽箭呼啸而下,打退了西哥德人一次又一次的进攻。此时的阿提拉也做好了阵亡的准备,他命令手下将马鞍堆积在一起,将临阵带着的嫔妃和金银珠宝堆积在马鞍上,如果罗

阿提拉是古代匈奴人最伟大的领袖和皇帝,史学家称之为"上帝之鞭"。

马军队攻进来,他就引火自焚。

可是戏剧性的一幕出现了。经过几次军事联席会议,西哥德人自动撤离了战场,罗马联军顿时势单力薄,士气也没那么高涨了,拖了几天之后,遂撤围而去。就这样,阿提拉死里逃生。

兵家点评

沙隆之战是一次欧亚之间的冲突,欧洲人暂时捐弃私怨和旧嫌,来对抗一个共同的强敌。

阿提拉侥幸逃生后,仅仅多活了两年。公元453年,阿提拉在自己的婚宴上暴病而亡。他死后仅一年,东哥德人和其他蛮族就纷纷反叛,匈奴帝国土崩瓦解。

沙隆之战使埃裘斯的事业如日中天,他也因此居功自傲。公元454年的一天,在与皇帝瓦伦丁尼安的一场争执中,埃裘斯被乱剑砍死。这件事公布以后,整个欧洲为之震惊,无论是埃裘斯的朋友还是敌人都扼腕叹息。失去了顶梁柱的西罗马帝国,苟延残喘了20年后就被东哥德人灭亡了。

小知识:

庞培——罗马共和国的卫道士

生卒年:公元前106～前48年

国籍:古罗马

身分:执政官

重要功绩:在幼发拉底河上游击溃了米特里达提六世的军队,结束了米特里达提战争;使东方一些国家处于罗马的奴役之下,成为东方一些国家的"王中之王"。

南北朝军事史上最艰苦
的城池攻防战
——玉璧之战

火力机动,一般是透过改变射击方向或射击距离完成的。适时而灵活地实施机动,是歼灭敌人、取得作战胜利的极其重要的条件。

公元 546 年,东魏政权的实际掌控者高欢,带领大军向西魏的军事要地玉璧发起了进攻。当年 9 月,东魏军将玉璧包围,营帐连绵数十里。10 月,开始了大规模的攻城。

镇守玉璧的是南北朝时期的名将韦孝宽。东魏大军在玉璧的城南,修筑高坡土山,要居高临下攻打玉璧。玉璧城上原本就有两个高楼,韦孝宽指挥军民,用木头加高城楼,使城楼始终高于东魏军临时修筑的土山,东魏军不能得逞。高欢见修筑土坡不成,又心生一计,在城南挖掘十几条地道,并且派人在城北日夜攻城。韦孝宽派人死守北城,在城南挖掘横向长沟,将魏军纵向的地道切断,并且派出人马驻守。当东魏军挖到地沟时,一举将其擒杀。西魏军还在沟外堆积了大量木柴,点火后投入地道,地道中的许多东魏军都被烈焰浓烟烧死或呛死。

高欢又命人建造“攻车”,攻车撞击城墙,力量强大猛烈,无坚不摧。韦孝宽令士兵们将布匹做成帐幔,悬挂在城墙上,随着攻车的方向张开。攻车撞击过来,鼓胀的帐幔消除了攻车的力量,城墙就无法被损坏了。高欢见自己的攻车战术被破解,命人用绳子将干燥的柴草松枝绑在长杆上,用膏油浸泡,意图点火焚烧帐幔和城楼。韦孝宽让士兵们也手拿长杆,杆上捆绑着锋利的钩镰刀。当东魏军的火杆攻击时,就用钩镰刀削断火杆。无计可施的高欢,命人在城四周深挖 20 条地道,然后用木桩支撑,在地道里灌上油脂。点燃油脂烧断木桩后,玉璧城墙有一部分坍塌了。韦孝宽令人用栅栏将坍塌的地方全部堵住,东魏军始终无法进入城内。

高欢技穷,派人劝降。使者对韦孝宽说道:“你们后无救兵,为什么还要死守

古代攻城图

呢？不如投降吧！"

韦孝宽说道："我军城池坚固，粮草丰盈，根本不需要救援。再说，本将军乃堂堂关西男儿，岂有投降之理！"

高欢让人往城内射箭，箭上写有书信："如有斩杀守将者，封万户侯，赏金帛万匹。"

韦孝宽在劝降信后面写道："谁能斩杀高欢，我也有同样的赏赐！"

无计可施的高欢，最后将韦孝宽的侄子押到城下，钢刀压颈，威胁韦孝宽说："如不尽早投降，我即刻杀了他！"韦孝宽神情慷慨悲壮，不为所动。他手下的士卒见了，人人都坚定了誓死力战的决心。

东魏兵攻城 50 多天，士卒战死及病亡者约计 70 000 人，尸首堆成一座小山。高欢"智力皆困，因而发疾"，只好解围而去，到晋阳后不久病死。

兵家点评

玉璧保卫战，是历史上一次著名的以少胜多、以弱胜强的经典战例，也是南北朝历史上最艰苦的攻城战。

东魏未能攻下玉璧的原因如下：高欢盲目轻敌，而且吏治腐败，战前的布署和战中的善后工作都没做到位；选择冬日攻城，气候寒冷，士兵又缺衣少食，给攻城战造成许多客观的困难；将领们不体恤士兵们的生死伤痛，视其为草芥。这样的军队，其士气和战斗力必定大打折扣。

反观西魏方面，由于国力贫弱，所以认真对待每次战斗，从极小的胜利累积到较大的胜利，实力和士气逐渐增加。最重要的是，西魏的吏治清明，军纪严格。王思政是据守玉璧的主将，曾经有人向他行贿 30 斤黄金，他悉数封存上交；韦孝宽是当时的名将,沉着应变,而且广得民心;长史裴侠也是一个爱民如子的良吏。两相比对,西魏赢得玉璧之战,也就不足为奇了。

在这场南北朝时期最经典的战役中,高欢的攻城术和韦孝宽的守城术,内容丰富、战术齐全,涉及到了金、木、水、火、土,可谓五行俱全,达到了古代战争无所不用其极的程度。

小知识:

诸葛亮——忠臣与智者的代表

生卒年:公元 181 年～234 年

身分:蜀汉丞相、武乡侯

功绩:七擒孟获,六出祁山。

北击突厥
——隋朝成为亚洲强国

战争形态,是指由主战武器、军队编成、作战思想、作战方式等战争诸要素构成的战争整体。其中,主战武器是战争形态最显著、最重要的标志。

隋朝建国初年,恶敌环伺:北有突厥、南有陈朝、西有吐谷浑、东有高宝宁,威胁着隋朝的统治。隋文帝杨坚审时度势,冷静地制订了应对策略:陈朝偏安南方,国力微弱,加上内部矛盾重重,不足为虑;吐谷浑文明程度较低,没有先进的军事作战经验,也非强敌。唯独突厥骁勇善战,野心勃勃,双方必定有一场恶战。

公元583年3月,隋文帝派兵平定了陈朝,陈后主割地求和。与此同时,隋文帝派兵西征吐谷浑,双方恶战数日,最后将吐谷浑打得一路溃败,举国震惊。除去南方和西方的大患,隋文帝开始集中精力对付突厥。

公元582年春天,突厥遭受了历史上最大的自然灾害,经济受到了极大摧毁,民不聊生。突厥首领沙钵略决定南侵隋朝,以期缓解国内的经济危机。他调集兵马400 000,大举南下,一举进入长城。东北部的高宝宁也蠢蠢欲动,配合突厥发难。到了10月,西北长城沿线诸多重要城镇州府纷纷落入突厥人手中。突厥乘胜前进,越过六盘山,挺进渭水河畔,大有一举拿下长安之意。面对这样的威胁,隋文帝指派虞庆为大元帅,前往现在的甘肃庆阳县阻挡突厥的进攻。虞庆下令行军总管达溪长儒率领骑兵两千迎敌,达溪长儒的骑兵很快被突厥兵包围,隋军面露惊惧之色。达溪长儒激励士兵们要舍生忘死,马革裹尸。他将军队排列成阵,且战且退,艰守了三昼夜。士兵们在达溪长儒的激励下,拼死相搏。刀剑折断、弯曲,就赤手空拳;打得手脚露出了白骨,也毫不退缩。达溪长儒更是身先士卒,身上五处受伤,身体前后被长枪刀剑贯穿两处。正是隋军的这种顽强抵抗,区区两千骑兵杀死突厥兵万余人,最后生还的仅百余人。

面对隋军的殊死反击,突厥人锐气尽失,放弃了南侵计划,自动撤兵而去。但隋文帝心里明白,突厥人绝对不会善罢罢休。果然,公元583年春天,突厥人又开始对隋朝边境进行骚扰。隋文帝决定主动北出突厥,给其毁灭性的打击。

4月，隋文帝发兵数万，讨伐突厥。中路军在今内蒙古呼和浩特市西北部和突厥军队短兵相接。数以万计的重型骑兵在广阔的大草原上驰骋厮杀。这次战役，突厥兵大败，沙钵略身受重伤，勉强捡回一条性命。突厥人丧失了大量的牛羊马匹和粮草辎重，全军只能以草根和兽骨充饥，境遇凄惨万分。

隋文帝派出的西路军，同样战果累累。西路军由大将窦荣带领，步兵、骑兵各30 000，出兵凉州，在高越原和突厥可汗阿波带领的突厥兵相遇，在戈壁滩上对峙。隋军远道而来，准备不足，所带的水很快喝光了，只好杀马饮血，不断有人渴死。没想到天无绝人之路，正当窦荣心生退意之时，下起了一场及时雨，全军士气大振。隋军大将史万岁出阵，刀斩突厥勇士首级，隋军趁机掩杀，突厥大败而逃。

兵家点评

在隋朝建立之前，突厥的势力是很强大的，波及到了中亚地区，"控弦数十万，中国惮之"。隋文帝之所以能克敌制胜，除了他出色的政治军事才能之外，还在于他采取了以下三个策略：

一是停止进献岁贡给突厥，削弱了突厥的经济基础。

二是积极建构防御体系，征发民工修建了东至黄河、南到勃出岭的长城，总长700里。

三是利用突厥内部可汗之间的争斗，做了大量反间工作。

隋文帝打败突厥，导致突厥分化成东西突厥，两突厥之间兵连祸结，自此一蹶不振。隋朝遂成为亚洲的强国，东亚世界也出现了新的格局。

小知识：

陈庆之——刚柔并济的文雅儒将

生卒年：公元484～539年

身分：南朝梁武威将军

重要功绩：亲自率领7 000骑兵杀入了洛阳，攻陷47座城池，北魏数十万大军皆溃。

阿拉伯对外扩张战争

国防,是国家的防务,是指为捍卫国家主权、领土完整,防备外来侵略和颠覆,所进行的军事及与军事有关的政治、外交、经济、文化等方面的建设和斗争。

公元 7~8 世纪,阿拉伯帝国为扩充地盘,进行了扩张活动。其扩张过程可分为两个阶段。

第一阶段(公元 634~656 年),穆罕默德的继承者在他死后继续执行"伊斯兰远征"军事扩张计划。在公元 633 年的秋天,他派兵翻越叙利亚沙漠,一举攻破了拜占庭和波斯帝国。636 年,这几支军队由瓦立德率领进军伊拉克,先后攻克了加萨尼王朝都会巴士拉、外约旦的斐哈勒,并乘胜进军大马士革,激战了六个月,攻下此城。东罗马帝国调 50 000 精兵前来解救大马士革,瓦立德寡不敌众,被迫撤兵。后来,他指挥手下的 25 000 士兵巧用以逸待劳的战术,重新收复大马士革。耶路撒冷见阿拉伯军队的气势逼人,于 638 年自动请降。633 年,阿拉伯军队入侵伊朗,在对方战象的突击下,遭到重创。但阿拉伯军队随后获得增援并调整了战术,于 637 年 6 月 1 日取得卡季西亚会战的胜利,占领了波斯首府泰西丰,接着又攻占了摩苏尔和讷哈范德,将伊朗并入阿拉伯帝国的版图。639 年底突袭埃及,先后攻克皮卢希恩、亚历山大里亚,进入昔兰尼加,使埃及臣服。643 年攻占利比亚,647 年又入侵突尼斯、阿尔及利亚和摩洛哥等地。阿拉伯还征集小亚细亚沿岸居民,组建了一支海军队伍,迅速占领了地中海几个有战略意义的岛屿。到 7 世纪 50 年代,阿拉伯军队分别向北非部分省份、印度边境和亚美尼亚以北进军,控制了拜占庭在近东的大部分领地,成为一个横跨亚、欧、非的新帝国。659 年,由于阿拉伯贵族内部冲突,阿拉伯军队停止了扩张行动。661 年,以叙利亚为基地的伊斯兰教阿拉伯帝国的第一个王朝倭马亚王朝建立。内乱平定后,阿拉伯人又向拜占庭发起了新一轮的进攻。

第二阶段(公元 668~750 年),阿拉伯军队的第一目标是拜占庭的沿海城市,并派舰队在基齐库斯城建立军事基地。673 年到 677 年,阿拉伯舰队四次进攻君士坦丁堡。拜占庭军队防卫有力,采用被称为"希腊火"的液体燃烧剂,击退了阿拉伯舰队的进攻,迫使他们于 677 年 6 月撤离君士坦丁堡。在撤军途中,海军遭

记载拜占庭人在海战中使用"希腊火"的艺术作品

到风暴袭击,再加上希腊舰队的阻截,差点全军覆没。与此同时,陆军在小亚细亚也遭到了惨败。678年,阿拉伯国家与拜占庭签订合约,被迫向该国进贡。在北非,阿拉伯军队进展顺利,打退拜占庭实现了对北非的统治。709年,阿拉伯军队抵达大西洋沿岸。711年春,占领了庇里牛斯半岛大部分地区。在庇里牛斯半岛民众的顽强抵抗下,内部矛盾重重的阿拉伯军队于8世纪中期退出高卢,结束了向欧洲的进军。705～715年,阿拉伯军队为了占领中亚细亚的费而干纳、喀布尔地区,与突厥族游牧部落和中国人交过战。712年,阿拉伯军队入侵印度,将印度河谷纳为阿拉伯帝国。717年,阿拉伯水陆大军再次进攻君士坦丁堡,拜占庭军队防守得力,重创阿拉伯军队,使其长达一年零一个月的围攻以失败告终。此战之后战略形势发生了转变,拜占庭转为战略进攻,阿拉伯转为战略防御。746年,拜占庭击溃强大的阿拉伯舰队,夺回塞浦路斯。8世纪后半期,拜占庭把阿拉伯人赶回小亚细亚东部,重振了"帝国"的声威。

从此之后,阿拉伯对外扩张的步伐逐渐停止下来。

兵家点评

阿拉伯人的对外扩张战争之所以能不断成功,得益于其高明的战略战术。阿拉伯是游牧民族,军队以骑兵和骆驼兵为主,主要武器是投枪,擅长沙漠作战。部队军纪严明,行动迅速,能随时发动突然性的攻击,在一定程度上弥补了武器装备的不足。战斗队形沿正面和纵深分为前卫、中军、左翼、右翼和后卫几部分。两翼用骑兵掩护,并掌握强大的预备队。占上风时,可以迅速将主力投入战斗;追击敌人时,两翼的骑兵可以第一时间冲上前去,不断扩大战果。

亚洲两大帝国的第一次正面交锋
——唐与大食塔拉斯之战

国际战略格局是世界各主要国家或地区在一定时期内相互关系的基本结构。它是国际战略环境的总体框架,表现了世界力量的分布、组合和比对。

天宝九年(公元 750 年),大唐安西都护府大都督高仙芝奉命讨伐石国。

石国的国王见唐军兵力强盛,不敢与之交战,请求化干戈为玉帛,并向大唐帝国俯首称臣。高仙芝一开始允诺和好,但不久就撕毁了合约,派兵攻破石国的都城,将其国王俘虏,还在城中大肆烧杀劫掠。石国王子逃走,向大食及其他邻国求援。早就对大唐这块肥肉垂涎三尺的大食人,听到这一消息后立刻进行军事动员,并相互约定,谁先踏入大唐境内,谁就是大唐的总督。西域各国也对高仙芝的欺诱贪暴甚为愤怒,决定组成联军袭击唐王朝的安西四镇。高仙芝决定先发制人,亲自率军进攻大食。

交河故城是世界上唯一的生土建筑城市,唐西域最高军政机构——安西都护府最早就设在这里。

天宝十年(公元 751 年)4 月 10 日,高仙芝率军由安西都护府出发,直奔葱岭。为了保证后勤补给,他命令唐军将士每人配备 3 匹马,用来驮运物资。经过三个月的长途跋涉,唐朝大军深入大食境内700余里,并于7月14日到达了大食人控制下的塔拉斯城。阿拔斯王朝的哈里发接到塔拉斯城的求援信,立即调集240 000大军前去解围。双方在塔拉斯河两岸展开了决战。

大食军队率先发起了冲锋,他们骑着高大的阿拉伯战马,狂热地挥舞着阿拉伯弯刀,嗷嗷喊叫着冲了上来。以为只要一次冲锋,就可以将这些黄皮肤的东方人冲个七零八落,任人宰杀。他们绝没有想到,此时的唐军无论在装备、素质、士气还是将帅能力上都达到了冷兵器时代的一个高峰。在野战中,唐军经常采用"锋矢阵",轻装步兵手执陌刀(一种双刃的长柄大刀)冲在队伍的最前面,列阵时"如墙而进",肉搏时威力不减。骑兵紧随其后,轻重结合,手持马槊和横刀,负责突击。弓弩手压住阵脚,弯弓仰射负责掩护。在唐军整齐有序的阵型和强弓硬弩的技术优势下,大食人一味依赖轻骑兵突击的弱点再次暴露无疑,前后七次冲锋都被打退。在战斗中,唐军所使用的伏远弩尤其让大食人胆寒,这种弩箭射程可达300步开外,正面射击时甚至可以一箭穿透几个敌人。

双方激战了五天,依旧不分胜负。然而就在两军相持不下的重要时刻,形势发生了突变。唐军阵营中的葛逻禄部的佣兵被大食人买通,在第五天傍晚的激战中突然临阵倒戈,从背后将唐军步兵包围,切断了他们与骑兵之间的联系。失去了弓弩手支持的唐军阵脚顿时大乱,大食军趁机出动重骑兵主力突击唐步兵。在阿拉伯骑兵与葛逻禄部的两面夹攻下,连日征战的唐军再也无法支撑下去,终于溃败,高仙芝在夜色掩护下单骑逃脱。大将李嗣业、段秀实也收拢残兵败将向安西逃遁,与盟军拔汗那的军队中途相遇,造成兵马车辆拥挤堵塞道路。李嗣业担心大食追兵将至,不惜大打出手,命令士卒挥舞大棒毙杀百余名拔汗那军士,杀开一条血路后逃之夭夭。

此役唐军损失惨重,20 000人的精锐部队几乎全军覆没,只有千余人得以逃脱。但唐军也重创了大食军队,杀敌70 000余人。大食人慑于唐军所表现出的惊人战斗力,并没有乘胜追击。而唐朝方面由于数年后爆发了安史之乱,国力大损,也失去了雪耻的机会。

兵家点评

在整场战役中,唐军劳师袭远,面对数量六倍于己的敌人而不处下风,终因佣兵反叛,受内外夹攻而溃败。但唐军给对方造成重大伤亡,且仅就战术而言,唐军虽败犹荣。

　　塔拉斯之战最重要的后果，是阿拉伯帝国完全控制了中亚，许多自汉朝以来就已加载中国史籍的古国均落入阿拉伯人手中，中亚开始了整体伊斯兰化的过程。另外一个众所周知的后果就是中国的造纸术西传。唐帝国此役战败，共计一万余唐兵成为战俘，其中包括一些造纸工匠。中国四大发明之一的造纸术，由此传入阿拉伯，并进一步流入欧洲。

小知识：

　　李靖——战绩与理论俱丰的军事家

　　生卒年：公元 571 年～649 年

　　身分：唐朝尚书仆射、卫国公

　　重要功绩：灭东突厥，大败吐谷浑；首创了纵队战术（坚阵）的理论，专用于对付恃仗险固、顽固抵抗的敌军；著有《李靖六军镜》等兵书多部，后人编辑的《唐太宗李卫公问对》成为中国古代兵学宝典。

古代军事史上最著名的奇袭战
——李愬雪夜入蔡州

冷兵器是不带有火药、炸药或其他燃烧物，在战斗中直接杀伤敌人，保护自己的近战武器装备。广义的冷兵器则指冷兵器时代所有的作战装备。

唐朝历史上有过一段较长的藩镇割据时期。唐宪宗即位后，立志要削平藩镇，并首先拿淮西节度使吴元济开刀。可是四年过去了，唐军始终没有平定淮西。为了尽快结束战事，唐宪宗派裴度赴前线督战。负责西线作战的唐朝名将李愬，决定偷袭淮西军防备空虚的蔡州。他将计划上报裴度，得到了裴度的全力支持。

李愬雪夜入蔡州图

公元 817 年，农历 10 月 15 日，风雪交加。淮西守军放松了警惕。李愬命令李佑、李忠义率领突击队 3 000 人做先锋，自己率领 3 000 人作为主力军，李进诚率领 3 000 人在中军后面压阵，兵分三路攻袭蔡州。这次奇袭行动十分秘密，除了李愬等少数将领外，没人知道具体的行军路线和时间。大军在夜里到达张柴村，由于天气寒冷，守军都躲在大帐中取暖，毫无防备。李愬派兵迅速攻入，将叛军一网打尽，并留下 500 名士兵，封锁四周重要通道，切断了吴元济与其他叛军之间的联系。随即，李愬传下命令：向蔡州急速前进！将士们听到后脸都吓白了，这样恶劣的天气如何急行军？对方人多势众，岂不是自投罗网？可是军令难违，无奈只好加速前进。

　　当时天气寒冷,朔风凛冽,旗帜都吹破了,人、马冻死的随处可见。从张柴村到蔡州的路,没人知道怎么走,几乎所有人都认定此次偷袭必定全军覆没。只是人们害怕李愬,都不敢违抗而已。到了半夜,雪越下越大。部队走了 70 里,到达蔡州城。靠近城边有个养鹅的池塘,李愬命令士兵轰赶鹅群来隐盖军队行动的声响。自从吴少诚割据以来,蔡州城有 30 多年没有唐军来过了,守军根本没做防备。四更天,先头部队到达城下,李佑、李忠义在城墙壁上凿出一个个坑儿,用脚踩着爬上了城墙,士兵们跟着也爬了上去。看守城门的淮西士兵正在熟睡,全部被杀死。只有打更的人被留下来照常打更。接着打开城门,让大队人马进入。

　　鸡叫的时候,大雪停了,李愬带兵进入吴元济的外衙。淮西士兵急忙向吴元济禀报,说唐军来了。此时,吴元济还没有起床,他笑着说:"这是俘虏的囚徒在作乱吧! 天亮以后杀死他们就是了。"紧接着又有人来禀报:"蔡州已经被攻陷了!"吴元济仍不以为然,认为是附近的守军来向他索取寒衣。等到他起床后,听到外面传达唐军的将令,才知道唐军真的就在眼前了,急忙率兵到牙城抵抗,可是大势已去。

　　黄昏时,吴元济被迫投降。

兵家点评

　　李愬雪夜袭蔡州的秘诀就在于以奇用兵。战后,他向手下的将士解释自己的作战意图时说:"我之所以选择风雪严寒之日攻取蔡州,是因为此时敌兵守备松懈,烽火不能相传,并利用这一机会切断吴元济与其他叛军之间的联系;我方孤军深入,面临生死之战,不战则死,战则有生,军兵一定会誓死而战,无所畏惧。"

　　李愬所部急行军 130 里,一举攻入蔡州。这种远程奔袭的战法,与十六国以来骑兵的大量使用以及游牧民族骑兵惯用的战法有关。唐朝时,骑兵数量大增,成为战场上的主力。而骑兵的重要特点之一就是机动能力强,对其而言,"百里而争利"已非兵家大忌。

　　从客观来说,唐宪宗和裴度始终未改其平定淮西的决心,又能集中力量对吴元济用兵,甚至撤去监阵中使;而北线唐军则牵制、吸引了淮西的主力,这都为奇袭的胜利创造了有利的条件。

教皇鼓吹下的跨世纪掠夺
——十字军东证

西方古代战术是由斯巴达方阵战术到马其顿方阵战术，再由马其顿方阵战术到古罗马军团战术，最后由罗马军团战术到重甲骑兵战术。

1095 年 11 月的一天，成群结队的教士、封建主和老百姓早早地来到克莱蒙郊外的空地上集合，在初冬的寒风中等候着教皇来临。

上午 10 点左右，伴随着一阵号角和鼓声，一辆装饰华美的马车驶进人群。在人们的欢呼和呐喊声中，教皇乌尔班二世走下车来，手执《圣经》登上空地中央的高台。与此同时，200 多名全副武装的护卫，手持长矛在高台四周肃然环立。

这时候，人群安静下来，所有人都将视线集中到这场宗教大会的主角身上。

教皇环顾一下人群，挺一下身子，把手中的《圣经》高高举起，用充满磁性的嗓音说道："虔诚的信徒们，你们可曾想到，在东方，穆斯林已经占领了我们的'圣地'，还在迫害我们的东正教兄弟。现在我以基督的名义命令你们，迅速行动起来，到耶路撒冷把他们从我们兄弟的土地上消灭干净！凡是为解放圣墓而战斗过的人，他的灵魂将升入天国！"

人群骚动起来，狂热的信徒们大声喊道："消灭异教徒！""拯救东方兄弟！"

教皇乌尔班二世接着说："信徒们，耶路撒冷遍地都是牛乳、羊乳和蜂蜜，黄金、钻石更是俯拾皆是。在上帝的引导下，勇敢地踏上征途吧！你们就是'十字军'，染红的十字架就是你们的荣光，主会保佑你们无往而不胜的！"

在宗教信仰和物质利益的双重刺激下，人们争先恐后地拥上前，向教皇的随行人员领取红布做的十字。只有戴上这块十字红布，才可以成为十字军的一员，走上"主的道路"。

教皇的号召不胫而走，很快传遍了西欧各地。封建主、大商人和罗马天主教会在"上帝的引导下"，打着从"异教徒"手中夺回"圣地"耶路撒冷的旗号，纷纷成立十字军。

1096 年春，来自法国北部、中部和德国西部穷苦农民组成的十字军先锋队，沿莱茵河、多瑙河向东行进,拉开了东征的序幕。他们衣衫褴褛,没有给养,沿途只能靠抢劫、偷窃、乞讨来维持生活,但每个人的心里都怀着发财的梦想。

当这批"穷人十字军"历尽艰辛到达小亚细亚草原时,迎接他们的是塞尔柱土耳其人装备精良的铁骑。一场恶战之后,"穷人十字军"大部分被歼灭。

1096 年秋,真正意义上的十字军开始了第一次东征。队伍由装备精良、作战勇敢的骑士组成,在封建主的带领下从法国、德意志和意大利出发。他们同样遭到了塞尔柱土耳其人的轻骑兵袭击,但这支十字军非"穷人十字军"可比,将土耳其人打得落花流水。到了 1098 年,十字军攻占了底格里斯河与幼发拉底斯河上游的埃德萨和地中海岸的安条克。

十字军在东方节节胜利的消息传到欧洲,西欧的商人纷纷倾囊相助,每天有大批的物资运抵地中海东岸。

1099 年 7 月,耶路撒冷被攻占。十字军把城中居民都视为"异教徒",逢人便杀,见物即夺。在阿克萨清真寺里,有 10 000 多名无辜的平民被杀害,鲜血汇成了河流。整座城市被洗劫一空,十字军将士一夜之间变成了富翁。攻占耶路撒冷后,十字军在西亚土地上建立起几十个国家,其中最大的是耶路撒冷王国。然而,这些国家并不稳固。1144 年,爱德沙伯国被塞尔柱土耳其人消灭,其他十字军国家也风雨飘摇,危若累卵。

1147 年,法国国王与德国皇帝亲自统兵进行第二次十字军东征。此次东征历时两年,宣告失败。

1187 年,经过精心准备,英国、法国和德国的君王共同发动了第三次十字军东征,由于内部矛盾分化,再次失败。

拉瑞威尔描绘十字军远征的画作——《阿什克伦之战》,现藏于凡尔赛城堡博物馆。

1202 年,在教皇的鼓动下,法国、意大利和德意志的封建地主们进行了第四次远征,并将侵略的矛头指向了埃及。但是在威尼斯商人的怂恿下,十字军改变了最初的计划,于 1204 年 4 月占领了东罗马帝国的君士坦丁堡。这批欧洲骑士将收复"圣地"的圣谕抛在脑后,毫不留情地洗劫了这个信奉同一个"十字"的国家,拜占庭帝国近千年的文化艺术珍品遭到彻底的抢劫和破坏。

第五次十字军东征是 1217 年～1221 年,第六次是 1228 年～1229 年,第七次是 1248 年～1254 年,第八次在 1270 年。但这几次只是十字军东征火焰的回光返照而已。

1291 年,十字军最后一个陆上据点阿克城被穆斯林攻克。至此,延续 200 年的东征彻底告终。

兵家点评

在军事上,十字军远征在总体上是失败的。这些东征参战者社会成分复杂,所使用的武器装备极不统一。通常采用一线队形作战,骑兵在前,步兵在后。战斗一开始,即分为小股部队或单兵进行决斗。骑兵和步兵之间很少协同作战,对步兵的作用重视不够。与十字军作战的土耳其和阿拉伯军队的主要兵种是轻骑兵,武器装备有弓弩和马刀。其战斗素质和机动能力都优于十字军的重装骑兵。交战时,他们先用箭击溃十字军的部队,然后将其分割包围,加以歼灭。另外,自然条件也有助于土耳其和阿拉伯军队,身披铁甲的十字军人马承受不住灼日曝晒,往往中暑倒毙。

但是,十字军远征却在一定程度上刺激了西方军事学术和军事技术的发展。西方人学会了制造燃烧剂、火药和火器;懂得使用指南针;海军也有新的发展,摇桨战船为帆船所取代;重装骑兵的地位下降。

小知识:

沃邦——史上最厉害的工程兵

生卒年:公元 1633～1707 年

国籍:法国

身分:元帅

重要功绩:首创"平行堑壕逐次攻击法"和"炮兵跳弹射击法";建筑了被誉为"欧洲最好的要塞"的新布利萨克要塞;著有《论要塞的攻击和防御》、《筑城学论文集》等。

重装甲马的衰亡
——宋军郾城、颍昌大捷

中国古代战术是由车阵战术到步阵战术,再由步阵战术到骑阵战术,最后由骑阵战术到轻骑兵机动袭击战术。

绍兴十年(公元 1140 年),南宋名将岳飞指挥"岳家军"连战连捷,收复了洛阳一线至陈州、蔡州等地,对驻扎在开封的金军主力部队形成东西夹攻之势。为了吸引金军主力南下决战,岳飞命部将王贵率宋军主力集结于颍昌地区,自己带领一支精锐部队驻守在河南郾城。

金军统帅兀术早在十年前就吃过"岳家军"的苦头,他痛恨岳飞已久,日夜都想复仇。当听到岳飞孤军深入的消息后,认为有机可乘,决定在"岳家军"立足未稳之时,占得先机。于是,他即刻率领 15 000 名精锐骑兵杀奔郾城,准备与岳飞一决雌雄。

7 月 8 日,两军对阵于郾城以北 10 多公里的郊外。兀术所率的重甲骑兵号称"铁浮图"和"拐子马",而岳飞手下只有背嵬军和一部分游奕军。兀术一声令下,"铁浮图"从正面发动攻击。只见金军人和马都身披双层重甲,三匹马为一组,用皮索相连,排山倒海般扑了过来。"岳家军"精锐步兵早有准备,在大将岳云和杨再兴的带领下,每人持麻扎刀、提刀和大斧三件兵器,冲入敌阵。宋军士卒用大斧猛砍金军战马,只要一条马腿被砍断,三匹马就动弹不得。随后宋军连撕带拉,挥刀猛砍马上金军,"铁浮图"损失惨重。

大将杨再兴是北宋杨家将的后人,骁勇无比,在敌阵中几进几出,所到之处无人能敌。兀术不由得心生怯意,急忙向后退避。杨再兴奋勇当先,单骑闯入敌阵,几乎将兀术生擒活捉。失魂落魄的兀术急忙命令"拐子马"分左右翼迂回侧击。"拐子马"是重甲骑兵,是兀术最精锐的骑兵预备队,善于关键时刻包抄冲阵。无奈几次冲锋过后,"拐子马"也被击溃。

在战局胶着之时,岳飞带领 40 名精锐亲兵突出阵前,手挽 300 斤的重弓跃马冲出,用箭射击金军。"岳家军"将士看到统帅亲自出马,顿时全力死战。从早晨杀到黄昏，兀术全军溃败逃走。这一战使兀术赖以制胜的"铁浮图"损失殆尽，金军惊恐万分。兀术哀叹道："自海上起兵，皆以此胜，今已矣！"

杭州岳王庙"郾城大捷"壁画

两天后，金军增援部队赶到，兀术重整旗鼓再次向郾城杀来。岳飞率骑兵出城迎敌，骑射骁勇的金军自侵宋以来，正面冲杀从未败过，这次遇上"岳家军"，才算真正棋逢对手。鏖战了3天之后，金军被迫撤退。

郾城之战，宋军获得大胜。

7月13日，岳飞命令大将张宪率背嵬军、游奕军、前军等主力进入临颍县。杨再兴率领三百骑兵为前哨，当抵达临颍南的小商桥时，与兀术的主力部队猝然相遇。面对金兵如飞蝗般的箭雨，杨再兴毫无惧色，身上每中一箭，就随手折断箭杆，将铁箭头留在肉中继续冲杀，最后马陷泥中，被乱箭射死，手下的将士也无一幸免。同样，金军也付出了惨重的代价，光阵亡的就有2 000多人，其中包括万夫长、千夫长、百夫长、五十夫长等百余人。兀术不敢再战，留下部分兵力，率主力转攻颍昌。

7月14日晨，双方军队在颍昌城下展开大战。22岁的岳云率领800名背嵬军冲锋，与金军"拐子马"进行激战。宋军以步兵结成大阵，盾牌兵在前，弓箭手压阵，刀手、枪手在中间，向金军压去。岳云前后十多次出入敌阵，身受百余处创伤。出城决战的"岳家军"更是杀得"人为血人，马为血马"，无一人肯退后。激战到中午，守城的宋将董先和胡清分别率踏白军和先锋军5 000余人出城增援。金军本已力疲，以为岳飞大军赶到，立刻向后溃退。宋军趁势追杀，共杀敌5 000多人，俘虏2 000多人，缴获战马3 000余匹，杀死金将数十人，将金军逼到开封西南的朱仙镇。

颍昌之战又一次以宋军大胜而告终。

兵家点评

　　郾城、颍昌之战是宋金在中原地区进行的两场最大规模的步骑交战,也是南宋恢复故国江山的唯一机会。此后,宋朝偏安江南已成定局。

　　在孤军奋战的情况下,岳飞能适时掌握对方作战企图,针对金军骑兵多而强的特点,发挥己方士气旺盛、军队训练有素的优势,巧妙使用兵力。经过激烈的战斗,岳飞最终以少胜多,重创金军主力,取得了辉煌的胜利,从而使金军统帅兀术真正领教了"岳家军"的威力,发出"撼山易,撼岳家军难"的哀叹。

小知识:

　　岳飞——精忠报国的抗金名将

　　生卒年:公元 1103～1142 年

　　身分:南宋湖北、京西路宣抚使

　　重要功绩:在郾城、颍昌之战中,打败金军。

第二章

黑火药时代

火药、火器的第一次大规模应用
——宋金唐岛之战

热兵器又名火器,古时也称神机,与冷兵器相对。指一种利用推进燃料快速燃烧后产生的高压气体推进发射物的射击武器。传统的推进燃料为黑火药或无烟炸药。

公元 1153 年 9 月,金国的水师在工部尚书苏保衡和益都尹完颜郑家奴的指挥下,从山东胶州湾出航,直取南宋的杭州湾。当年打着岳飞旗号抗金的名将李宝主动请缨,亲自率领水军沿海北上迎击金军海路部队。10 月下旬,李宝的舰队驶抵石臼山。他从前来投诚的金国汉族水兵那里得到可靠情报,金国水师正停泊在距离石臼山只有三十余里的唐岛港口。表面上,金军兵力强大,有战船 600 多艘,水军 70 000 余人,李宝的舰队却只有战船 120 余艘,弓箭手 3 000 名。但在造船技术和远程武器装备上,宋军却远远超过金军。裨将曹洋第一个请求出战,他认为金军士卒大多为北方人,不习水战,很多人都无法在摇摇晃晃的甲板上久立,只能匍匐在船舱中,如果进行突袭,必获全胜。李宝听后深表赞同,当即决定先发制人,火攻破敌。于是,他率领舰队向唐岛火速挺进,水军将士个个摩拳擦掌,士气高昂。此时,唐岛的金军水师毫无防备,大多数金军都窝在船舱里睡觉,根本没有想到宋军会远航奔袭至此。

10 月 27 日清晨,海面上刮起南风,宋军利用风向和海船的性能优势发起了突袭。金军慌忙张帆迎战,这正中宋军下怀。宋军发射的火箭不仅箭头燃火,尾部还采用了火药驱动,借助风势,射程极远。金军的船舰多用油布做帆,沾火即燃。他们不熟海战,像无头苍蝇般乱作一团。李宝指挥舰队从容靠近,进入远射程时,宋军用霹雳炮和火球炮这些世界上最早的火药,驱动重武器来轰击金军船舰;推进至中距离射程时,弓弩兵用神臂弓、克敌弓向金舰进行集中攒射;到近距离后,宋军又亮出独门的武器——"猛油火柜"。这是一种巨型喷火器,以石油为燃料,可以喷出长长的火舌,非常适用于木船时代的海战。在炮火的轰击下,加上已经被火箭引燃的风帆,金军舰队烈焰飞腾,陷入一片火海之中。

南宋战舰的模型图

宋军还利用船舰体积庞大、装甲坚实、动力强劲的优势,趁着南风猛冲金军舰队,撞沉不少敌舰。金军舰队的战略部署被彻底打乱,很难进行有效的抵抗。一些幸免炮火攻击的敌舰仍想负隅顽抗,但宋舰已经接舷,宋军将士纷纷跳上敌舰甲板,与金军展开白刃战。那些受压迫的金舰队汉族水兵,此时也纷纷倒戈起义。

结果,金军水师除苏保衡只身逃脱外,全军覆没。

兵家点评

唐岛之战,李宝创造了中国古代海战史上以少胜多、以弱胜强的光辉战例。宋军之所以获胜,首先得益于先进的造船技术和优良的武器装备,这是取胜的技术保证。其次,李宝不断了解敌情,采取了"出其不意、隐蔽接敌、先发制人、火攻破敌"的正确战法,这也是取胜的一个重要因素。

此次战役,火药和火器第一次大规模应用于海战。在此之前,水军只是陆军的补充,主要用于内河防御、跨海运兵和在敌后登陆包抄。此战后,海军成为一个独立的主战兵种,在战争中发挥越来越重要的作用。

草原上"活动的城"

——可汗横扫亚欧大陆

13 世纪，蒙古族成吉思汗发挥游牧民族精骑善射、便于在骑兵机动的地形上作战的特长，综合鱼鳞、鹤翼、长蛇各阵为大鱼鳞阵，标志着骑兵战术发展到鼎盛时期。

十字军远征东方失败后，欧洲也同样遭到了蒙古人的侵扰，成吉思汗和他的子孙先后进行了三次大规模西征。

公元 1219 年，成吉思汗以花剌子模的守将杀害蒙古商队和使臣为由，亲自率领 200 000 骑兵，分四路进攻花剌子模诸城。为了切断花剌子模新旧二都之间的联系，使其首尾不能相顾，成吉思汗制订了"扫清边界，中间突破"的战略方针。在攻破讹答剌城后，成吉思汗为了给被杀的商队和使臣报仇，派人将融化了的银液灌在守将亦纳乞克的眼睛里。

面对蒙古人强大的攻势，花剌子模国王摩诃末一开始并没有将其放在眼里，认为他们只不过是一群野蛮的异教徒，骑着像兔子一样矮小的马，根本不堪一击。当他与哲别率领的蒙古先头部队遭遇时，才领略了蒙古人的战斗力。蒙古士兵骑术高明，行动迅速，武器装备除了弓箭以外，还会使用火炮和飞火枪等新式武器，打起仗来像狂风骤雨般迅猛。初次交战，摩诃末就被吓破了胆，再也不敢主动出击，命令手下的将领坚守不出。当蒙古大军日益逼近都城时，他又第一个率众逃跑，从未进行过一次像样的抵抗。成吉思汗命令大将哲别、速不台要像猎犬一样咬住自己的猎物不放，即使其躲入山林、海岛，也要像疾风、闪电般追上去。最后，躲入山林的秃儿罕王后被迫投降，逃往海岛的摩诃末也悲惨地死去。

蒙古军在灭掉花剌子模国之后，继续西征。在迦勒迦河一带，他们在力量对比悬殊的情况下，采取各个击破的战法，大败突厥与俄罗斯联军，俄罗斯诸王公几乎全部被杀。

成吉思汗死后，更大规模的西征由他的孙子拔都继续进行。

从公元 1235 年起，拔都率领大军远征欧洲。像草原上刮起了不可阻挡的狂风，蒙古大军在短短的时间里就占领了莫斯科、弗拉基米尔、乌克兰，蒙古人在莫斯科进行了野蛮的屠城,有270 000 的俄罗斯人死在了屠刀之下。随后,蒙古军队又攻占了波兰、捷克、匈牙利、奥地利和南斯拉夫。西里西亚王亨利二世集结的波兰、日耳曼和条顿骑士团的联军,也被打得大败。蒙古人一直打到了亚得里亚海边,已经遥望到了意大利的威尼斯城。到了公元1242 年,半个欧洲的土地都被蒙古铁骑征服了。

蒙古兵入侵俄罗斯。

公元1253 年,托雷之子旭烈兀率军第三次西征,目标指向西亚。10 月,旭烈兀率兵侵入伊朗西部,他的军队装备了大批石弩和火器以及1 000 名抛石机手,于次年6 月抵达木剌夷国境内。公元1256 年,蒙古兵攻破了木剌夷都城阿剌模式堡,木剌夷国首领鲁克那丁和他的族人全部被杀。第二年冬天,旭烈兀指挥军队兵分三路围攻黑衣大食首都巴格达,中原的各种火药、武器在战斗中发挥了巨大的威力。黑衣大食的谟思塔辛哈里发被迫率众投降,蒙古军队在巴格达城中大掠七天,阿拔斯王朝灭亡。随后,蒙古军队进入叙利亚,直抵大马士革,势力深入到西南亚。由于蒙古军队被埃及军队打败,旭烈兀停止了西进。

兵家点评

蒙古的三次西征,开疆拓土,建立了横跨欧、亚的蒙古大帝国。版图之大,在中国历代王朝中前所未有。

成吉思汗曾梦想让"蓝天之下都成为蒙古人的牧场",他和他的子孙对农业和城市的破坏和摧毁是毫不吝啬的。在三次西征中,许多城池被夷为平地,大量良田变荒芜。由于蒙古铁骑连下数城,占领多个国家,欧洲君主十分恐慌,称其为"黄祸"。

同时,西征也使各民族间的经济、文化交流得到了进一步发展。公元1260 年,埃及马木路克王朝素丹拜尔斯在大马士革一战中,击败了蒙古西征军,俘虏了一些制造火药的匠师,缴获了大量火器,从此,中国的火药与火器技术更直接大规模地西传。火药的西传,使欧洲中世纪王公贵族的城堡,在掌握了火器武器的资产阶级革命武装面前,变得不堪一击。与此同时,纸币、活字印刷术也因蒙古西征而传入欧洲;西方的天文、医药传入中国,促进了东西方的陆路交通和文化交流,对社会的发展起了推动作用。

小知识:

马尔勃罗——小白脸打惨太阳王

生卒年:公元 1650 ~ 1722 年

国籍:英国

身分:将军、公爵

重要功绩:在布莱尼姆战役中大败路易十四的法军。

滞留蒙古铁骑的固守与攻坚
——襄樊之战

战阵是中西方古代战术的最初形态,但阵的组成单位和内部结构却有较大不同。古代中国早期战阵是车阵,以战车为主排列而成;而古希腊人早期战阵是步阵,以重甲步兵为主排列而成。

　　襄阳、樊城居汉水上流,东达江淮,西临关陕,跨连荆豫,历来是兵家必争之地。南宋更是视其为朝廷根本,在这里开府筑城,储粮屯军。

　　公元 1267 年,忽必烈任命蒙将阿术为征南都元帅,征调 10 万兵马,与刘整所部一起攻取襄樊。在发动进攻之前,阿术遣使以玉带贿赂镇守鄂州的南宋京湖制置使吕文德,让他同意在樊城外设立榷场,进而以保护榷场里的货物为由,沿汉水修筑了许多堡垒。这等于在襄樊城外埋下了钉子,将襄樊的供给线切断。

　　襄阳、樊城的守将是吕文德之弟、京西安抚副使吕文焕。他得知元军将攻襄樊的消息后,立刻派人报告吕文德,可是吕文德压根没将此放在心上。阿术与刘整利用宋军不作防备的机会,建造了 5 000 艘战舰,训练了 70 000 水军,整日进行实战操练。

　　公元 1268 年,元军正式进围襄阳与樊城。双方刚一交战,南宋的水师就连连败退。

元世祖忽必烈行猎图

　　次年 3 月,宋京湖都统张世杰在樊城作战中失利而退。7 月,沿江制置副使夏贵率水师驰援襄阳,在虎尾洲遭到伏击,损失 2 000 余人,战舰 50 艘。吕文德的女婿、殿前副都指挥使范文虎前来支援夏贵,也为所败,另驾轻舟才得逃生。

　　公元 1270 年,李庭芝接任京湖安抚制置使一职,将督师解围视为第一要务。

可是范文虎却独领一军。指挥集团内部不和,大大削弱了宋军合力抗元的力量,襄樊成了粮援不继的孤城。

公元 1271 年,范文虎亲自率领 100 000 水师解襄樊之围,被夹江而阵的元军击败,损失战舰百余艘,士兵伤亡不计其数。

公元 1272 年 5 月,李庭芝招募的 3 000 敢死队在民兵领袖张顺、张贵的带领下,舟载盐、布补给襄阳。此时的襄阳城被元军围困已达四年之久,城中食盐、布匹极度短缺。张顺率领船队趁着月色起锚,每只船都安装火枪、火炮,准备强弓劲弩。张贵在前,张顺在后,突围而出。船队到达磨洪滩时,被密布江面的元军战舰阻挡,无法通过,张贵率军强攻,先用强弩射向敌舰,然后用大斧砍断横江铁链,元军被杀溺而死者不计其数,战斗中,张顺力战而亡。黎明时分,他们抵达襄阳城下。

张贵进入襄阳后,派人到郢州向范文虎求援,使者回来报告说,范文虎将派 5 000 名士兵赶来。张贵又从原路杀回,准备接应后续的援兵。没想到范文虎派出的援兵因风雨狂暴,没有按期到达。张贵陷入元军的包围圈中,终因寡不敌众而被俘。他宁死不降,元军将其杀死,抬到襄阳城下,说:"这就是矮张!"守城宋军一片哭声。援襄努力,至此彻底失败。

公元 1273 年正月,元军兵分五路,向樊城发起总攻。统帅阿术命人用铁锯截断襄、樊之间的江中木柱,将浮桥焚毁,使襄阳城中援兵无法救援。元将阿里海牙

宋朝铁甲重装骑兵图

命人架起回回炮,用巨石轰破樊城西南角城墙,刘整率元军水师攻入城内,樊城终被攻破。

樊城失陷,襄阳难保。守将吕文焕多次派人到南宋朝廷告急,但终无援兵。襄阳城中军民拆屋作柴烧,陷入既无力固守,又没有援兵的绝境。

2 月,元将阿里海牙命士兵用回回炮轰击襄阳城,一炮击中谯楼,声震如惊雷,城中军民人心动摇,将领纷纷出城投降。吕文焕无可奈何,遂与其折箭为誓,献城出降。

至此,长达六年之久的襄樊之战宣告结束。

兵家点评

在这场围城与攻坚战中，元军在战略上处于主动地位，其水上作战与攻坚作战能力都大为提高，军事实力已明显超过南宋。南宋的将帅软弱无能、见利忘义，吕文德的失策，使元军占据了襄阳的有利地位；在反包围战过程中，指挥集团相互掣肘，步调不一，犯了一系列战术错误，作战中基本上执行消极防御策略，最终导致了失败。

小知识：

成吉思汗——弯弓射雕的一代天骄

生卒年：公元 1162～1227 年

身分：可汗

重要功绩：建立了世界历史上著名的横跨欧、亚两洲的大帝国。

长弓利箭穿铠甲
——法国骑士兵败克雷西

西方"战术"一词即源于当时古希腊文 takti-ra，意为寻求战机与布阵的艺术。

公元 1346 年 8 月 26 日，英国国王爱德华三世指挥的英军和法国国王腓力六世的法军在克雷西附近进行了一场大战。

双方的兵力相差悬殊。法军有 60 000 人，包括 6 000 名热那亚十字弩手，12 000 名重骑兵，17 000 名轻骑兵，其余的是军纪较差的所谓"公社征募兵"。英军士兵的人数仅仅为 2 000，但与法军相比，英军有更为完善的组织、队形和装备。英国步兵装备有紫杉长弓，300 步外能穿透骑士的胸甲。战斗开始前，爱德华三世精心布署了战场，并将自己的军队平均分成了三个部分。大名鼎鼎的"黑太子"指挥右翼部队，部署在靠近克雷西城和牧师峡谷的地方，并以梅叶河作为其屏障。诺萨姆顿伯爵带领左翼部队，布阵于瓦迪库而特村的前方，利用树林和防御工事作为掩护。爱德华三世亲自率军坐镇中央。

布阵情况整体来说就是排成两翼前出的倒 V 字阵型。在每个部分的中央是由大约 1 000 名骑士组成的方阵，这些骑士全都不骑马，这样可以在敌人接近时，让长弓手退到其后减少损失。长弓手被布署在侧翼，按梯队的形式向前排列。如此一来长弓兵就会将进攻中央的法军套进这个倒梯形的陷阱中。每个方阵的后面还集结着一些重骑兵预备队，在阵前挖掘了许多陷阱。

8 月 26 日下午 6 点左右，法军排成冗长的纵队来到了战场。法王菲力普六世不仅没有作必要的战前准备，甚至连对手的虚实都没有摸清楚，就一头撞向了英军的防线。

法军的十字弩手站在队伍的最前面，在距离英军方阵 150 码的地方停了下来，向英军进行了齐射。由于这些弩手距离英军较远并直接面对午后炽热的阳光，射出的箭多数没有射中目标。热那亚的十字弩手们见英军毫发无伤，决定将距离拉近。正当队伍向前移动时，位于坡地上面的英军长弓手万箭齐发，铺天盖地的箭雨倾洒在十字弩手的头上。英军几次齐射就使得热那亚人溃不成军，纷纷败退,与后面冲上来的法国骑兵挤在了一处。原来,法军那些"士气高涨"的骑士们在弩兵行动后不久就擅自发动了进攻。许多弩兵都被自己这一方的骑兵践踏而死。一阵混乱之后,法国骑兵最终冲到了英军的阵前。这些法国骑兵不断地突击、冲锋,在英军面前证明了自己是欧洲最难对付的骑士。一开始,战斗似乎向着有利于法军的方向发展,但是英军果断地出动了留在阵后的重骑兵预备队,阻止了法军的冲击。两翼的长弓手也不断射击,法军不断有士兵中箭倒地。

克雷西会战(Battle of Crécy),英军以长弓手大破法军重甲骑兵与十字弓兵。

残酷的战斗一直进行到了深夜,法军的十六次冲锋全部被击退。

天亮后,伤亡惨重的法军被迫撤退。英军仅仅损失了 2 名骑士、40 名重骑兵和长弓手、100 名左右的威尔士步兵,就获得了空前的胜利。

兵家点评

克雷西之战是英法百年战争中的一次经典战役,此战过后,长弓成为英国军队在未来一个世纪里主要的作战武器。

在本次战斗中,英国人取胜的关键是让下马作战的骑兵与弓箭兵互相掩护,并使之与骑在马上的骑兵紧密结合,进而把投射兵器的杀伤力、防御的耐久力与机动突击性灵活地结合起来。步兵作为步、骑联合兵种编队的主要组成部分,在战役的整个过程中发挥了重要的作用,充分证明了步兵在骑兵面前并不是不堪一击的。

中国古代水战史上的典范
——鄱阳湖之战

14 世纪中叶,舰炮战术问世。战舰的两舷开始装上滑膛炮,战斗时首先在较远的距离进行舷炮战,接近后,再以撞击和接舷击败对方。

公元 1356 年,朱元璋带兵攻占了集庆,并将其改名为应天。这次胜利对朱元璋来说虽然是件好事,但形势依旧不容乐观。应天南面驻扎着元将八思尔不花的队伍,东北面是张明鉴的起义军,东南方的张士诚虎视眈眈,西面的陈友谅更是不怀好意。朱元璋挤在这些家大业大的邻居们中间,就好像是寄人篱下的打杂工。而这些邻居中对朱元璋威胁最大的就是陈友谅。此人渔民出身,当上最高统帅后,大肆扩充兵力,仅水军力量就十倍于朱元璋。陈友谅的存在成了朱元璋平定江南最大的一块绊脚石,双方的战争不可避免。

在决战之前,为了把陈友谅困在鄱阳湖中,朱元璋派出两路兵马分别把守在南湖嘴和泾江口,切断陈友谅的归路;调信州兵屯于武阳渡,以防陈军逃跑。自己则亲率水师由松门进入鄱阳湖,形成关门打狗之势。

公元 1363 年 7 月 21 日,鄱阳湖战役正式开始。

朱元璋将水军分成 11 队,每队配备大小火炮、火铳、火箭、火蒺藜、大小火枪、神机箭和弓弩等。命令各队接近敌船时,先发火器,再射弓弩,靠近后短兵格斗。部署完毕,大将徐达、常遇春、廖永忠等率军冲向敌阵,一时间喊杀声震天,炮声隆隆,箭如雨下。徐达身先士卒,将陈友谅的前军击溃,毙敌 1 500 人,缴获巨舰 1 艘,军威大振。未几,俞通海乘风发炮再败陈友谅军,焚毁敌船 20 余艘。为扭转不利战局,陈友谅手下的骁将张定边,率部猛攻朱元璋所乘的旗舰,常遇春、俞通海等人拼死抵挡,朱元璋才得以脱险。激战到太阳落山,各自才鸣金收兵。

22 日,陈友谅率全部巨舰出战,朱元璋利用对方巨型战舰体积大、机动性差的特点,用小、巧、快的突袭战术给陈友谅制造了不小的麻烦,但由于己方船小不能仰攻,连战三日均告失败。而此时陈友谅却犯了一个致命的错误:为了发挥战船的长处,保证行进速度一致构成集群突击,他居然下令将船只用铁链连起来。

当年曹操在赤壁就吃过火烧连营的亏,谁想到陈友谅又出了这么一个昏招。正在苦苦支撑的朱元璋看到被铁链拴在一起的战舰时,喜出望外。他命人准备7艘小船,满载火药,扎上草人,给草人穿上甲胄并持兵器,由勇士驾驶,偷袭陈军。黄昏时,7艘小船被点燃,顺风驶向陈友谅的水军基地,顷刻之间数百艘巨舰燃起了大火,湖面上烈焰飞腾,湖水尽赤。陈军死伤过半,陈友谅的两个兄弟及大将陈普略均被烧死。朱元璋趁势挥军猛攻,毙敌2 000余人。

23日,双方又有交锋,陈友谅的水军击沉了朱元璋的旗舰,由于事先换乘他舰,朱元璋又一次脱险。

24日,陈军的先头部队由于战船机动困难,遭到朱军围攻,全部被毁。战斗中,俞通海等人率领6艘战舰突入陈军舰队,如入无人之境,陈军再次大败。陈友谅被迫收拢残部,转为防御。

双方相持了1个月后,陈友谅粮草断绝,在无计可施之下,只得在8月

明朝水师

26日率楼船百余艘,冒死突围,刚行至湖口,就钻进了朱元璋布下的口袋阵,在对方舟船、火筏的四面猛攻下,陈军一片混乱,争先奔逃。逃至泾江口又遭到伏击,陈友谅中箭而死,残部50 000余人投降。

兵家点评

鄱阳湖之战前后历时37天,其时间之长、规模之大,投入兵力和战船之多、战斗之惨烈都是空前的,在中国水战争史上占有重要的地位。

朱元璋在战后分析取胜的原因时指出,"陈友谅兵虽众,人各一心,上下猜疑,矧(何况)用兵连年,数败无功",而我"以时动之师,威不振之虏,将士一心,人百其勇,如鸟鸷搏击",所以取胜。另外,朱元璋部署得当、指挥正确也是取胜的一个重要因素。他针对己方船小,机动性好,便于灵活地打击陈军的特点,针对己方有仰攻困难、不耐冲击、难以正面突防等弱点,制订了扬长避短、以长击短的战法,先是以分队多路进攻,充分发挥火器作用,连续突击陈军,后又以火攻破敌,最终以少胜多。

陈友谅的失败,首先是由战略上的错误造成的。一开始,陈友谅并没有选择攻打应天,抄朱元璋的后路,而是把进攻的矛头指向难以攻克的洪都城,致使数十万水陆大军被置于狭小地域,难以展开;又没有派兵扼守江湖要津,置后路于不顾,结果被朱元璋堵歼于鄱阳湖内。此外,陈友谅刚愎自用,暴躁多疑,指挥笨拙,战法单一,连舟布阵等等,也都是陈友谅失败的原因。

小知识:
徐达——大明开国的第一功臣
生卒年:公元 1332～1385 年
身分:明朝中书右丞相,被封为魏国公。
重要功绩:挥军攻克大都(今北京),灭元朝。

用剑来保卫上帝的正义
——胡斯揭竿而起

战略威慑,是指在和平时期,以显示武力、透过军事威慑来体现政治意图,是最常见的非战争军事行动方式。

"那些残酷的德国教士抽干了我们的血汗。不信,你们瞧,那无耻的教士神甫要搜刮掉一个贫苦多病的老婆婆最后一个铜板。我们的钱都花在什么上了?不是忏悔,就是弥撒,要么就是祈祷和丧礼。不管是花在哪里,总之最终都归入了教会的大钱袋。这些教士神甫们,比强盗还凶恶,比小人还狡猾、还卑鄙!"

这些公开痛斥教会的话语,出自捷克民族英雄胡斯之口。

胡斯出身贫苦,对民间疾苦深切关注,后经努力奋斗成为布拉格大学校长。他认为,最受尊敬的应该是劳苦大众,而非那些肥头大耳的主教。要对付这些披着宗教圣衣的强盗就得改革教会的制度,把教会强占的土地都分给农民,不能再用传教的方法收揽钱财。1412 年,罗马教皇派代表到捷克出售"赎罪券",宣称民众要想死后灵魂进入天堂,必买"赎罪券"。捷克百姓在胡斯思想的感召下,在首都布拉格举行了反"赎罪券"的大游行。在这次大游行中,有两位化装表演讽刺德国教会的大学生被处死,这激怒了捷克的民众,更激怒了胡斯。他开始公开批判教皇的恶行,宣布与教会彻底决裂,为此他的校长之职被撤销。

1414 年,罗马教皇在德国举行宗教会议,勒令胡斯参加。胡斯知道这是罗马教皇为他设下的陷阱,但他毫不畏惧地前往罗马。果然,在会议上他不仅没有申诉的机会,反而被强行逮捕。1415 年 7 月,在康斯坦茨广场上,教会以"异端分子"的罪名,将胡斯活活烧死在火刑柱上。此举彻底激怒了捷克的民众,1419 年 7 月,爆发了农民大起义,史称"胡斯战争"。起义军以农民和城市贫民为主,这些人自称"塔波尔派",以捷克南部的塔波尔城为主要根据地。另外一部分是以布拉格大学师生为领导核心的布拉格市民,被称为"圣杯派"。

教皇曾组织五次十字军,镇压、围攻起义军长达十年之久。"塔波尔派"和"圣杯派"在约翰·杰斯卡的领导下,采用他发明的"大车战术",与十字军抗衡。

捷克布拉格胡斯广场的胡斯雕像

起义军在用铁链连一起的大车上安装轻便火炮,各车联合出击,炮火齐发,持铁甲长矛的十字军骑士根本无力抵抗,五次全被打退,但杰斯卡却在一次战斗中牺牲。而后由大普罗可普和小普罗可普率领"塔波尔派"乘胜追击,攻入德国境内,直到波罗的海沿岸。此时,起义军内部却出现了分裂,"圣杯派"认为他们的目标基本上实现了,而且他们当中的有产者对起义军感到畏惧。德国人看准时机,允诺"圣杯派"俗人用圣杯的要求,也不再追究没收的教会财产。因此,"圣杯派"被德国人拉拢,成了起义军的敌人。

第二年,"圣杯派"竟然和"塔波尔派"展开了决战,还在"塔波尔派"策动了一些动摇分子,大普罗可普和小普罗可普两位领袖在激战中都不幸牺牲,"塔波尔派"起义军全线溃退,凶残的"圣杯派"竟杀掉 13 000 多伤兵。胡斯战争就在"圣杯派"这种卑劣的叛变中以失败告终。

兵家点评

胡斯党人在长期战争中建立了一支新型军队,在军队建设和军事学术上有所创新。胡斯军以步兵为主力,还拥有车载兵(乘车步兵)、骑兵和轻型炮兵等。首创的车载兵和战车工事在对付敌人重装骑士骑兵方面发挥了重大作用。每辆战车有一名指挥官,下辖 18～20 名士兵。每十辆战车编为一个十车队,由十车长指挥;数个十车队组成一个战车队,所有战车队均由战车统领统一指挥。情况需要时,以战车相互联结成各种战车工事。此种工事通常配置在两翼有天然障碍的高地,火炮配置在战车工事中央,步兵和骑兵隐蔽在工事内,战车保护士兵不受重装骑士骑兵的袭击,并在敌军接近时予以重创。此外,胡斯军在野战中大胆机动,正确选择主攻方向和有利战场,集中使用兵力,重视各兵种协同动作等军事原则。其在野战中大量使用轻炮兵也是军事史上的新发展。

小知识:

蒂利——身披铠甲的修道士

生卒年:公元 1559 ~ 1632 年

国籍:巴伐利亚

身分:将军

重要功绩:他是欧洲历史上所向披靡的"佣兵"头子,拿手的"西班牙战阵"连打胜仗,威名远扬,备受尊崇。

英法百年战争中的奥尔良少女
——圣女贞德

骑士（Knight、Cavalier），是欧洲中世纪时受过正式的军事训练的骑兵，后来演变为一种荣誉称号，用于表示一个社会阶层。骑士的身分往往并不是继承而来的，也与贵族身分不同。

从公元 1337 到公元 1453 年，英国和法国进行了历史上著名的"百年战争"。在战争后期出现了一位著名的人物，她就是被后人尊称为"圣女"的奥尔良少女——贞德。

公元 1425 年，16 岁的贞德面见法国统帅，要求领兵抗击侵略，遭到嘲笑后被拒绝。第二年，她再次面见法国统帅，自称在她 16 岁生日那天，在大树下看见过天使，并且得到上帝的启示，要求她带兵收服法国失地。她还预言奥尔良附近的法军一定会战败，并且说出了一些绝密的军事情报。

时隔不久，前线传来消息，证实贞德的所有预言都是准确的，于是她获得了面见法国王储的资格。在王宫中，王储查理七世身穿士兵服装，混杂在亲信中间，而让另外一个人身穿太子的服饰。从未和查理七世谋面的贞德，没有对身穿太子衣服的人行礼，而是直接来到了查理七世的面前，并且说出了查理七世不久前和大臣们密谈的内容。查理七世对贞德的言行深表惊讶，认为她是一个有才能的人，应允她参战。

公元 1429 年 4 月 27 日，王太子授予贞德"战争总指挥"的头衔。她全身甲胄，腰悬宝剑，捧着一面大旗，上面绣着"耶稣马利亚"字样，跨上战马，率领 4 000 人的军队，向奥尔良进发。4 月 29 日晚上 8 时，贞德骑着一匹白马，在锦旗的前导下进入了奥尔良，全城军民燃着火炬欢迎她。奥尔良解放之钟声敲响了！贞德身先士卒，亲身投入每一场战斗，并一改法军将领们谨小慎微的战略战术，对英军的堡垒发起了正面攻击。在屡次受创之后，英军放弃了其他堡垒，集中力量防守土列尔堡垒。土列尔堡垒位于一座桥梁之上，全部由巨石垒成，坚固异常，是控制奥尔良对外联络的枢纽。在交战中，贞德被箭射中了肩部，被抬离现场。她苏醒过

来后,立刻将箭拔下,重返战场。贞德的英勇激励
了法国士兵,一向疲软、屡战屡败的法军士气高涨,
很快拿下了土列尔堡垒。5月8日,被英军包围
209天的奥尔良终于解围了。

奥尔良大捷后,法军士气高涨。在贞德的带领
下,继续向敌占区推进。在历次的战斗中,贞德都
表现出了非凡的军事才能和胆识。在一次攻城中,
贞德在云梯上被石头击中头盔,从半空中跌落下
来,但她毫不畏惧,爬起来继续战斗。还有一次她
被石弩击伤了腿部,仍坚持不离开战场。贞德的行
为,让法军战士钦佩不已,但宫廷贵族和查理七世
的将军们却不满意这位"平凡的农民丫头"影响力
的扩大,害怕威胁自身的利益。

公元1430年5月23日,在康边城附近的战斗
中,贞德带领的法军遭遇到强大的攻击。无奈之
下,贞德下令士兵们撤退到附近的贡比涅城。贞德
站在军队的最前方,以确保她身后所有的士兵退

19世纪法国古典艺术大师安格
尔的画作——《圣女贞德在查
理七世的加冕礼上》,创作于
1851～1855年,现藏法国卢
浮宫。

入到城内。可是,当英军尾随而来时,贡比涅的那些封建主却把她关在城外,最后
竟以40 000法郎将她卖给了英国人。在关押期间,贞德试图逃跑。她从70英尺
高的高塔上跳了下来,落入了护城河内。护城河内淤泥很软,贞德没有受重伤,但
又被捉了回去。

最后,贞德被移交给法国的科雄主教审判。科雄主教是强硬的亲英派,庭审的
结果可想而知。公元1431年5月29日上午,贞德备受酷刑之后,在鲁昂城下被活
活烧死,她的骨灰被投到塞纳河中。临终前贞德说道:"为了法兰西,我视死如归!"

兵家点评

在这次战争中,法国封建骑士民团在与英国佣兵交战中接连败北,促使法国
第一次建立起了常备佣兵。骑兵在战斗中的地位有所下降,那些能够成功地与骑
兵一同作战的弓箭手,地位却得到了提高。火器在当时虽还抵不上弓和弩,但却
被越来越广泛地运用到各种作战中去。这些对英法军队乃至西欧国家军队的建
设,都有着重要的影响。

皇权争夺战
——红白玫瑰上的血痕

全面战争,是国家实施总动员,全力以赴进行的战争。其基本战争行动样式和特征是:以武装斗争为主,军事、政治、经济、文化、科技、外交等各条战线的斗争紧密配合,协调一致地发挥国家的整体力量,以保证战争的胜利。

在一个雾气蒙蒙的清晨,有六七位新贵族和几位大地主相继来到了约克公爵的家中。约克公爵胸前挂着洁白的绢布玫瑰花,在一座富丽堂皇的大楼前喜迎客人,所有来宾无不被赠与一朵同样的玫瑰花佩戴胸前。他们无论是高矮胖瘦、年长年幼,个个都自觉气宇非凡地进入大厅,围坐于圆桌旁。

只见约克公爵严肃的脸上闪过一丝微笑,声似洪钟地说:"今天各位高贤如约而至,让鄙人备感荣幸。"他的大红鼻子微颤一下,继续说:"大家都知道,我们与法国的战争之所以失败,就在于兰开斯特王朝的懦弱无能,如果是我们执掌大权,那高卢雄鸡的脑袋怎能留到今天!可是,如今我们有再大的本事也只能蜷缩在这个小岛之上。因此,我们必须……"

还没等约克公爵说完,一个矮胖子从沙发上跳起来大喊道:"我们要让兰开斯特家族下台!"大家转头一瞧,是被称为"怒熊"的乔治·彭。乔治·彭的话音刚落,又有几个人相继站起来发表议论,只有汤姆森先生一直没有开口。最后约克把目光转向他说:"尊敬的先生,您是我们的智慧之源,请您为我们提供高见吧!"

这个被戏称为"智慧之源"的汤姆森,点点头,站起身,瞪大眼,满脸通红,下颌费劲地动着说:"我有五……五百名骑士和……和……家……家丁。还……还还有七……七名力士。我要打……打翻那混……混……混蛋的兰开斯特……特王朝。"他说完后脸涨得更红了,右拳还使劲在桌上捶了一下,震得桌上的花瓶乱颤。

没过几天,兰开斯特王朝突然收到约克家族的一封信,大致内容是要求国王主动让位于约克家族,免得动武。国王又召集西蒙、约翰逊、韦伯斯特等大贵族来出谋划策。威猛的韦伯斯特主战,但西蒙却认为动武非上策,若能和平解决更好,此时约翰逊急中生智提出"趁他们来谈判的时候,把他们一网打尽"的主张,得到大家的认同。

没想到使者刚把谈判的邀请传给约克,就被他识破了。约克公爵还让使者带话给国王:"如果你诚意要让出王位,就请找一个小镇入住。"国王听到使者这般转述,再次召集大贵族商讨对策,这次他们决定彻底摧毁约克家族并准备随时动用武力。次日,国王宣布撤销约克公爵的爵位,禁止佩戴或使用白玫瑰纹章,并整顿北方各大贵族军队,随时准备铲平约克家族势力。

当然约克家族很快得知了国王的决定,便立即调动军队,主动出击。

英国的南北战争顺势爆发。

第一仗由于南方新贵族先锋"怒熊"乔治·彭骁勇无敌,左右后路积极配合,国王的红玫瑰军被打得落花流水,跑到城堡内躲藏起来。

约克家族这第一战的胜利,影响力迅速扩大,响应者纷纷打起白玫瑰的大旗向伦敦进发。而北方的大贵族第一战兵败后,紧急募集各路人马进行反扑。当他们再次对战时,彼此的队伍都壮大到三四万人马。战斗整整持续了一天,最终国王军被迫撤退。以泰晤士河为界,白、红玫瑰军分别驻扎在泰晤士河之南北两岸,并且城堡被白玫瑰军包围。

战争处于相持阶段,双方各有进退,各有伤亡,并一直持续到 1471 年国王的红玫瑰军战败,国王被俘。从此英国结束了兰开斯特家族的统治,约克家族荣膺宝座。但在混乱的争夺战中,兰开斯特家族的旁支亨利·都铎趁机逃离了英国,从泰晤士河跑到了法国的布列塔尼。

博斯沃思原野战役中,理查德三世一败涂地。

约克家族得胜后,爱德华四世登坐王位,死后爱德华五世继承王位,并由他的叔叔理查德辅政。1483年,理查德见侄儿年幼,就把爱德华三世禁锢起来,篡夺了王位,称为理查德三世。

理查德三世取得王位的毒辣手段,使他大失人心,为其江山的稳定埋下了隐患。

　　且说逃到法国的亨利·都铎,虽然年轻但很有心机。他在国外时刻不忘笼络人才、壮大队伍,并派人秘密回国,允诺曾经拥护自己家族的贵族们,只要帮他复权就给予他们地位和权力。同时他还遣人在市民中大肆宣扬理查德三世的暴政行为,收揽人心。更绝的是,他在理查德三世统治内部买通了两个非常有地位的贵族。一切准备就绪之后,他于1485年率兵向英国进军。由于理查德三世不得民心,很多人将目光和希望投向了重新崛起的亨利·都铎。一路上亨利·都铎的队伍不断壮大,深受百姓欢迎,路过地区的百姓还编民歌来欢迎他们。

　　登陆东进的消息很快也传到了理查德三世的耳里,他听后勃然大怒,亲率30 000多兵马迎战,发誓要斩草除根,消灭后患。

　　两军于1485年8月22日在博斯沃思原野再次对峙。结果可想而知,理查德三世必败无疑。他被亨利·都铎的人砍死时,王冠滚落在草地上,狼狈不堪。其实,他不仅仅是败给了亨利·都铎的机智勇敢,更败给了自己的凶狠残暴。

　　至此长达30年的红白玫瑰之战画上了句号。同一年,亨利·都铎加冕为王,开始了对英国都铎王朝的统治。

兵家点评

　　该战争大部分由马上骑士和他们的封建随从组成的军队进行。兰开斯特家族的支持者,主要在国家的北部和西部;而约克家族的支持者,主要在南部和东部。玫瑰战争所导致的贵族大量伤亡,是贵族封建力量被削弱的主要原因之一,这导致了都铎王朝控制下强大的中央集权君主制的发展。

小知识:

克伦威尔——草根铁骑斩君王

生卒年:公元1599～1658年

国籍:英国

身分:统帅、护国主

重要功绩:1644年在马斯顿荒原之战中大败国王军,获"铁骑军"之美誉。

日不落帝国的崛起
——葬身海底的西班牙
"无敌舰队"

局部战争,是在局部地区内进行的有限目的的战争,是与世界大战相对的称谓。除了世界大战以外,其他的战争都是局部战争。它仅波及世界某一范围的地区,对国际战略形势产生一定的影响。

公元 1588 年,西班牙派出了欧洲历史上空前庞大的"无敌舰队"涌入英吉利海峡,并集结了一支精锐的地面部队配合舰队渡海,水陆并进,扬言要踏平整个不列颠群岛。

西班牙与英国的矛盾由来已久。从 16 世纪初期开始,英国的一些贸易公司就多次劫掠西班牙运载金银财宝的船只。德雷克就是对西班牙大搞海盗袭击的著名人物,他指挥战船在大西洋和太平洋上对西班牙舰队进行了全球性的袭击,让西班牙人伤透了脑筋。西班牙政府多次照会英国女王要求逮捕德雷克,可是伊丽莎白不仅不予理睬,反而授予德雷克贵族头衔,甚至将德雷克掠夺来的宝石装饰在王冠上。西班牙忍无可忍,经过三年的积极筹备,决定给英国一个毁灭性的打击。

当西班牙舰队进入英吉利海峡的消息传到朴利茅斯的英国海军总部时,副司令官德雷克正与朋友们在草地上玩木球。侦察官在望远镜中发现密密麻麻的西班牙战船后,慌忙向德雷克报告。德雷克不慌不忙地向朋友们说:"敌人的舰队还远着呢!我们打完这场球绝对来得及。"直到最后一局打完,他才披起外衣向司令部走去。这位在海上闯荡了半辈子的海军将领,早就拟订出了周密的作战方案,要使这些所谓的"无敌舰队"有来无回。

西班牙的"无敌舰队"一共有大型战舰 150 艘,在麦地纳·西东尼亚公爵的指挥下排成月牙形,浩浩荡荡地驶进海峡。针对西班牙的战舰船体庞大,机动性不强的弱点,德雷克派出少数战舰尾随在西班牙舰队的后面,等待时机突袭帆桨损坏和脱队的敌舰。英国人把这种战术笑称为"一根根捋下它的羽毛",让西班牙人干着急。然而,这还只是一点皮肉之伤,当西班牙的舰队驶进法国海岸的加来港后,才真正遭到了灭顶之灾。

格拉沃利讷海战(The Battle of Gravelines),1588 年 8 月 8
日,西班牙舰队和英国舰队在格拉沃利讷(加来海峡南岸城
市)附近进行的海战。

为了切断西班牙海陆军之间的联系,德雷克决定首先将西班牙的"无敌舰队"打垮。战斗开始后,英军的 8 艘快艇满载干柴和火药,在猛烈炮火的掩护下,乘着西南风向敌方中央的旗舰冲去。8 艘快艇在撞进敌阵后,立刻爆炸燃烧起来,本来运转就不够灵活的西班牙战舰顿时乱了阵脚,被引燃的战舰急于灭火,幸免的战舰慌忙转舵闪避。英国的战舰趁机发动猛烈攻击,将 100 多艘西班牙战舰被打得七零八落,溃不成军。

第二天早晨,德雷克率领 60 艘英国战舰与西班牙舰队展开决战。英国战舰虽然比西班牙战舰吨位小,但是机动灵活,航行速度快,发射炮火的速度比对方快四倍。双方一交火,英国的舰队就完全占据了主动,在大海上来往奔驶,到处开火,纵横攻击,西班牙的庞大战舰只能在原处徘徊,被动挨打。从早晨到黄昏,英国海军以微小的代价,击沉、击伤了西班牙 50~60 艘敌舰。

这一仗打下来,无敌舰队已经不是"无敌"而是"无力"了。麦地纳·西东尼亚公爵决定逃跑。但是前方有英舰截击,还得逆风而行,原路返回已经不可能。残存的西班牙舰队只得随风北上,准备绕过大不列颠岛,沿爱尔兰岛西岸驶回西班牙。这段路程不仅漫长,还要承受巨风恶浪的考验。当舰队到达爱尔兰北部沿岸的时候，遭遇了大风天气，许多战船倾覆海底，8 000名西班牙官兵被淹死。当疲惫不堪的"无敌舰队"驶回西班牙的时候，已经不到原来的三分之一。

从此，西班牙衰落下去。而英国逐渐强大起来，成了海上霸主。

兵家点评

这次海战是天主教主要拥护者与耶稣教主要拥护者之间的一次全面对抗，也是帆船舰队间作火炮远距离对攻的第一次大决战。英军在实战中检验了其创造的帆船海战战术理论的先进性。"无敌舰队"覆灭的一个重要原因是，当时的西班牙没有意识到海战方式已经发生了改革，他们还习惯于舰队接触，进行登船作战；而英国已经采用了先进的海战方式，即远程炮战，加上英国火炮品质优于西班牙，射程和射击精度优于西军，胜利就可以理解了。从此以后，西班牙急剧衰落，"海上霸主"的地位被英国取而代之。

小知识：

彼得大帝——撼天动地野蛮人

生卒年：公元1672～1725年

国籍：俄国

身分：沙皇

重要功绩：1708～1709年先后在列斯纳亚战役和波尔塔瓦战役中击败瑞典军；1714～1720年在汉古特和克琅加姆两次大海战中击败瑞迪海军；1722～1723年远征波斯，兼并里海沿岸部分领土。

"龟船"克倭寇
——朝鲜壬辰卫国战争

战争的制胜因素,是在战争中保障克敌制胜的各种条件,主要包括政治、军事、经济、科技、文化、地理条件和民族尚武传统、统帅才能、战争指导艺术等因素。

公元 1592 年初,丰臣秀吉派出 20 万军队,分乘数百艘舰船,大举进犯朝鲜,壬辰战争正式打响。

出征前,丰臣秀吉曾狂妄地对部下说:"用不了多久,整个朝鲜就会被我们征服,明朝的皇帝也会俯伏在我的脚下!"然而,他称霸亚洲的美梦却被李舜臣率领的朝鲜水师击得粉碎。

5 月 7 日,李舜臣亲自率领 85 艘战船,袭击停泊在玉浦港的日本舰队,当时日军士兵大部分都上岸抢劫百姓的财物去了。当他们发现朝鲜战船后,顿时慌成一团,急忙向本方的船上跑。李舜臣指挥"龟船"如同猛虎一样扑向日本舰队,不断放炮、射箭。在猛烈的炮火和密如飞蝗的箭雨下,日军抱头乱窜,鬼哭狼嚎,被炮击、射死、烧死、落水淹死的不计其数。刚一交战,日本战船就有 26 艘被击沉,还有许多战船燃起了熊熊烈火。朝鲜军队又在当天晚上和次日清晨,将其余的 18 艘日本战船击沉或烧毁,不可一世的日军舰队就这样被李舜臣的"大乌龟"们吞没了。战斗结束后,朝鲜方面只有一名士兵负伤,这简直是军事史上的奇迹。

李舜臣的舰队连战连捷,5 月 29 日,朝鲜水军将停泊在泗川岸边的 10 多艘日本战船全部击沉或缴获。几天之后的唐浦海战,再次取得大胜。在唐浦,李舜臣率"龟船"首先将日方的旗舰撞坏,使日军群龙无首,全线崩溃,21 艘日本战船被俘获。接着,他巧妙地运用"引蛇出洞"的战术,将主力船只预先埋伏在山脚下,派出 3 艘战船伪装侦察地形前去诱敌。龟缩在浦口后面的 26 艘日本战船果然倾巢而出,结果遭到前后夹攻,日本战船全被焚毁。战斗中,李舜臣左臂受伤,血流不止,但他屹立船头,指挥若定。7 月,朝鲜水师在闲山岛海战中击毁日舰近百艘。11 月,李舜臣在釜山地区与日军的主力舰队遭遇,朝鲜水军先后击沉日舰 300 多艘。并与陆上的朝鲜军民配合将日军逐出了汉城,一举粉碎了丰臣秀吉的水陆并进计划。

在此之前,朝鲜国王曾遣使向明朝告急,要求出兵援助。明政府认为,"倭寇之图朝鲜,意实在中国,而我兵之救朝鲜实所以保中国",遂决定援朝抗倭。在明朝军队的联合进攻下,日军遭受了重大的损失,退出朝鲜北部,丰臣秀吉被迫与朝鲜进行和平谈判。可惜的是,在日本间谍和本国奸臣的离间和陷害下,功高盖世的李舜臣竟于1597年2月被免职。

丰臣秀吉见自己的眼中钉被拔去,立即中止谈判,派出150 000大军再次进犯朝鲜。

龟船的还原模型图

李舜臣的继任者昏庸无能,根本不是日军的对手。交战后,朝鲜海军节节败退,几乎全军覆没。朝鲜政府不得不重新起用李舜臣,并且再次请求明朝出兵援助。李舜臣临危受命,在不到一个月的时间里,在仅有残余的12艘战船和100多名水兵的基础上,重新建立了一支所向无敌的舰队。他率领这支水师在鸣梁海峡内外的水下暗地架设两道铁链,涨潮船只可以安全通过,退潮时铁链就会把船拦在海峡内。日本战船在涨潮时被诱入海峡,可是当潮水退落后,战船却被铁链缠住,进退两难。李舜臣率领12艘"龟船"击沉日船30多艘,日军死伤4 000多人。

公元1598年8月18日,倭寇主帅丰臣秀吉在伏见城中生病死去,临死前遗命撤兵。11月,倭寇大将小西行长派使者将金银等厚礼送到朝鲜水军节度使李舜臣和明朝水军提督陈璘营中,乞求放他们回国,但遭到了拒绝。绝望的小西行长向盘踞在泗川新城一带的岛津义弘求救,于是岛津义弘集结了500艘船,企图突破朝明联军的防线,夺路回国。

11月4日,李舜臣和陈璘的水军与岛津义弘的舰队在露梁津湾一带,展开了一场空前规模的海战。交锋开始的时候是在深夜,海面被炮火照耀得如同白昼。李舜臣亲自驾船擂鼓,率船冲入敌阵。70多岁的明朝老将邓子龙率领两百名壮士与李舜臣并肩作战。不料,日舰的炮火打中了邓子龙的战船,李舜臣见状,立刻命令自己的船只快速援救。这时候,他的左胸不幸中了一弹。他忍着剧痛对儿子说:"战斗激烈,我死的消息,千万不要声张。"他还下令说:"把军旗交给宋希立,发号施令,继续擂响战鼓,直到胜利。"

此役过后,日军共损失了450艘船舰,官兵10 000多人,大败而逃。

兵家点评

李舜臣和工程师罗大用复活了古人的智慧,在与日军的交战中使"龟船"大显身手。令后人争论不休的是,龟背是否真的像现在朝鲜人宣传的那样,由铁甲覆盖,是世界第一艘铁甲舰?从李舜臣和其侄李芳留下的笔记来看,从未有一处提及龟背用的是铁甲。《惩毖录》和《宣祖实录》中也没有,反倒是当时参与海战的日本人提到有"铁包的盲船"向自己进攻,但目击证人并不可靠。再者,铁背甲造价昂贵,当时的朝鲜政府不会也不可能向李舜臣提供大量的生铁。在李舜臣日记中曾斤斤计较地提到,1592 年初他借给李亿祺 45 斤生铁,可见其捉襟见肘。由以上可知,"龟船"应该是木制背甲。

如果龟船背甲是木制的话,碰到日军用火攻,特别是毛利水军赖以成名的"焙烙火矢",又该怎样抵敌?由于背甲上都是尖刺,想上去救火都不可能。李舜臣的办法是,在船背铺满浸湿了海水的草席,那样任什么火都烧不起来了。

小知识:

李舜臣——"龟船"破倭寇的水军名将

生卒年:公元 1545 ~ 1598 年

国籍:古代朝鲜

身分:全罗道左水军节度使

重要功绩:1592 年,率军取得"鸣梁大捷",以 12 艘战船击沉敌船 30 多艘,歼敌 4 000 余人,创造了世界海军史上以少胜多的光辉战例。

铁骑硬弩与坚城火炮的博弈
——宁远之战

影响战争胜负的因素,大体上是三个方面,一是战争的政治目的与性质;二是战争的物质力量与精神力量;三是战争指导能力与艺术。

天启六年(公元 1612 年)正月 14 日,后金的努尔哈赤率领八旗兵,强渡辽河,兵锋直指明朝的军事重镇宁远。镇守宁远的明军将领袁崇焕,决定死守这座四下无援的孤城。

正月 23 日,八旗兵来到宁远城郊,在城北扎下营寨。努尔哈赤命人到宁远城劝袁崇焕投降,并许以高官。袁崇焕不为所动,下令炮轰后金大营,"遂一炮歼虏数百"。努尔哈赤见状,只好将营寨移到城西,并下令准备战具,次日攻城。

24 日,宁远大战爆发。八旗兵在努尔哈赤的指挥下,携带楯车、云梯等攻城器具浩浩荡荡地来到宁远城下。所谓楯车,就是用木制的手推车,前面几层木板上面蒙着数层牛皮,用水浸湿,可以阻挡明军的箭矢和轻型火器。楯车后面是弓箭手,在楯车的掩护下,他们呈 45 度角朝宁远城头射箭。努尔哈赤下令步兵和骑兵联合在一起,蜂拥攻城,万箭齐发。刹那间,人喊马嘶,数万支箭攒射在宁远城头,密如骤雨。

凭借坚城护卫,明军既不怕城下骑兵猛冲,又能够躲避箭矢射击。努尔哈赤命令士兵们集中兵力,攻打宁远城的西南角。西南角的守将祖大寿带兵奋勇抵抗。后金引以为豪的楯车,在红衣大炮的炮击下损失惨重,八旗兵更是死伤累累。努尔哈赤只得放弃西南角,改攻南城。八旗兵找准了明军火力的薄弱地段,在城门角的两个炮台之间,用斧头凿城。明军用礌石、火球和弓箭不停反击;但是八旗兵在将帅的督促下,不畏生死,前仆后继。他们顶着炮火,用楯车猛撞城

《清实录》中所绘宁远之战

墙、用大斧猛凿城墙。就这样,后金的前锋部队,冒着严寒,在宁远城凿开了三四处高二丈有余的缺口,宁远城危在旦夕。身负重伤的袁崇焕在城头见状,撕裂战袍,将伤口裹住,奋力拼战。周围的将士们见主帅如此,一个个面露惭愧的神色,更加奋勇向前。袁崇焕下令往城上运送棉被,将火药裹进棉被中,用细铁丝拴住往城下送。当棉被落到正在凿城的八旗兵身边时,只见所有的将士都在拼命地抢棉被。就在他们刚把棉被披在身上的时候,明军将棉被点着,挖城的士兵被烧死了许多。这一天,战斗从清晨一直持续到深夜,双方尸体堆积如山,八旗兵几乎将宁远城攻破。

正月25日,努尔哈赤率领着八旗军队再次来到宁远城下。后金的骑兵刚来到城头上红衣大炮的射程内,就听见天崩地裂般地几声巨响,10门巨炮齐声怒吼,炮弹倾泻而下,八旗兵再次遭到重创。杀红眼的八旗兵毫不畏惧,他们一面从城下抢走尸体到西门外的砖窑火化,一面继续攻城。由于明朝军队防守的火力太猛,八旗兵无法从夹缝中找到攻取宁远的突破口,在毫无战果的情况下,努尔哈赤将军队撤到离城五里地远的龙宫寺进行休整。

正月26日,努尔哈赤被迫改变了策略,放弃宁远,改攻明军的粮草基地——觉华岛。

兵家点评

宁远大捷,是明朝被后金攻陷抚顺以来的第一次大胜仗。当时的明朝天启皇帝说道:"此七八年来所绝无,深足为封疆吐气!"

袁崇焕获胜的主要原因有三:

其一,在于战术思想。明朝军队采用"凭坚城、用大炮"的思想,实行城炮结合的方法,一举制胜。

其二,在于武器装备。在整个宁远之战中,明朝军队拥有当时世界上最先进的西方火炮,也就是我们常说的红夷大炮。相反,后金军队只有大片刀和弓箭。这样,岂不是拿鸡蛋碰明朝的坚硬石头。

其三,在于军事指挥。袁崇焕的军事谋略和军事才能,造成了努尔哈赤自25岁起兵以来最惨烈的失败。

历史上对于袁崇焕的评价存在"挺袁"和"倒袁"两种观点。倒袁派认为,宁远大战后期,后金大军转师觉华岛,将明军的粮草基地焚烧一空,并且屠杀了岛上军民14 000人。而宁远之战中后金才伤亡了500人。由此看来,宁远之战不是大捷,而是大败——正是袁崇焕"抗命不尊、玩忽职守",才导致了"丢粮弃岛"的败局。

孰是孰非,相信总会有一个公正的评价。

欧洲历史上第一次
大规模国际战争
——30年战争

国家战略,是指导国家各个领域的总方略。它筹划和综合运用国家的政治、经济、军事、科技、文化、外交和精神力量,保卫国家安全,振兴国家,以达到国家目标的科学和艺术。

从1618年到1648年的30年间,欧洲两大对立集团爆发了一场大战,史称"30年战争"。这两个对立集团,一个是罗马教皇和波兰支持的哈布斯堡集团,由奥地利、西班牙、德意志天主教联盟组成;一个是英国和俄国支持的反哈布斯堡联盟,由法国、丹麦、瑞典、荷兰、德意志新教联盟组成。

主战场在德意志,战争过程分为四个阶段:

捷克阶段(1618～1624年) 1618年,奥地利哈布斯堡家族册封的国王费迪南疯狂迫害新教徒,激起了捷克人民大起义。起义军占领布拉格后,宣布独立。第二年,起义军进攻奥地利,包围了维也纳,与费迪南谈判。1620年西班牙的提利率天主教佣兵攻入捷克,起义军于8月被迫撤离奥地利。同年11月,曼斯菲尔德统帅的新教联盟军在布拉格与提利天主教联盟军展开决战,西班牙军和天主教联盟军攻入普法尔茨,起义被镇压下去。第一阶段,以新教盟军失败,天主教联盟胜利而结束。

丹麦阶段(1625～1629年) 1625年丹麦在英、荷、法支持下,以援助德意志新教联盟为名出兵德意志,很快攻入德国西北部;同时曼斯菲尔德率英军占领捷克西部。神圣罗马帝国皇帝起用瓦伦斯坦为武装部队总司令。4月,瓦伦斯坦率佣兵击败曼斯菲尔德,之后击败丹麦。次年5月,迫使丹麦和皇帝签订《吕贝克和约》,退出德意志,不再干涉德意志事务。

瑞典阶段(1630～1635年) 丹麦退出后,天主教联盟的势力向波罗的海延伸,引起了瑞典的不满。在得到法国的支持后,瑞典国王古斯塔夫二世·阿道夫于 1630 年 7 月率军在奥得河口登陆,迅速攻占了德国北部和中部的大片领土。1631 年 7 月,瑞典军和提利佣兵进行维尔本会战,提利溃败。同年 9 月 17 日,瑞典和萨克森联军在布赖滕费尔德之战中重创提利军。瑞典军进而驱逐西班牙军占领莱茵区,此战中提利被击毙,瓦伦斯坦被重新起用。瓦伦斯坦巧借古斯塔夫战术,并把瑞典军后勤补给线切断,抵挡了瑞典军的攻势。1632 年 11 月 16 日,两军在吕岑决战,瑞典获胜,但双方损失都很惨重,瓦伦斯坦战败,古斯塔夫二世战死。瑞典军暂停扩张,瓦伦斯坦也退回捷克割据,后被德皇暗杀。1634 年 9 月,德皇在西班牙军队的支持下,在讷德林根大败瑞典军。瑞典军被迫北撤,失去了德意志中部的萨克森和勃兰登堡领地。

全欧混战阶段(1635 ~ 1648 年) 1635 年瑞典军战败,促使法国直接出兵德意志、尼德兰、意大利、西班牙。留在德意志北部的瑞典军趁机再次侵入德意志中南部。

1636 ~ 1637 年,西班牙军南北夹攻法国并进逼巴黎,被法军击退。1638 年 8 月西班牙海军被法国海军击败,1639 年 10 月西班牙海军主力又被荷兰军歼灭。1643 年 5 月,孔代亲王指挥法军全歼西班牙军主力。

1645 年 8 月,法军又在讷德林根打败神圣罗马帝国皇帝军队,皇帝丧失大部分德意志领土。1648 年 5 月,法瑞联军在楚斯马斯豪森交战中彻底击败皇帝军,德无力再战,被迫求和。同年 10 月,神圣罗马帝国和参战各方签订《维斯特伐利亚和约》,战争结束。

兵家点评

这次战争对世界军事学术和技术起了积极的推动作用。例如:滑膛枪得以进一步改进,并开始大量投入使用;火炮也进行了改进,开始实行标准化;炮兵已成为一个独立兵种;武器装备的改进使战术发生了革命,战斗队形趋向灵活;促使了许多国家军事制度发生变革;在战争中涌现了一大批军事将领,如瑞典的古斯道夫二世、法国的蒂雷纳等。

两雄争霸的落日之战
——绵延 200 年的伊土战争

突击,指集中兵力、火力对敌人进行急速而猛烈的打击,是进攻的基本手段和主要战法。

土耳其奥斯曼帝国和伊朗萨菲王朝都信奉伊斯兰教,但所属派别不同,土耳其以逊尼派为国教,萨菲王朝信奉什叶派,双方在宗教统治权和两河流域领土上的争夺战争十分激烈。在土耳其帝国内有很多的什叶派教徒,萨菲王朝就鼓动这些什叶派教徒叛乱。1513 年,土耳其苏旦塞利姆一世凶残镇压叛乱者,杀戮50 000 人之多,并借此对萨菲王朝发动了战争。

1514 年 8 月 23 日,两国军队在查尔迪兰展开了决战。土耳其部队与伊朗部队有明显差异。土耳其除步兵、骑兵外,还有强大的炮兵,伊朗主要是持有马刀和长矛的骑兵,在军事上不占优势。土耳其耶尼切里兵团在炮兵的配合下冲破伊军抵抗,占领了伊朗首都大不里士。1515 到 1517 年间,土耳其又不断击退伊朗军队,先后占领了科奇希萨尔、叙利亚、黎巴嫩、巴勒斯坦、埃及等很多领土,在战争中,土耳其的炮兵都发挥了不可小觑的作用。1536 年,土耳其占领了两国争夺外高加索和美索不达米亚统治地位的主战场格鲁吉亚西南的部分领土。这时伊朗也有了自己的炮兵部队,战争双方都互有胜败。到 1555 年 5 月,双方在阿马西亚城签订合约,伊朗占领了外高加索,土耳其把伊拉克纳入本国版图。格鲁吉亚和亚美尼亚被双方平分,卡尔斯城区被确认为中立区。

双方第二阶段战争从 1578 年开始,持续将近半个世纪。土耳其奥斯曼帝国在克里木诸可汗军队的鼎力相助下,趁萨菲王朝内部发生分歧之机,于 1578 年派军队开进外高加索地区,跨过卡尔斯城,并占领了南格鲁吉亚。8 月 10 日,土军击溃伊朗沙赫军队的抵抗,进一步占领东格鲁吉亚和东亚美尼亚,随后又入侵北阿塞拜疆,占领了希尔万。土军与克里木可汗军队携手,企图吞掉伊朗西部,但沙赫阿拔斯一世却使伊朗重振国威,不仅收复了西部的一些领土,还新吞并了阿富汗等地区。由于阿拔斯一世忙于对乌兹别克封建主的战争和对国内起义的镇压,不得不与奥斯曼土耳其签下屈辱性的《伊斯坦布尔和约》,此次伊朗丧失了整个外高加索和卢里斯坦、库尔德斯坦大部领土。

16、17世纪之交,伊朗军队进行改革,实力壮大,于1602年主动向土耳其发动了战争。由于土耳其没有对军队进行体制上的改革,面对伊朗的进攻有些措手不及。战争持续到1612年时,伊朗获取全面胜利,在1613年11月签订《伊斯坦布尔和约》,将胜利果实收入囊中。此后,土耳其因为对条约不满进行了报复,结果不但没有成功,反而激发了伊朗扩张的欲望。1639年,伊拉克爆发了反对土耳其苏丹穆斯塔法一世统治的起义,阿拔斯一世趁机攻占了巴格达。土耳其苏丹穆斯塔法四世在位期间,由于在对欧洲的征战中屡次败北,就把目标转向外高加

奥斯曼一世(1258年~约1326年),土耳其奥斯曼帝国的创建者。

索和伊朗西部,并血洗哈马丹城,屠杀了全城的居民。1639年5月,伊土签订《席林堡(佐哈布)条约》。两国边界维持现状,但土耳其重新控制了伊拉克。

第三阶段从18世纪初开始。1723年,土耳其苏丹艾哈迈德在萨菲王朝走向没落之时再次向伊朗发动进攻,进军外高加索地区占领了很多领土,但此举危害了沙俄在外高加索的利益。1724年6月,俄土在伊斯坦布尔签订《君士坦丁堡条约》,条约中规定俄国占领1723年俄伊《彼得堡条约》列举的里海沿岸所有地区;土耳其控制外高加索其余地区、伊朗西部和克尔曼沙阿、哈马丹。即使如此,土军还不满足,再次于1725年进军伊朗东部并占领了加兹温。1730年,伊朗的纳迪尔率军击退土军进攻,并收复哈马丹、克尔曼沙阿和南阿塞拜疆。1736年,纳迪尔登上伊朗沙赫王位,进行军队改组,扩充数量和完善装备,尤其侧重炮兵发展。准备就绪之后,纳迪尔为夺回被土耳其掌控的伊拉克和外高加索,于1743年再次向土耳其发动战争,战争持续三年未分胜负。

兵家点评

伊土战争持续长达200余年,作战双方两败俱伤,最终都沦为英法两国的殖民地。由于两国处于落后的封建社会,军事学术在长期的战争中发展迟缓。交战之初,双方军队的主要兵种是装备矛、盾、马刀、弓箭、短剑和火枪的骑兵,常备步

兵处于从属地位。到了 17、18 世纪，由于西欧经验的传入，步兵的作用有所提高，装备了火枪，并编成正规军体制。炮兵作为一个兵种在土耳其出现较早，它曾是奥斯曼土耳其向外扩张的有力武器。在使用射击武器之前，双方的胜负通常取决于大批骑兵的冲击和围歼。随着正规步兵和炮兵的出现，骑兵变成了战斗队形的主体，掩护侧翼安全，并完成对敌突击。军队作战采用疏开队形，到 17、18 世纪则采用线式战斗队形。夺取要塞多靠长期围攻，对溃逃之敌一般不予追击。

小知识：

苏沃洛夫——刺刀突击的实践者

生卒年：公元 1729 ~ 1800 年

国籍：俄国

身分：元帅

重要功绩：屡次击败法军，横扫意大利北部，并翻越阿尔卑斯山远征瑞士，解救被困俄军。

美国自由的摇篮曲
——莱克星顿的枪声

反突击,是防御战役中对突入之敌实施的攻击行动,亦称战役反击,是防御战役中的主要攻势行动,带有决战性质。

1775 年 4 月 20 日清晨,距波士顿不远的康科德镇外突然枪声大作,杀声震天。埋伏在篱笆后、灌木丛中、房屋顶上、街道拐角处的民兵,一起扫射准备撤退的英军。身在明处的英军企图举枪还击,却一个民兵也看不到,只见他们一批跟着一批倒在地上……

这是康科德镇及其附近的民兵,在反击前来掠抢军需仓库的史密斯部队。1775 年 4 月 18 日,马萨诸塞总督兼驻军总司令盖奇,获悉“通讯委员会”有一个秘密军需仓库在离波士顿不远的康科德镇上。盖奇听后即刻命令史密斯少校带800 名英军前去搜查。这支队伍连夜出发了,在 4 月 19 日凌晨,他们来到了小村庄莱克星顿,距康科德镇还有 6 英里的路程。

史密斯率领着部队行进在黎明前的薄雾中。士兵们经过一夜的行军,各个疲惫不堪。正当他们无精打采的时候,突然发现在村外的草地上有几十个手握长枪的村民,正严阵以待,似乎已经察觉了他们的行动。史密斯非常清楚这些武装的村民就是莱克星顿的民兵:因为他们行动极为敏捷迅速,只要接到警报,就能保证在一分钟内集合完毕投入战斗,所以北美大陆殖民地的人们都称他们是“一分钟人”。令史密斯不解的是,英军的行动为什么会这么快暴露呢?其实,“通讯委员会”的侦察员在他们行动的那一刻就得到了情报,并在波士顿教堂的顶部挂出信号——一盏红灯。醒目的信号灯当时就被“通讯委员会”的信使保尔·瑞维尔看到了,他骑快马赶往康科德镇报了警。

史密斯定睛一看,对方只有几十个衣服破烂的民兵,警惕的心立刻就放了下来,当即举刀发令:“射击!跟我冲!”

枪声在莱克星顿上空响彻云霄,传出很远。由于寡不敌众,加上地势不利,民兵没有坚持多久就撤离了战场,纷纷躲避起来。

英军这第一仗打得很顺利,情绪非常高昂,在史密斯的指挥下,直奔康科德。

当他们抵达康科德镇时,太阳已高高挂在东方的天宇上,可是大街上却不见一个人影,显得异常的冷清。史密斯并没多想,下令仔细搜查。士兵进入百姓的庭院、屋中进行搜查,从里到外折腾了好长时间也没找到仓库的影子。原来,"通讯委员会"接到警报后,立刻调集民兵把仓库转移了地点,领导人也都隐藏起来了。

史密斯突然意识到形势不妙,连忙下令"撤"。就在这时,喊杀声、枪声四起。附近各村的民兵接到警报后,纷纷从四面八方赶往康科德,并埋伏在篱笆后、灌木丛中、屋顶上和街道转角处。英军准备撤退时,早已将他们包围的民兵们开始射击。猝不及防的英军无力还击,一路退向波士顿,沿途屡遭民兵的袭击,被打得狼狈不堪。战斗持续到黄昏,史密斯等人才被从波士顿派来的援军救走。

描绘美国独立战争的名画《华盛顿渡过特拉华河》 伊曼纽尔·诺伊苏(美)(1816年~1868年)。

这一仗,民兵牺牲几十人,英军损伤较为惨重,死伤了247人,幸免于难的英军也弹药耗尽。一个英军士兵回顾道:"我48小时滴水未进,帽子被打掉四次,上衣被子弹穿透两次,刺刀也被他们打掉了。上帝啊!回想起来我就害怕!"

兵家点评

莱克星顿的枪声给了北美人极大的鼓舞,各殖民地纷纷建立起民兵。莱克星顿由 84 名血气方刚的年轻人成立的"绿色少年"反抗组织,冒死向加拿大进攻,夺取了哈得逊河北段的英军炮台,夺得大炮 60 门;另有一支民兵也曾攻向加拿大,虽不得手,却逼得英军不敢分兵由加拿大南下。其他殖民地的民兵也都行动起来,有的公然攻打军营堡垒,有的焚烧政府官员的住宅,到处是一片革命的燎原之火。

小知识:
华盛顿——美国人也会打游击
生卒年:公元 1732 ~ 1799 年
国籍:美国
身分:总统
重要功绩:1776 年在特伦顿战役中击败英军,次年在普林斯顿战役中再次击败英军。

114

拿破仑毕生最引以为傲的一次胜利——马伦哥之战

战役保障,是战役军团为顺利遂行战役任务所采取的各种保障措施的统称,是构成战役力量的重要因素。

1800 年 5 月,在终年积雪的阿尔卑斯山上,威名赫赫的拿破仑骑着白色的战马,身穿一件灰色大衣,正带领他的远征军艰难地行进在陡峭崎岖的小道上。小道的两边是高耸的山崖和万丈深渊,只要稍不留意,就会坠落谷底,摔个粉身碎骨。士兵们在猛烈的风雪中小心翼翼地辨认着道路,生怕一失足便做了阿尔卑斯山的孤魂野鬼。他们要赶赴意大利,突袭驻扎在那里的奥地利军队。

6 月 14 日,作战双方开始了正面交锋。一开始,拿破仑错估了会战的主战场,差点让自己全军覆没。当他严阵以待,准备给在沃盖腊的奥军迎头痛击时,法军大败的坏消息却从马伦哥传来,亚历山大里亚的奥军铺天盖地压向法军。法军连连败退,几乎全军崩溃了。

奥军统帅梅拉斯认为胜利在握,更是欣喜若狂,命参谋长继续指挥,自己回亚历山大里亚休息,临走时得意地对参谋长说:"放心打吧!拿破仑很快就会来求和,他坚持不了多久的。"

且说法军,会战中确实一片混乱,甚至有两团法军未作任何抵抗就仓皇撤退了。

拿破仑听到两团士兵放弃阵地的消息时,迅速赶赴那里。士兵们听说拿破仑来了,立即列队集合,等待拿破仑暴风雨般的训斥。

果然,拿破仑铁青着脸,怒吼道:"你们玷污了我的法国兵团!你们不配称为法兰西共和国的军队!"拿破仑威严的目光停在每一个士兵身上,他们都羞愧地低着头,听着拿破仑的斥责。"我这就让参谋长在你们的团旗上写上'他们不再属于法国兵团'几个字,让全军都知道你们是怯懦的胆小鬼!"

世界名画——《跨越阿尔卑斯山圣伯纳隘道的拿破仑》,雅克·路易·戴维(作于1800~1801年)。其实,拿破仑翻山时骑的不是马而是驴子,穿的是一般军大衣而不是红色斗篷。戴维之所以要求作这样的修改,据说是为了渲染其"英雄的气概和史诗般的远征"。

此刻,这里一片沉寂,忽然,一个士兵大喊:"大人,请不要那样做,否则将成为我们终生的耻辱。请再给我们一次机会,我们一定把丧失的阵地夺回来。"话音一落,其余士兵都跟着喊起来:"对,我们要用鲜血来证明我们的勇气!"士兵们附和着、叫喊着,眼里都噙着泪水。如此真切的恳求感动了拿破仑,他脸色渐渐缓和下来,挥一挥手,示意大家安静,说道:"好,我再给你们一次机会,我要看到你们用勇气洗刷自己的耻辱。我已派人去调德赛的兵团了,他们很快就会来的。现在,我命令——为了法兰西的光荣,为了你们的荣誉,打败奥地利——出发!"

"为了法兰西的光荣,冲啊!"

士兵们的吼声振聋发聩,与刚才败退时相比俨然换了一支队伍,一个个如狼似虎,扑向奥军的阵地。战场上子弹横飞,刀光剑影,有的甚至扭打在一起,奥军的士兵一批又一批地倒下,但他们的增援部队一浪接一浪地涌来,法军眼看就要招架不住了。忽然,在枪炮声和喊杀声中,传来了"咚、咚、咚……"的战鼓声。有人喊了一声:"我们的援军到了!"只见远方烟尘滚滚,黑压压的法国骑兵正铺天盖地压过来,法国士兵们高兴地大声欢呼。转眼间,骑兵们来到法军阵地前。德赛向拿破仑报告后,指挥着军队在激越的战鼓声中奋勇冲杀,势不可挡。刚才还是胜利之师的奥军,一下子乱了阵脚,一批接着一批的奥军跪在地上,缴械投降。奥军全面溃退了。梅拉斯做梦也未曾想到战势变化如此之快,败局已定,不得不派人向拿破仑求和。6月15日下午,拿破仑的代表与梅拉斯在亚历山大里亚签署了停战协议。

兵家点评

马伦哥战役是一次战略欺骗和战略奇袭的杰作。拿破仑有效地制造和利用了敌人在判断上的错误，真正做到了出敌不意，出奇制胜。出敌不意，攻其无备，这是拿破仑惯用的作战手段。战役开始前，他一反常规，选择了一条历史上很少有人走过、在一般人眼里根本无法通行的道路。结果，大出奥军意料之外，达成了战略上的突然性，收到了战略奇袭的效果。战役开始前，为了隐蔽自己的真实企图，造成敌人的判断错误，拿破仑成功地采取了一系列战略性的欺骗和伪装措施。例如，在瑞士方向故意示弱于敌，有效地隐匿了预备军团的真实面目和行军路线，并使敌人错误地判断了法军的真实企图。

此战固然有着成功的经验，但也暴露了拿破仑在指挥上的一些失误：

其一，对进军路线的地形和敌情，缺乏周密的侦察和认真的分析。战役开始前，拿破仑只派一名不懂炮兵的参谋军官前去侦察地形，结果没有发现大圣伯纳山口附近这段道路根本不能通行火炮的情况。如果没有当地村民帮助，法军炮兵很可能永远无法通过。

其二，在米兰停留时间过久，致使被围困的马塞纳部队，在弹尽粮绝的情况下被迫向奥军投降，失去了一支可以从南面牵制梅拉斯的重要力量。

其三，马伦哥交战前两天，拿破仑错误地分散了兵力，从预备队中抽走了两个师，险些使法军遭到惨败。如果不是德赛将军在千钧一发的关键时刻率领援军赶到战场，后果将不堪设想。但这些并不损害马伦哥战役本身的价值。

小知识：

拿破仑——"战神"、"超人"、"强者"的代名词

生卒年：公元 1769 ~ 1821 年

国籍：法国

身分：皇帝

重要功绩：曾经占领过西欧和中欧的大部分领土，奥斯特里茨战役是拿破仑个人军事生涯的顶峰。

"只要还存在战争，它就不会被忘记"
——奥斯特里茨三皇会战

战役编成，是为遂行战役任务而对参战兵力进行的组合，通常由建制和配属的兵力组成。

1805 年 12 月 2 日，奥斯特里茨大战在即。法国皇帝拿破仑身穿灰色大衣，头戴三角形皮帽与几位帅骑着战马来到阵前，法军的阵线沿着南北流向的歌德巴赫河右岸向东展开，左翼依托在一个小圆丘上，右翼紧靠着一连串冰冻的湖泊和沼泽地，战线中央面对着俄奥联军占据的普拉钦高地。拿破仑在地形复杂的右翼仅部署了 10 000 法军来牵制联军的饲万之众，而在左翼和中央的决定性地段上，集中了 60 000 法军和大部分火炮。

拂晓时分，俄奥联军统帅库图佐夫在普拉钦高地的指挥部里下达了进攻命令，身穿灰色军装的俄军和身穿白色军装的奥军分兵六路，以密集的队形潮水般涌向法军阵地。联军的主力部队猛烈攻击法军的右翼，南线炮声隆隆，喊杀声震天。处于劣势的右翼法军渐渐不支，被逼退到马克斯多夫和图拉斯。俄军的一部分军队乘胜渡过歌德巴赫河，向法军的后方迂回。在法军的右翼即将崩溃的危急时刻，达乌第 3 军团救星般地从莱格伦赶到战场，对俄军左翼猛烈侧击，将其逐回对岸。

上午 8 时，笼罩在战场的晨雾已经散去，太阳喷薄而出。拿破仑命令苏尔特率两个师猛扑普拉钦高地，力求从中央将联军的战线斩断。此时，库图佐夫在沙皇严令下，离开高地，增援哥罗拉德，中央的联军主力也正向左翼移动。高地上的俄军人数很少，很快就被法军击溃了。库图佐夫担心俄军的后路被切断，立即调动预备队前来争夺。这时，法军左翼的兰诺军团、伯那多特军团和缪拉骑兵军团也开始全线进攻，以牵制俄军向普拉钦高地增兵。一时间，普拉钦高地变成了屠场，数不清的法军士兵和俄军士兵在各自炮火的掩护下，忍受着巨大的伤亡代价，作着殊死搏斗。为了重新夺回高地，俄军集中了全部的骑兵部队，拼命发动冲击。

拿破仑在奥斯特里茨达到了个人军事生涯的顶峰，图为军官向皇帝报捷。

法军不甘示弱，也出动了最精锐的近卫骑兵军。两支庞大的骑兵队伍迎面冲来，像两股洪流猛烈地撞击在一起。哥萨克骑兵的马刀与近卫军的阔刃相互撞击，发出惊心动魄的声响，最残酷的白刃战上演了。经过4个小时的反复争夺，到了中午11时左右，法军最终占领了高地。拿破仑抓住战机，命令苏尔特军团顺着普拉钦高地西南方冲下去，向俄奥联军左翼的侧后方发起了决定性的进攻。在法军的前后夹攻下，联军的左翼主力迅速崩溃，纷纷向后败退。可是他们唯一的退路就是狄尔尼兹和察特卡尼两个湖泊之间一个狭长的沼泽地带。几万联军争先恐后地夺路逃命，就连结冰的湖面上也站满了逃亡的士兵。法军顺势向湖面开炮，冰层破裂，联军士兵不断掉入湖里淹死，景象十分悲惨。就在联军中央和左翼崩溃时，右翼巴格拉齐昂和利希特斯坦部也被法军击溃。

在会战过程中，俄国沙皇和奥国皇帝眼见全军覆没，慌忙逃窜。联军总司令库图佐夫兵败负伤，险些成了俘虏。

兵家点评

法军在奥斯特里茨以少胜多，突出表现了拿破仑卓越的统帅才能。整个战役也给后人留下了较为深刻的启示：

其一，战役筹划者必须洞观战略全局，以求高屋建瓴。开战之前，拿破仑就清楚地意识到，法军的主要对手是俄军，必须在普鲁士参战前击败俄军，才能从根本上扭转战局。因此他的一切行动，都是紧紧围绕追击俄军来实施的。

其二，必须有效地实施战略欺骗。当俄奥联军正在战与不战的问题上纷争徘徊的时候，拿破仑主动"示弱露怯"，点燃了对手的骄狂之火，使决战成为可能。

其三，必须着力于选择有利战场。法军右翼部署在利塔瓦河与哥德巴赫河的汇合处的沼泽地带和几个湖泊，依托有利地势牵制了数倍于己的敌军。普拉钦高地是一个可以影响和控制全局的要害地点，拿破仑先是"示弱诱敌"，放弃了普拉钦高地，随后又趁势夺回高地，取得了主动权。

其四，必须坚持集中优势兵力原则。从整体兵力比对看，法军以 70 000 对敌 80 000，居于劣势。可是，经过拿破仑的具体部署之后，南翼法军仅以 10 000 多人牵制着联军 40 000 多人，而在北翼，法军则集中了约 60 000 人去对付联军的 40 000 多人，法军在局部上形成了优势。

其五，必须把握战机，果断用兵。在奥斯特里茨战役中，法军无论是在南段调动二线部队反击进攻之敌，还是关键时刻为夺占普拉钦高地而实施的突击，及至北段对敌反击和最后对溃败敌军的冲击，都可谓恰到好处。

从欧洲军事发展史的角度来看这场战役，奥斯特里茨战役已超出了其本身的军事价值，它宣告了警戒线式战略和线式战术的失败，证明了资产阶级法国的军事制度和军事学术的优越性。由此引发出欧洲近代一次影响深远的军事变革。恩格斯在《奥斯特里茨》一文中曾这样评价奥斯特里茨会战："奥斯特里茨是战略上的奇迹，只要还存在战争，它就不会被忘记。"

小知识：

库图佐夫——俄罗斯的"老狐狸"

生卒年：公元 1745 ~ 1813 年

国籍：俄国

身分：元帅、亲王

重要功绩：在 1812 年博罗季诺战役中重创法军后放弃莫斯科，以灵活战术拖垮法军。不久指挥反攻，将拿破仑逐出俄国。

成败皆英雄
——拿破仑兵败滑铁卢

战役正面，指战役军团展开后，面对敌人的一面，分为进攻战役正面和防御战役正面。

1815 年初，犹如困兽出笼的拿破仑逃离厄尔巴岛在法国的南部登陆。他一路上聚集旧部，于 3 月 20 日兵不血刃地进入巴黎，赶走了法国国王路易十八，重新回到了杜乐丽宫。反法联盟的各国首脑此时正在维也纳开会，他们听到这个惊人的消息后，立刻停止了"窝里斗"，迅速组成第七次"反法联盟"来捕杀这头发疯的"狮子"。

6 月 18 日，大决战在滑铁卢展开了。

英军驻扎在一个山岗，由威灵顿将军率领，法军则由拿破仑亲自指挥。清晨，下起滂沱大雨。天气转晴后，拿破仑亲自来到阵前检阅部队。军乐声声，战旗猎猎，骑兵英武地挥动战刀，步兵用刺刀尖挑起自己的熊皮军帽，向皇帝致意。

上午 11 时，决定历史进程的时刻到来了。法军炮手率先发动了进攻，用榴弹炮轰击山头上身穿红衣的英国士兵。接着，元帅内伊指挥步兵发起了冲锋。法军越过低洼地带，向对面山岗上的英军阵地奋勇冲去。威灵顿指挥英军顽强抵抗，炮弹像骤雨般落了下来，在空旷、泥泞的山坡上到处都是法军士兵的尸体。

整个下午，法军向威灵顿的高地发起了一次又一次的冲锋。战斗一次比一次残酷，投入的步兵一次比一次多。法军

滑铁卢战役是拿破仑军事生活中最黑暗的一天，从此结束了他的戎马生涯。

121

几次冲进被炮弹摧毁的村庄,又几次被击退出来。双方僵持不下,彼此疲惫不堪,都在焦急地等待着各自的援军。拿破仑盼望着格鲁希,威灵顿等待着布吕歇尔。

黄昏时分,在东北方的丛林中涌出一支军队。拿破仑和威灵顿都在祈祷上帝:来的是自己人!当那支部队走近时,双方都看得非常清楚,那高高飘扬的是普鲁士军旗!

拿破仑一脸绝望地放下手中的望远镜,喃喃自语道:"格鲁希,格鲁希到底在哪里?"

此时的格鲁希并没有意识到拿破仑的命运掌握在自己的手中。他于17日晚间出发,率军按预计方向去追击普鲁士军队。可是一直到第二天战斗开始,格鲁希也没有发现敌人的踪迹。当炮声从滑铁卢方向不停地传来时,将士们急切地向格鲁希建议:"立即向开炮的方向前进!"可惜,这个毫无主见的家伙只习惯于唯命是从,胆小怕事地死抱着写在纸上的条文——皇帝的命令:追击撤退的普军。副司令热拉尔请求率领自己的一师部队和若干骑兵到战场上去,也遭到了拒绝。格鲁希一边继续前进,一边怀着越来越不安的心情等待着皇帝要他返回的命令。可是没有任何消息传来,只有越来越远的炮声。

没有等到援军,拿破仑决定孤注一掷。他把最后的4 000名近卫军都调入进攻的行列,成败在此一举。士兵们排成70人一队,爬上陡坡,拼死向前冲去。在距离英军防线不到60步时,威灵顿突然站起来大声疾呼:"全线出击!"英军的后备队排山倒海般地向法军扑去。与此同时,普鲁士骑兵也从侧面冲杀过来。到了晚上21时,普军突破法军防线,拿破仑的部队乱成一团,无法坚持下去,只得四处溃逃。这支有着赫赫军威的部队瞬间变成了一股抱头鼠窜、惊慌失措的人流,卷走了一切,也卷走了拿破仑本人。这时,拿破仑已不再是个皇帝,他的政治生命和军事生涯就此终结了。

兵家点评

在世界战争史上,滑铁卢之战以战线短、时间短、影响大、结局意外而著称,也是全世界唯一一场失败者比成功者得到更多荣誉的战争。正如维克多·雨果所说:"滑铁卢是一场一流的战争,而得胜的却是二流的将军。"除了人事方面的原因,在其他方面,法军也存在着失败的危机:

其一,军队素质差,指挥员缺乏。拿破仑在两个月内组建了284 000人的军队,其中不少是老兵。部队缺乏系统训练,枪械、弹药、马匹也十分匮乏。部队的高、中级指挥官严重不足,以致格鲁希这样的平庸之辈也要独当一面。

其二,兵力分散,调动不及。在滑铁卢决战时,拿破仑分出 1/3 的兵力,由格鲁西带领追击去向不明的普军,致使该部脱离战场。

其三,没有及时歼灭普军。法军先于滑铁卢决战前两天的 6 月 16 日,在里尼击溃布吕歇尔的普军。但因 1 军团迷路,没有及时赶到战场,6 军团又距离过远,调动太迟,致使里尼之战成为击溃战,而不是预想的歼灭战。导致普军卷土重来,最后与英军会合,加入了滑铁卢的战斗。

小知识:

威灵顿——打败拿破仑的毛头小子

生卒年:公元 1769 ~ 1852 年

国籍:英国

身分:陆军元帅、公爵

重要功绩:以闻名全球的经典决战——滑铁卢战役彻底终结了拿破仑的军事生涯。

第三章

近代兵器时代

巴掌大的乌云也会变成滂沱大雨
——印度抗英之战

开进,是部队由集结地域或待机地域向准备进入交战地区的行动。

其主要方式有徒步开进、摩托化开进和两者结合的开进。

公元 1858 年 4 月的一天,印度的章西城一带,炮火不断,杀声震天,这是印度人民在与英国侵略者激战。在一场激烈的厮杀之后,全城陷入了死一般的宁静。这时,一位手持长刀的青年妇女,登上了高高的堡垒。她用充满怒火的双眼凝视着全城:许多房屋已经倒塌,大批民众倒在血泊之中……手下的人急切地劝她说:"女王,我们转移吧! 英军已杀进了南门!"

女王一言不发。在大家的期待中,她突然大喊一声:"跟我冲!"随即迅速走下堡垒,带领 1 000 多名士兵杀向敌军。然而,敌众我寡的劣势,使她和前几次冲锋一样被击退。疲惫的女王刚回到宫中,就接到报告:北门也失守了!

女王震怒地说:"我要点燃这帮强盗的军火库,和他们同归于尽!"部下纷纷劝阻,提议她立即突围。女王沉思很久,终于决定转移后再反攻英军。次日,人们焚烧了王宫周围的房屋,用熊熊烈火阻挡进城的英军。当晚,女王把养子绑在自己的背上,骑上白马,带上十几名随从,冲出城门……

这位勇敢的女王,名叫拉克希米·拜依,从小性格刚毅,武艺超群,后嫁给章西土王。土王死后无子,她代行养子职权被称为"章西女王"。英国的印度总督以"土邦没有男子继承王位,领土就自动丧失"为由,派兵进犯章西城。在强大的侵略者面前,女王和她的子民寡不敌众,撤出了章西城。公元 1857 年 5 月,印度爆发了民族大起义,拉克希米·拜依一身戎装,手提战刀,亲率军民一起投入战斗,攻占了英军军火库,打死了他们的最高指挥官,并攻下了多个据点。很快,章西重获独立,拜依再次登王位。英国殖民者不甘失败,在公元 1858 年 1 月由罗斯率兵卷土重来。勇敢的章西女王早已做好了迎战准备,她率领军民搬运粮草,加固城墙,架设大炮,专等侵略者的到来。英军包围章西城并在城的东部和南部修建炮台,准备攻城。两天后的清晨,章西起义军的大炮向英军开火,激烈的炮战开始了。英军的大炮虽然数量多、口径大、占优势,但是女王指挥有力,起义军作战勇敢,迫使英军屡吃败仗。第三天,英军集中火力狂轰南门,城墙坍塌,起义军大炮无力还击。女王果断发令,命西门的炮手把炮口转向南门敌军炮兵阵地开炮。起义军炮手沉着冷静,只发三炮就使南门转危为安。第五天,女王又率兵猛轰英军阵地四五个小时,重创英军。但起义军消耗也很大,

印度起义军与英军展开巷战。

南城几处堡垒被击毁,出现缺口,随时就会被敌军攻破。女王立即派人向唐提亚·托比的起义军请求援助,不料援军在途中遭遇英军伏兵袭击,只能退兵。章西起义军处于孤立无援的境地,不久,内部又有了叛徒,从南门把敌军引入城内,章西失守。

女王无奈带军撤离章西,投奔唐提亚·托比的起义队伍,进驻瓜辽尔城,并在此迎战围剿的英军。6月18日,罗斯率英军对瓜辽尔发起了总攻。这天,女王身着男装,驰骋于炮火硝烟中。英军分兵打散各路守军后,集中兵力包抄女王的阵地,女王陷入重围。在突围时,她无意中脱离了自己的军队,只有两员女将、十几骑人马跟随在身边。女王舞动佩刀,把迎战的英军一个个砍翻在地,眼看就要杀出重围了,不料,一条极宽的沟渠横在脚下。英军再次围了上来,女王无所畏惧,身体多处受伤,依然持刀拼杀。突然她的胸口被砍中,翻身落马,就在这一刹那间,她还竭尽全力将杀伤她的英军砍死,同时自己也失去了生命,年仅22岁。

兵家点评

这次民族大起义之所以失败,原因有以下几点:

其一,英军武器精良,训练有素,起义军还处于冷、热兵器混用的时代,无法与其抗衡。

其二,掌握领导权的封建领主纷纷叛变投敌,给起义军造成了重大损失。

其三,缺乏统一的领导核心,各自为战,结果被英军各个击破。

其四,在军事上采取单纯防御战略,处处陷于被动。起义爆发后,各地起义队伍几乎同时向德里集结,但德里并不是英军的要地。如果向旁遮普的白沙瓦、孟加拉国的加尔各答、西印度的孟买、南印度的马德拉斯等战略要地发起进攻,就可大量牵制敌人,使战局完全改观。可是历史不能假设,"战争的现实就是这么冷酷,丝毫也不照顾正义的一方"。

小知识:

贝尔蒂埃——法兰西第一帝国 18 名元帅之首

生卒年:公元 1753 ~ 1815 年

国籍:法国

身分:元帅

重要功绩:辅助拿破仑指挥了一系列重大战役,为拿破仑称霸欧洲立下功勋。其创立的司令部勤务机构原则和其他参谋及后勤业务制度,后来几乎被所有欧洲国家采用。

自由与奴役的博弈
——盖茨堡之战

展开,是部队由行军队形、疏开队形、集中状态等转变为作战部署或战斗队形的行动。其目的是占领有利地区和地形,形成临战态势,以利适时投入交战。分为战略展开、战役展开和战术展开。

罗伯特·E·李是美国内战中南部邦联军队最重要的将领。他十分擅长借镜拿破仑的战略战术,并且深谙调兵遣将的艺术和大规模炮攻的冲击力。在内战中,南方的保守派建议打防御战。但李将军与南部邦联总统杰斐逊·戴维斯却坚持主动出击,希望打一场胜仗来鼓舞士气,并以此吸引英国等欧洲国家的援助。

盖茨堡之战是美国内战中最血腥的一场战斗,是整个战争的转折点。

1862年9月,南方联军越过波多马可河,入侵北部,在突破重重阻击之后,于1863年夏与联邦士兵在盖茨堡短兵相接。

6月1日,战争的第一天,人数占绝对优势的南军被占火力优势配备卡宾枪的北军击退。勇猛的南部邦联接连增派救援部队到盖茨堡,北军撤退并占据了全城的最高地。李将军坚信,只要不断增兵加大进攻力量,北军就会被迫投降。这和拿破仑在滑铁卢一战极为相似,但他却没考虑到经历大半个世纪的时间,步兵和炮兵的火力已经有了飞速的改进。在颇具杀伤力的来福枪和炮火的攻击下,他错失抢占有利地势的良机,只能以联邦军对面的一块较低处为据点。

战斗进行到第二天,北军少将乔治·米德率领部队首先从右翼发起冲锋,沿着公墓岭及小朗德托普一带向南军阵地推进了1公里。李将军派朗斯特里特的第1军团去攻打小朗德托普,试图夺取这里,然后用火炮对公墓岭进行射击,双方就此展开了艰苦的拉锯战。经过几个回合的浴血奋战,李将军的主要进攻目标还是没有实现。好战的他决定进行一次决定性的进攻:调动炮火对公墓岭进行轰炸,然后派三个师进行正面攻击。目的是将对方分割成两部分。这又是典型的拿破仑战术,只是该战术被错误地运用到以火力决定胜负的时代。

战斗的第三天,上演了一幕美国军事史上经典的一幕——“皮克特冲锋”,南北双方进行了一场声势浩大的对抗。

正午时分,李将军率15 000人开始了全面进攻。南军士兵踏过麦田,向北军阵地冲杀。南军突击部队在乔治·皮克特将军率领下,于下午3时进入“死亡之谷”——他们要接近联邦军阵地,必须穿过1 200公尺的空地,在此过程中,所有的突击队员都将毫无遮掩地暴露于南军200门火炮和数千支步枪的火力下。勇猛的南军“敢死队”战旗飘飘,以齐整的队列迎着枪林弹雨向联邦军阵地发起冲锋,他们果真突破了联邦军的第一道防线,但很快又被人家反冲锋的预备队击退。就在这几乎能摧毁一切的火力攻击下,李将军依然率领着他的部队前进着,有一种令人难以置信的勇猛。旅长刘易斯·A·阿米斯蒂德挥舞着战刀把自己的帽子高高挑起,高喊着:“兄弟们,跟我冲!把尖刀刺向他们!”刚冲到一半时,阿米斯蒂德就阵亡了,而他的身边也只剩下了几百人。李将军到现在唯一能做的只有撤退。

兵家点评

此次战役是美国内战的转折点。这一战不仅是南北战争中双方投入兵力最多、伤亡最大的一场战役,同时也是北美大地上有史记载以来规模最大的一场战斗。战斗中双方共伤亡约51 000千人,其中北方联邦23 000人,南方邦联约28 000人。这场典型的遭遇战,被历史学家们视为美国内战史上最伟大的战斗之一。

　　南军发动的大规模正面攻击——"皮克特冲锋",被称为"最高水平线",展示了将士们无与伦比的勇猛。可是他们不仅输掉了此次战役,而且输掉了整个战争——南方从此被迫转入防御。盖茨堡战役同时也代表着拿破仑式战斗方法的终结,以及现代化工业战争的开始。

小知识:

　　纳尔逊——英国皇家海军之魂

　　生卒年:公元 1758～1805 年

　　国籍:英国

　　身分:海军上将

　　重要功绩:1797 年 2 月 14 日的圣文森特角海战让纳尔逊一举成名。

倒幕战争的冲锋号
——鸟羽、伏见之战

进攻地带,指进攻作战中左右分界线之间的宽度和从展开地区至任务全纵深的深度所包括的空间范围,并称之为作战行动地带。

这一天,幕府将军德川庆喜在江户官邸的一间精雅小室中品酒,并不时地和怀中的艺伎丽花女郎调笑。

这时,近侍在门外禀报有要事求见,德川庆喜听了,喝道:"有什么屁事?"

近侍神色慌张地说:"大久保利通和木户孝允在一月三日发动了宫廷政变,改组了中央政府,明治天皇正准备下诏罢免您的官职和领地。"

德川庆喜面色一沉,随即又装出若无其事的样子,说:"还有什么事情?"

"前方传来消息,叛军的'奇兵队'已经挺进江户,许多武士都加入其中……"

"胡说!"德川庆喜大喝了一声。

他披衣站起来,用手指着近侍说:"愣着干什么,给我继续说下去!"

"他……他们……他们送来一封信。"

近侍小心地将信交给德川庆喜。

德川庆喜拿过信,喝退近侍,在室内低头踱步沉思,丽花女郎刚想要说什么,德川庆喜便挥手示意退下。

几天后,德川庆喜和他的谋士山内容堂、"倒幕派"方面的代表西乡隆盛、坂本龙马、中冈慎太郎开始了谈判。德川庆喜表面上答应还政天皇,却拒绝交出实权。在送走这些代表后,他与山内容堂商量如何应付这局面。山内容堂说:"我们带军队去京都假装投降,趁机将明治天皇夺过来。"

德川庆喜点头称妙,立刻密令其家臣召集了 15 000 人马,悄悄地向京都开去。

让德川庆喜没有想到的是,丽花女郎乃是"倒幕派"安插在他身边的间谍。她将德川庆喜的阴谋在第一时间报告给了天皇。

明治天皇得知消息后,派使者通知德川庆喜,叫他独自一人到京都来交割权力,德川庆喜感到事情有了变化,就将手下的部队一部分屯于京都南郊偏西一点的伏见,一部分屯于偏东一点的鸟羽,对外宣布"解救天皇,清除奸臣"。

与此同时,大村益次郎亲率5 000名政府军,趁夜色冲出南门。在鸟羽、伏见两地之间占据了有利地形,架起巨炮、机枪,许多市民也扛出土枪、土炮协助守城……

到了后半夜,寒气笼罩德川庆喜军马的宿营地,营地上只有零零落落几点残灯在寒光中摇曳。

这时,忽听一声炮响,喊杀声四起。

两军在中之桥附近展开了激烈的战斗,与此同时,伏见方向也传来了激烈的枪声。政府军的炮兵队早已排好阵势,一上来就对驻守在伏见奉行所的幕府军进行了集中射击。这里的幕府军只有4门青铜炮,射程很短,无论从数量上还是质量上来说都无法相比。政府军在对面的御香宫神社与幕府军枪战,也渐占上风。由于装备上的绝对劣势,幕府军首

照片上的明治天皇头戴立缨御冠,上服黄栌染御袍,下着表绔,足穿插鞋,手执笏,好像很赌气的样子。

领土方只好下令士兵们进行白刃突击。可是他万万没有想到,一次偶发事件使这道命令成了一场灾难。在夜幕的掩护下,幕府军冒着猛烈的炮火匍匐前进,胜利在望。就在这时,一发炮弹击中了奉行所的顶楼,燃起了熊熊大火,幕府军暴露在对方的火力之下,突击彻底失败了。凌晨3点左右,幕府军已经死伤了3 000余人,逃跑了800多人,不得不下令退却。德川庆喜不甘心失败,下令武士骑马从两翼包抄,务必拿下政府军阵地。岂料他的武士们早已人心涣散、缺乏斗志,经过两番冲锋,被政府军打得人仰马翻、死伤过半。

三天过去了,幕府军再也无法支撑下去,德川庆喜长叹一声:"完了,大势去矣!"慌忙换上一身便服,骑马向大阪逃遁而去……

兵家点评

  鸟羽、伏见战役其实也是一次以寡击众的战役。在兵力方面,幕府军一度占有优势。然而,只占幕府军人数三分之一的政府军,却得到了群众的拥护,在士气上占了上风。他们经过下关、萨英战争后,变成了装备、训练都西洋化的精锐部队。如果德川庆喜指挥得当,发挥出幕军人数上的优势,与政府军打近战、包围战而不是阵地战,取得胜利还是有可能的。另外,他的临阵脱逃也使得从大阪的反攻成为话柄,失去了战机。

小知识:

  沙恩霍斯特——有了总参,一切搞定

  生卒年:公元 1755~1813 年

  国籍:普鲁士

  身分:将军、伯爵

  重要功绩:重建普鲁士军队,是普鲁士——德国总参谋部的奠基人。

法兰西皇帝竖起了白旗
——普法色当之战

防御地带，是集团军、军或师组织防御时所占领的阵地，指防御前沿至后方和左右分界线之间的地域。

普鲁士打败奥地利之后，成为德意志最强大的邦国。"铁血宰相"俾斯麦深知，要实现德意志的最后统一，必须将紧靠法国南部的四个小国纳入普鲁士的版图之内。同时，法国矿产资源丰富的阿尔萨斯和洛林也让他垂涎已久。法国对德意志的四个小国也早怀有吞并之心，当然不会坐视普鲁士的强大而不顾。拿破仑三世一直都希望透过战争称霸欧洲，重现他叔父拿破仑·波拿巴往昔的荣光。皇后欧仁妮曾直言不讳地说："不发动战争，我们的儿子怎么当皇帝？"普、法双方各怀鬼胎，都在寻找挑起战争的契机。

1868年，西班牙发生了革命，将女王伊沙贝拉赶下了台。俾斯麦认为有利可图，决定让普鲁士国王威廉的堂兄利奥波德亲王继承西班牙王位。这样一来，就会使法国腹背受敌。拿破仑三世随即提出抗议，措辞激烈地表示，如果普鲁士这样做，法国也同样会派去一个国王！对此，俾斯麦非常气愤。正当双方剑拔弩张之际，利奥波德亲王在别人的劝说下宣布放弃西班牙国王候选人资格。拿破仑三世看到西班牙王位继承人问题这么容易就搞定了，认为普鲁士害怕他，于是得寸进尺，要求普鲁士作出书面保证，以后绝不再派任何普鲁士王室亲属任西班牙国王。1870年7月13日，法国大使在埃姆斯向威廉一世传达了拿破仑三世的这一要求。威廉一世当场予以拒绝，并把会谈结果用电报告诉俾斯麦。

俾斯麦接到电文后，对参谋总长毛奇和陆军总长房龙说："如果与法国开战，有没有必胜的把握？"

这两个人都是"铁血政策"的铁杆拥护者，当即表示："我军一定会将法军打败！"

"好！"俾斯麦喜形于色，他饶有兴趣地手指电文说："我们可以……"

第二天，报纸公布了俾斯麦改动过的电文——"埃姆斯急电"，拿破仑三世看

135

到后暴跳如雷,认为普鲁士是在让自己出丑,于1870年7月19日,宣布对普鲁士开战。

开战之初,拿破仑三世对法军充满了信心,他狂妄地对手下士兵说:"我们这只不过是到普鲁士做一次军事散步!"他把号称400 000的法军调到前线,准备先发制人,一举击败普鲁士。但是兵员不足,装备不齐,后勤保障也无法保证。作战命令已经下达了,不少官兵还未找到自己所属的部队。法军的这种局面,根本无法立即投入战争。战机一个个失去了,让普军赢得了备战的时间。

8月2日,法军闯入德境,立即遭到普鲁士军队的迎头痛击。

8月4日,普军转入反攻,将法国境内的维桑堡占领。

8月6日,法军与普军在维桑堡西南的维尔特村展开激战,结果,法军遭到惨败。普军乘胜追击,战场全部移到法国境内。

拿破仑三世见势不妙,乘上一辆马车向西逃窜。8月30日,拿破仑三世与溃败的法军退守色当。普军随即也向这里集结。

9月1日,色当会战开始了。普军架起700门大炮猛轰法军阵地,炮弹像雨点一样倾泻而下,色当城变成了一片火海。法军死伤无数,剩下的全都钻进了堡垒。下午3时,毫无还手之力的法军在色当城楼举起了白旗,拿破仑三世还向普鲁士国王写了一封投降书,恬不知耻地说:"我亲爱的兄弟,我没有战死军中,只得把自己的佩剑献给陛下。我希望继续做陛下的好兄弟,拿破仑。"

色当之战,让高傲的法国人遭受到了前所未有的奇耻大辱。照片中的
人物是被俘的法国皇帝拿破仑三世与当时的普鲁士首相俾斯麦。

就这样,拿破仑三世、法军元帅以下的 39 名将军、100 000 士兵全部做了普军的俘虏。

兵家点评

1871 年 1 月 28 日,普法签订《巴黎停战协议》,宣布法国投降。5 月 10 日,双方在法兰克福签订《法兰克福和约》,法国割让阿尔萨斯和洛林给德国,并赔偿 50 亿法郎,宣告战争结束。

色当战役在历史上被称为"色当惨败",它使德国最后完成了统一。

小知识:

毛奇——欧洲各国军界的一代宗师

生卒年:公元 1800～1891 年

国籍:普鲁士

身分:陆军元帅、总参谋长、伯爵

重要功绩:在色当会战中迫使法国皇帝拿破仑三世率 100 000 法军投降,继而直逼巴黎,促成了德意志统一和帝国建立;创造了一套影响后世的战略思想,强调先发制人,迅速进攻,集中优势兵力,分进合击,还特别注重铁路在战争中的作用;著有《毛奇军事论文集》、《军事教训(交战的准备)》等,对德国军事思想影响巨大。

标枪战胜大炮

——伊山瓦那之战

战役军团,是遂行战役任务的作战集团。按军种,分为陆军、海军、空军、战略导弹部队等战役军团;按规模,分为大、中、小型战役军团。

19 世纪后期,当推行殖民主义的英国人登上南非这片领土时,遇到的最大对手就是祖鲁人。

1879 年 1 月 11 日,英国南非军司令切尔姆斯福德勋爵率领当时拥有世界最先进武器的部队渡过图格拉河,大举进攻祖鲁人。这支由 5 000 名英国士兵和 8 000 名当地佣兵组成的部队,武器装备十分精良,有英式马丁尼——亨利来福枪(1 分钟内能发射 12 发子弹)、加特林机关枪和大炮。而祖鲁人只有老式来福枪和长矛,虽然人数达 40 000 人,但如果想打败这支现代化军队,唯有迅速地接近英军和他们近距离作战。

切尔姆斯福德为了攻破祖鲁人的"大钳形"计划,把自己的部队分成三路军,故此整体实力被削弱。

1 月 20 日,切姆斯福德指挥主力部队在伊山瓦那驻扎。他得到祖鲁人正在附近集结的情报,决定留半数士兵在营地,带着另一半士兵奔赴战场。但他万万没想到,此时,在他的侧翼周围有 20 000 名祖鲁士兵,他们早已在距离伊山瓦那约 5 英里的地势起伏的乡村里隐藏好,准备随时发起进攻。

22 日,有"兽角"之称的祖鲁人趁夜色昏黑,包围一路英军,并进行突袭。可是英军毫发未伤,凭借威力巨大的来福枪和火炮,将祖鲁人始终控制在战线前沿。那些隐蔽在伊山瓦那的祖鲁人,很快就找到了躲避炮弹的办法,当他们发现英军炮兵准备开火时,就迅速地匍匐在洼地里,来避免爆炸的炮弹的伤害。可是,祖鲁王克特奇瓦约看到自己的士兵始终只能躺到地上,对此深感不悦,于是下令统统站起来作战。祖鲁兵们在距英军阵线大约 120 公尺处,冒着猛烈的枪林弹雨向英军冲锋,展开一场激烈的肉搏战。这一景象对英国士兵来说简直太可怕了,他们惶恐地退回营地。祖鲁人紧追不舍,拦腰斩断英军队伍,猛烈砍杀英国士兵,由于

在纪念伊山瓦那战役胜利 125 周年的庆祝活动中,祖鲁人重现的战斗场面。

人数占绝对优势,一部分祖鲁兵都没有可供杀戮的敌军。

最终,祖鲁人以人数的绝对优势击退了英军,就连一些幸存的想沿着伊山瓦那后面的小径逃跑的英国人,也全部被祖鲁人杀戮了。

兵家点评

祖鲁人以伤亡 3 000 人的代价,打死打伤英军 1 600 余人,缴获了 1 000 多支步枪、500 000 发子弹,还收复了大片失地。英国人在这场战争中的惨败令人惊骇,称霸世界的大英帝国遭遇了军事史上的奇耻大辱。祖鲁人的这次胜利,是非洲人民反对殖民主义斗争史上的一次重大军事胜利。直到 15 年后,埃塞俄比亚人才超越了这一光辉成就,在阿杜瓦战役中把意大利军队打得落花流水、溃不成军。

中国战场上的日俄战争

袭击战,指趁敌不意或不备,突然实施攻击的作战,目的是打敌措手不及,快速歼敌,以小的代价换取大的胜利。

19 世纪末 20 世纪初,日本和俄国在争夺远东地区时矛盾激化,最终不得不兵戎相向。

1904 年 2 月 8 日午夜,东乡平八郎指挥日本联合舰队对旅顺港突然发动袭击,发射 16 枚鱼雷,重创俄军 3 艘战舰。正在岸上举行晚宴的俄国军官,急忙进行还击,日本舰队被迫退去。俄国舰队司令害怕误中埋伏,下令舰队固守旅顺要塞,不得贸然追击。

夜袭旅顺港后,东乡平八郎见俄舰避港不出,又有强大的海岸炮火支持,决定用沉船阻塞旅顺港出口处,将其困死在港内,但是几次沉船封港行动均告失败,东乡平八郎为此大伤脑筋。这时,马卡罗夫接任俄国太平洋分舰队司令一职,他到任后采取了一系列防范措施,并命令舰队驶出港口,主动出击日军。经过整顿,扭转了俄国海军被动挨打的局面。可是好景不常,4 月 13 日,马卡罗夫乘坐"彼得罗巴甫洛夫斯克"号战舰出海返航时碰触水雷,丧生大海。新任司令威特盖夫特命令舰队龟缩港内,坚守不出,海上作战主动权再度落入日军手中。

日本战时大本营鉴于海军迟迟不能歼灭俄国太平洋分舰队,便决定在陆上发动进攻。3 月 21 日,黑木大将指挥日本第一军在仁川登陆,并于 4 月中旬进抵鸭绿江边。此举出乎俄军意料之外,扎苏利奇统率的俄军东满支队猝不及防,接连丧失了九连城和凤凰城,日军逼近辽阳。与此同时,奥保巩大将率领的日本第二军进抵金州;木希典大将指挥的日本第三军进逼旅顺;野津道贯上将统率的日本第四军进占海城。

日俄战争时俄国宣传画

8月19日,日本第三军开始强攻旅顺,由于旅顺要塞易守难攻,日军经过几个昼夜突击,伤亡惨重,仅夺占了一些周边工事。于是放弃速决战的策略,改用"围攻久困"之计。日军"满洲军"总司令大山岩为了在俄援军赶到战区之前消灭辽阳俄国守军,决定不再等第三军前来会合,以现有的三个军兵力与辽阳的俄军决战。

8月24日凌晨,战斗打响。日本第一军首先向俄军左翼迂回,第二、四军则继而向俄军右翼发起主攻。9月7日,俄军主动放弃辽阳,日军以损失24 000人的代价进占辽阳。接着,双方又在沙河地区展开激战,一时难分胜负,形成对峙之势。日军决定在沙河地区转入防御,集中兵力不惜任何代价攻取旅顺。9月至11月底,日军经过三次强攻,并辅以坑道爆破,终于在12月5日攻克了能够俯瞰旅顺全城和港湾的203高地。随后,日军用大口径榴弹炮轰击俄军阵地和港内俄舰,

旅顺口位于辽东半岛尖端,战略地位十分重要,有"东方直布罗陀"之称。

俄军的主力战舰大部分都毁于日军炮火。1905年1月1日,俄军守军主动投降,旅顺落入日军之手。

旅顺陷落后,日俄军队又在奉天地区展开了一场大会战。此役,俄军损失近120 000人,日军伤亡约70 000人。

为了扭转败局,沙皇继续派舰队增援中国东北。当这支舰队经对马海峡准备驶向海参崴基地时,遭到了东乡平八郎指挥的日本联合舰队的伏击。经过两天的激战,俄国舰队除3艘战舰逃往海参崴之外,其余的全部葬身海底。

这场历时20个月的争霸战争,最后以俄国失败而告终。

兵家点评

日本最终能够打败俄国,主要取决于以下几个因素:一是鉴于战争潜力明显弱于俄国,在军事、政治、外交等方面进行了充分的准备,并以速战速决为战争指导思想;二是重视夺取和掌握制海权,从海陆两个战场封锁和歼灭俄国太平洋舰

队;三是正确选择战机、登陆地点和主攻方向,同时灵活机动作战,陆海协同作战;四是内部团结,将领指挥有方,士兵作战勇敢。

俄国之所以失败,与其在政治上和军事上的失策密切相关。俄国历来都把战略重心放在欧洲,把远东看作次要战场,缺乏必要的战争准备;指挥官对日本的国力和日军作战能力及突然袭击行动估计不足;后方遥远,运输能力低,后勤保障混乱;作战指导上令出多门,行动迟缓,海军避港不出,陆军坐守增援;国内矛盾尖锐,战争又加速了新革命危机的来临,使沙皇专制制度走向坟墓。

小知识:

东乡平八郎——日本海军的实力派巨星

生卒年:公元 1848 ~ 1934 年

国籍:日本

身分:海军元帅

重要功绩:在对马海峡海战中击败俄国海军,开创了近代史上东方黄种人打败西方白种人的先例。

小潜艇击沉大军舰
——"U-9"号奇迹

海上战役,是海军战役军团单独或与其他军种兵力共同进行的战役。

1914 年 9 月的一个清晨,一艘德国"U-9"号潜艇悄悄地浮出奥斯坦德西北海面。艇长韦迪根和副艇长斯皮斯站在潜艇的舰桥上,手持望远镜,搜寻着他们的"猎物"。

突然,斯皮斯碰了碰韦迪根,兴奋地指着西方喊道:"艇长,目标出现了!"

韦迪根忙把望远镜对准他所指的方向,果然在西方水天相接之处,有 3 艘军舰正缓缓地向他们靠近。军舰烟囱冒出的浓烟随风飘散,在蔚蓝色的天空中留下一道清晰的淡墨色印迹。

韦迪根命令潜艇立即下潜,并悄悄向英舰靠近。英国的"阿布基尔"号、"霍格"号和"克雷西"号巡洋舰,做梦也没有想到死神正在逼近。

"阿布基尔"号最先接近"U-9"号潜艇的鱼雷射程,一直守望在潜望镜旁的韦迪根命令手下的士兵:"准备鱼雷! 准备升至潜望镜深度,做好速潜准备。"

"U-9"号潜艇的艇长韦迪根创造了"一艇沉三舰"的神话。

"报告长官,第一鱼雷管准备完毕!"

"预备——放!"

鱼雷冲出发射管,向目标驶去。

30 秒钟后,闷雷似的爆炸声隐隐传来,韦迪根的脸上露出了胜利者惯有的表情。

"阿布基尔"号的船尾被炸开了一个大口子,开始迅速下沉。舰长德拉蒙急忙命令信号兵发出求援信号,跟在"阿布基尔"号后面的"霍格"号以最大的航速前来救援。

韦迪根在潜望镜中看到"霍格"号自动送上门来,不由得欣喜若狂。他刚想准备下令,突然一个趔趄,跌在轮机长身上。原来,由于潜艇升上太快,艇首向下倾斜了。遇到这种情况,往往采用移动艇内人员的办法来保持潜艇平衡。

轮机长急忙喊道:"全体人员快向艇尾靠近!"

经过短暂的慌乱,潜艇重新平衡。这时,"霍格"号已经到达了事发地点,正准备往海里放救生艇。

韦迪根见状,嘴角浮现了一丝笑意。

两声巨响过后,"霍格"号也开始徐徐下沉。

前面的军舰接连被击沉,让"克雷西"号的舰长约翰逊提高了警惕,他命令全舰保持警戒,时刻注意海面出现的异常情况。可是很长一段时间过去了,海面上依旧风平浪静。"克雷西"号本来有机会逃走,但面对海水里呻吟呼号的同胞,约翰心有不忍,命舰艇全速向沉船驶去。突然,前桅上的瞭望哨发出一声尖叫:"'霍格'号旁有潜望镜!"话音刚落,两枚鱼雷跃出发射管,拖着两条泛着白色浪花的航迹,迎面冲来。"克雷西"号一边躲避,一边集中火力向水面射击。刹那间,舰上的大炮一起咆哮起来,向潜艇喷出了一条条火舌。但此时所有的反抗都于事无补,第三枚鱼雷几乎将"克雷西"号拦腰截断,它先是左右摇晃,然后向左倾斜,慢慢沉了下去。

当大海归为平静后,韦迪根才心满意足地指挥"U-9"号潜艇返回了基地。

兵家点评

"U-9"号潜艇的显赫战绩,使传统的海战思想有所改变。从此,潜艇不仅作为防御性武器,也时常作为突袭性攻击武器投入海战。

小知识:

克劳塞维茨——西方的兵圣

生卒年:公元 1780~1831 年

国籍:德国

身分:普鲁士将军

重要功绩:著有《战争论》,对世界军事理论发展影响深远。

首次现代意义的登陆战
——加利波利登陆战没

海军战役主要有消灭敌战斗舰艇编队、袭击敌岸港重要目标、保交、封锁、反封锁、保卫海军基地等战役。

    1915 年 1 月 2 日,英国政府决定在达达尼尔海峡开辟一条新战线。2 月 19 日,英法联合海军机动部队驶进达达尼尔海峡的入口处,向入口处的炮台发起了轰击,几天后,土耳其沿海峡两岸修筑的炮台全部被摧毁,被迫撤退。当登陆部队向海峡上面攀登时,隐蔽在悬崖后面的土耳其防御阵地立刻开火,将正在攀登悬崖的英军打了个措手不及。与此同时,海岸上的土耳其军队依据半岛复杂的地形建立起了强大的防御体系,又将炮兵部队集结在该地。

    3 月 3 日,首轮登陆行动宣告失败。

    3 月 18 日,联军的 16 艘军舰在闯入狭窄的海峡通道时,遭到了土耳其的水雷攻击。法国的战舰"布韦号"率先触雷,倾覆海底。紧接着,英国战舰"不可抗号"和"不屈号"也突然倾倒和沉没,步它们后尘的是"大洋号"。海军上将德罗贝克怕遭到更大的损失,只得下令舰队返航。在回爱琴海的途中,由于水雷的爆炸,又有 3 艘英国战舰的舰身上出现很大的裂缝,只能蹒跚而行。此时,土耳其军队已经是强弩之末了,弹药已经消耗了一半,水雷则全部用光,只要联军再接着进行一次进攻就会获得胜利。在这个关键的时刻,联军却推迟了进攻,决定实施陆海军联合作战。在舰队撤退后的 48 天喘息期间,几个土耳其师在联军可能登陆的地点——加利波利,完成了布防。

    4 月 25 日夜,在掩护舰队实施炮火准备后,协约国部队同时展开登陆行动。陈旧的运煤船"克莱德河号"被改装成了可以容纳 2 000 名士兵的登陆艇。当这艘船近岸时,周围都是运载部队的驳船。这时土耳其的大炮开火了,"克莱德河号"倾覆,船上的士兵大多都溺水而亡。第二大,16 000 多名澳新军团战士登陆成功。由于他们对半岛地形一无所知,错误地登陆在目标以北的一个无名小湾。联军虽然建立了滩头阵地,但根本无法展开作战,被困在临时掩体中动弹不得。接下来的几天,双方又陷入了僵持局面。

从4月至7月,协约国联军进行过几次进攻,均未能奏效。在交战中,为了配合登陆作战,双方海军出动了潜艇。5月1日,土耳其军队将英国战舰"霍莱伊特号"、"胜利号"和"威严号"驱逐舰击沉,迫使联军撤离了大批舰只。这样一来,登陆部队便失去了海军的支持,也失去了火力优势。期间为了防止可以毁灭双方的时疫,双方停战9小时,掩埋战场上的死尸。所有参加安葬的人员都戴着白臂章,禁止携带武器、望远镜或窥伺堑壕。

8月,英国弗雷德里克·斯托普福德将军,指挥军队向土耳其防守比较薄弱的苏弗拉湾发动了进攻。起初军队进展十分顺利,后来由于延误了战机,使土耳其人抢先在萨里巴依尔山脊设置了一道临时防线而遭到失败。

协约国军在加里波里战役中陷入困境,士兵们被迫在海滩前打起阵地战,而狙击手也因此大有表现机会。

9月,战事再次陷入僵局。

冬天慢慢来临,严酷的气候使交战双方苦不堪言。12月19日,查尔斯·门罗将军指挥协约国军队开始撤退战场。撤退时,士兵们保持了严格的纪律,6~12人组成一个小组,列成纵队向指定的码头进发。为了避免发出声响,所经过的道路事先都用沙袋铺好。每个小组殿后的人往往是个军官,安置定时导火线,引爆坑道中的地雷。土耳其士兵完全被蒙在鼓里,继续向空空如也的堑壕发射子弹和榴霰弹。

这次撤退于1916年1月9日完成,竟无一人伤亡。当最后一名澳新军团士兵登上驳船离开海滩后,一战中最大的登陆战拉开了帷幕。

兵家点评

1915年,差不多有500 000协约国士兵被运到加利波利,伤亡人数在一半以上。英法军队惨败,在很大程度上促使保加利亚决定站到德国一方参战。史学家分析此次作战时指出:正是计划疏漏、指挥不当、配合不力,最终导致了惨重的伤亡。其中,很大原因归咎于指挥者的优柔寡断,正如一名英国历史学家所言:"这是一个正确、大胆而有远见的计划,但却被在执行过程中出现的一系列英国历史上前所未有的错误给断送了。"

小知识:

马汉——西方海军百年不遇的巨擘

生卒年:公元 1840 ~ 1914 年

国籍:美国

身分:少将

重要功绩:提出"海权论"思想,对世界各国海军战略影响巨大;著有《海权对历史的影响》、《海权对法国大革命和帝国的影响》、《海军战略》等。

德军生物武器演练场
——依普尔运河上空的氯气弹

化学战是使用化学武器杀伤人畜，毁坏作物和森林的作战方式。它透过毒剂的多种中毒途径，以及在一定的染毒空间和毒害时间内所产生的战斗效应，杀伤、疲惫和迟滞对方军队，以达到预定的军事目的。

1915 年春，德军在东线战场打败俄军后，再次集中兵力对抗西线英法联军，以雪马恩河战役惨败之耻。德皇极其重视此战，急召总参谋长法尔根汉商定获胜妙计。

一天下午，德皇和一些高级官员的车队，驶进了戒备森严的实验场进行检阅。在临时看台上，法尔根汉就坐在德皇的身旁。他对旁边将军点头示意。只见那位将军红旗一挥，实验场突然出现了一群士兵，还拖出 1 门大型海军炮和 1 门野战炮。

这时，在 1.5 公里外的山坡上，两个士兵把一群绵羊赶到山坡上后，迅速撤离，只剩下慢慢吃草的绵羊。随着一声哨响，炮兵们立即做好准备，指挥官右臂向下一挥，发令道："放"。野战炮射出一发炮弹，落在羊群附近，爆炸声不大，但随之腾起一团黄绿色的烟雾，随风飘散，萦绕整个羊群。烟雾散尽之后，德皇急切起身架起望远镜眺望山坡。

"太棒了，简直是魔鬼！"他看见一只只蜷缩的绵羊抽搐着，兴奋地大喊。立即命令在一旁得意的法尔根汉："进攻依普尔！"

4 月 21 日，德军对英法联军展开攻击。一开始德军采取常规作战方式与之交火，疯狂轰击了 1 个时辰后归于沉寂。英法联军凭借坚固的工事，根本就不把德军放在眼里，就趁此时放松一下，有的吃东西，有的四处蹓跶，彼此说说笑笑，像是在野餐。

突然，空中出现了 10 多架德军飞机，正在说笑的联军战士手忙脚乱、连滚带爬地躲进战壕。等飞机接近依普尔运河，他们一起瞄准飞机，同时开火。但德国飞机飞过上空在远处盘旋了一圈又飞走了，既没投弹，也没扫射。英法联军一场虚惊后又恢复了轻松的气氛。

这是法尔根汉派来的侦察机。侦察员向他汇报说："英法联军阵地很长,地面崎岖,战壕、堡垒参差错落,无法估计兵力。"

法尔根汉听后,思考片刻走向地图对前线指挥官说道："我们必须设法把敌军引到这个平旷之地,等东北风微微吹起,我们的秘密武器就能发挥效力。"

说完,这家伙冷笑一声,回去休息了。

此时法军总司令霞飞收到了间谍吕西托的情报,他得知德军将施放毒气后大吃一惊,急令各部快速备好防毒面具,并指示如敌军施放毒气,要实时躲到上风处或高处。但是,短时间内无法制作大批防毒面具,只好每人补发一条毛巾。

4月22日深夜,东北风轻轻吹起,德军各部接到命令:即刻起身,吃饱,戴牢防毒面具,准备黎明时发动进攻!

天刚亮,100多辆德军军车黑压压地向英法联军阵地开来,联军发现后立即开炮还击。不久,德军似乎抵挡不住攻击,纷纷撤退,英法联军乘胜追击,跳出战壕,猛追不舍。几万英法联军,喊杀声震天,追到一处平旷地带。

忽然,德军炮声齐鸣,英法联军退路被截断,前面奔逃的德军也停下来转向联军扫射。几万英法联军在这片平旷地带只能找一些小

第一次世界大战中,戴着防毒面具参加战斗的士兵。

丘或树丛来隐蔽。与此同时,几十架德军飞机飞向这片平旷的土地上空,纷纷投下炸弹。炸弹坠落后,爆炸声并不大,却升起团团浓烟,随风向四周扩散。英法联军此时才恍然大悟:敌人在施放毒气!赶紧蒙上毛巾。这根本抵挡不住毒气的侵袭,这些战士们纷纷倒下,呼吸急促,然后口角流血,四肢抽搐而死。

随后,德军又在西北面高地上的频繁发射毒气炮弹,浓浓的毒气笼罩着大地,即使是野兔也在草丛中惊跳起来,随即就倒地不动。很快10 000多英法联军死亡,幸存的也丧失了战斗力。戴着防毒面具的德军,从四周冲向联军阵地,10多公里长的阵地无人防守,德军轻而易举地占领了敌军阵地。

兵家点评

法尔根汉的绝密武器——氯气弹,比空气重1.5倍,人吸入后,会立即窒息

而亡。

依普尔运河之战,是人类战争史上第一次大规模使用毒气的化学战。采用这种作战方式,受气候、地形的影响较大,对缺少防护装备、训练素质差的军队会产生重大杀伤作用。据统计,第一次世界大战期间,交战国使用了 45 种毒剂,重量达 12.5 万吨,有 1 300 000 余人受到了化学毒气的伤害。

小知识:

杜黑——世界空军第一人

生卒年:公元 1869 ~ 1930 年

国籍:意大利

身分:将军、"制空权论"创立者

重要功绩:在世界上最早提出飞机的军事价值和制空权的重要性,著有《制空权》、《未来战争的可能面貌》等,对世界各国的空军建设和发展影响深远。

坦克也无法突破的"最坚强"防线——索姆河战役

阵地战是指军队在相对固定的战线上,进行阵地攻防的作战形式。1916 年 6 月 24 日,协约国为了突破德军的防御,并减轻德军对凡尔登的压力,在霞飞将军的指挥下在索姆河与德军展开了阵地战。

这天清晨,协约国隐蔽的炮兵群对德军阵地展开了炮击,空前猛烈的炮火使德军的掩体和障碍物不断飞上天空。在持续六天的轰击中,英、法联军一共发射了 1 500 000 发炮弹,比大战前 11 个月在英国制造的炮弹总数还要多。许多英法士兵都在夜里爬出战壕,饶有兴致地观看德军阵地上像星星那样闪亮的爆炸。炮火将德军阵地上的大部分掩体全部摧毁,堑壕和第一阵地的交通壕被夷为平地,铁丝网也炸得七零八落。德军士兵躲藏在地下工事里,利用潜望镜密切关注英法军队的动向。

7 月 1 日清晨,大炮停止了轰鸣,初升的太阳照耀着硝烟渐渐散去的战场,德军阵地呈现出一股死寂。上午 7 时 30 分,英军发起冲锋,士兵们排成长长的横列向德军涌来,大炮再次轰鸣,进行火力掩护。此时,德军也纷纷钻出地下工事,迅速挖好掩体,将机枪搬上阵地,枪口指向阵地前的开阔地带,居高临下地准备射击。当英军士兵进入射程后,德军的"马克西姆"机枪一起开火,密集的子弹像一把锋利的大镰刀,像割麦子一样将英军大片大片地扫倒。这一天是英军战争史上最糟糕的一天,有 60 000 士兵阵亡、受伤、被俘或失踪。

战壕里的英军士兵

如此巨大的伤亡并没有让协约国部队退

缩,在以后的三个月中,协约国部队与德军展开了残酷的阵地战。双方围绕一些战略要地反复争夺,许多阵地都易手多次。地面上炮弹坑密密麻麻,到处都是死尸,恶臭熏天。

9月15日,英军将十几个黑色的"钢铁怪物"投入了战场。从此,坦克作为攻击武器正式登上了军事舞台。这种被命名为"马克I"型的坦克,整个车体轮廓呈菱形,设有旋转的炮塔;两个大型的履带架装在车体两侧,履带架的外侧安装着火炮和机枪;车身后面是两个导向轮。远远望去,就像一个拖着一条长"尾巴"的巨大蝌蚪。"马克I"型坦克怒吼着开进德军阵地,履带铿锵作响,将泥泞的弹坑、铁丝网和德军的工事碾压得支离破碎,坦克手用机枪和火炮将德军打得尸横遍野。起初,德军士兵面对这些突如其来的"钢铁怪物",纷纷扔下枪枝,掉头向后四散奔逃。后来,他们克服了恐惧,利用机枪和小口径炮以及手榴弹等武器,击毁了几辆英军坦克。由于这些新研制的坦克机械性能不佳,数量很少,很难对战争起到决定性的影响,英、法军队依旧未能突破德军的防线。

坦克的鼻祖——英国的"马克I"型坦克

到了11月中旬,气候开始恶化,由于阴雨连绵、道路泥泞,战斗渐渐平息。经过几个月的战斗,英法军队损失了620 000人,德军阵亡、负伤、被俘和失踪的总数达到650 000人。当时的德军总参谋长鲁登道夫曾回忆说:"军队已经战斗到停顿不前,现在完全筋疲力尽了。"直到这时,索姆河战役才不得不宣告结束。

兵家点评

索姆河战役是第一次世界大战中典型的、双方伤亡皆极为惨重的阵地战。此次战役,在用兵方面的经验和教训是:正面狭窄的地段上,接连实施多次突击来突破阵地防御的战术,成效不大,而且极有可能耗损巨额兵力。坦克的出现,开辟了陆军机械化的新时代,使一战盛行的专门对付步兵的战壕战逐渐走向衰落。深受坦克打击之苦的德军,不得不开始琢磨新的反坦克武器。

小知识:

富勒——装甲战理论的创始人之一

生卒年:公元 1876～1956 年

国籍:英国

重要功绩:1917 年在康布雷之战中使用坦克取得成功;著有《1914～1918 年大战中的坦克》、《机械化战争论》等,对西方军事历史和军事理论以及装甲战理论的发展影响巨大。

凡尔登战设

攻坚战就是攻打敌人防御严密的阵地,像蚂蚁啃骨头,一点一点"吃掉"敌方阵地。

1916 年 2 月 21 日,德军向坚守在凡尔登的法国主力部队发动进攻。凡尔登支撑着法国整个国防线,正面宽 112 公里的筑垒地域十分坚固,包括三个野战防御阵地、一个凡尔登战略要点的永备工事、两个堡垒地带构成的防御阵地。由法军埃尔将军指挥的第三集团军防守,拥有兵力 11 个师,火炮 632 门。德军的第五集团军是攻取凡尔登的主力,突破口在一个狭长地带,有 5 公里宽。为了给法军造成错觉,德军决定采取"声东击西"的战术。首先调动整个集团的炮兵,轰炸宽 40 公里的正面筑垒长达八个半小时,同时调集航空兵轰炸法军后方。

战斗开始后,德军炮兵团以猛烈的炮火轰击凡尔登要塞。1 000 门大炮如雷霆一般齐声咆哮,炮弹横飞,倾泻如雨,大地为之颤抖。大炮夷平了堑壕,炸毁了碉堡,并把森林炸成碎片,使山头完全改变了面貌。炮击之后,德军主力步兵发起了冲锋,与法军展开了激烈的白刃战。当天的气温极低,有的士兵被冻得不省人事,但醒来后又投入战斗。在这一天,德军攻占了法军的一个阵地,在接下来的四天又相继占领了两个阵地和一个堡垒,但是没有突破法军的防线。

2 月 25 日,法军总指挥霞飞将军,命令第二集团军投入战争。从 2 月 27 日起到 3 月 6 日,法军通过被称为"神圣之路"的"巴勒杜克——凡尔登"公路,出动 3 900 辆汽车,运送士兵 190 000 名和军用物资 2 500 多吨。这种规模宏大的汽车输送在历史上尚属首次。

3 月 5 日,德国将正面进攻的区域拓宽到 30 公里,而且把马斯河左岸改为主要突破口,同时以稳步攻击代替急促冲击。但是从作战开始到 4 月,德军经过了 70 多个日夜的拼死进攻,仅仅前进了 6 ~ 7 公里。在此期间,德国皇太子亲征,并首次使用了毒气弹。法军将德军的攻势一次次阻止在要塞前,使凡尔登之战由此转化成了消耗战、磨盘战。

战争双方持续了两个月后,德军指挥中心于 1916 年 6 月再次对凡尔登筑垒地域的防御进行突击,企图有所突破,但仍未收到成效。7 月,德军发起了最后一次进攻高潮,法军不惜伤亡拼死抵抗。双方进行了惨烈的拉锯战。密集的炮弹,使大地震撼,把士兵、装备和瓦砾像谷壳那样飞掷到天空。爆炸的热浪把积雪都融化了,弹穴里灌满了水,许多伤兵淹死在里面。在法军的顽强抵抗下,德军未能前进半步。与此同时,德军的对手展开了反击,西南战线上的俄军成功突破,协约国军队在索姆河也点燃了战火。到了8月,法军指挥部下令进行反突击。这种战略局势,使得德军指挥部在凡尔登地域不得不转入战略防御。

1916年10月24日,法军开始进行反攻,两个月后收复杜奥蒙堡垒和沃堡垒。12月21日,法军推进到他们最早据守的地区。此时,德国企图在1916年突破法国战线并迫使法国退出战争的战略计划宣布失败。

一名法国士兵在凡尔登进攻时被射杀。

兵家点评

凡尔登战役是第一次世界大战中的一场决定性战役,经此一战,法国站稳了脚跟,德国开始走向衰落,并最终失败。

在历史上,这次战役无论在规模上还是在残酷性上都是罕有的。战争双方进行了长达10个月的阵地战和消耗战,到12月18日战争结束时,法军损失543 000人,德军损失433 000人。凡尔登满目疮痍,最深的弹坑在地下有10层楼那么深,所以此役有"绞肉机"、"屠宰场"和"地狱"之称。

战役中,法军野战工事与永备工事相结合组织防御的经验,成为大战后各国修建要塞工事的依据。

战舰作为主角的谢幕演出
——日德兰海战

反合围，是对抗敌人包围的作战行动，是防御的一种样式。通常从阻止敌人多路向己方两翼或后方的机动开始，以制止和粉碎敌方合围企图，在被动中争取主动。

1916 年 1 月，为了突破英国的海上封锁，德国海军上将舍尔制订了一个富有进攻性的大胆计划：首先以少数战舰和巡洋舰袭击英国海岸，诱使部分英国舰队前出，然后集中大洋舰队主力进行决战，一举消灭英国主力舰队。

5 月 31 日凌晨，希佩尔海军中将率领"诱饵舰队"驶出威廉港，直奔斯卡格拉克海峡。两个小时后，舍尔亲自率领大洋舰队倾巢出动，秘密跟随在希佩尔舰队之后 50 海里处，随时准备歼击上钩之敌。

英国海军统帅部，根据俄国人提供的一份德国海军的旗语手册和密码本，早就轻而易举地破译了德国海军的无线电密码并掌握了舍尔的动向。海军主力舰队司令约翰·杰利科将计就计，命令海军中将贝蒂率领 51 艘战舰迎击来袭的希佩尔舰队，等舍尔率领的主力前出围歼时，佯败诱敌。他自己亲率舰队主力随后跟进，对德国大洋舰队形成合围后聚歼该敌。

德国舰队的阵容

5 月 31 日 14 时 20 分，希佩尔舰队与贝蒂舰队在日德兰半岛以南的海面上相遇，日德兰大海战由此爆发。

希佩尔发现贝蒂舰队后，立刻命令舰队转向，与大洋舰队靠近。贝蒂求胜心切，率领舰队不顾一切猛追，由于行动太过急切，致使 4 艘战舰未能看清信号而脱队 10 多海里。15 时 48 分，双方前卫舰队开始交火。由于德舰采用了先进的全舰统一方位射击指挥系统,火炮命中率远远高于英舰。德舰的第一次齐射就让贝蒂的舰队纷纷中弹。12分钟后,1枚穿甲弹洞穿了贝蒂的旗舰"狮"号中部炮塔,由于及时向弹药舱注水,才使2.6万吨的"狮"号免遭覆没的厄运。16时5分,英国"不屈"号战列巡洋舰被2枚穿甲弹击中,发生了惊人的大爆炸,连同舰上1 017名官兵沉没海底。随后,重达2.635万吨的英国战列巡洋舰"玛丽皇后"号,也在密集炮火的打击下倾覆,全舰1 275人仅有9人生还。

在短短几十分钟之内,英战列巡洋舰舰2沉1伤,而德军只损失了2艘小型驱逐舰。在英国舰队岌岌可危的时候,脱队的4艘战舰赶到,巨炮怒吼,弹如雨注,总算把贝蒂从困境中解脱出来。在英战舰大口径火炮的轰击下,德舰队有些吃不消了,希佩尔命令舰队向东边打边撤,将贝蒂引向大洋舰队的伏击圈。当贝蒂发现迎面而来的德军主力时,急忙北撤。舍尔见状急令全舰队追击,他哪里知道,自己钓上的"鱼"也是他人布下的诱饵。

18时左右,杰利科的主力舰与舍尔的大洋舰队正式展开了决战。英国舰队凭借数量和战术上的优势,将对方打得毫无还手之力,舍尔被迫放弃原来的计划,命令舰队突围。舍尔下令施放烟幕和鱼雷,并命令希佩尔的战列巡洋舰做"死亡冲锋",掩护主力撤退。经过拼死冲杀,大洋舰队暂时脱离了险境。由于来路被英军舰队切断,舍尔决定趁夜色经合恩礁水道返回基地。为此,他把所有能用的驱逐舰都派出去拦截英军主力舰队,掩护大洋舰队突围。在夜间的激战中,英国3艘驱逐舰被击沉,德国2艘轻巡洋舰被鱼雷送入了海底。拂晓前,英国一艘装甲巡洋舰被炮火击中燃起熊熊烈火,一艘英国轻巡洋舰被己方的战舰拦腰切成两段,德国的一艘老式战舰被鱼雷击沉。舍尔不顾一切地向东逃窜,于6月1日4时通过合恩礁水道。杰利科因害怕德军布设的水雷,也匆匆打扫战场后返回了斯卡帕弗洛基地。这场空前绝后的战舰舰队决战,就这样草草收场了。

兵家点评

就战术而言,德国人是这场海战当之无愧的胜者。希佩尔舰队重创了贝蒂舰队。舍尔准确的判断和优良的航海技术,使他成功摆脱了占极大优势的杰利科的追击。然而就战略而言,德国海军最终没能突破英国的海上封锁,正如美国《纽约时报》所评论的那样:"德国舰队攻击了它的牢狱看守,但是仍然被关在牢中。"

此次大战是战舰时代规模最大，也是最后的一次舰队决战。在这次海战中，大炮巨舰主义遭到失败。此后，潜艇破袭战和航母海空决战开始在军事舞台上充当起了主角。

小知识：

戴维·贝蒂——给的船越多，胆子就越大

生卒年：公元 1871 ~ 1936 年

国籍：英国

身分：海军元帅、伯爵

重要功绩：第一次世界大战时，在黑尔格兰湾之战中击沉 4 艘德国军舰，在多格尔沙洲之战中击沉德军巡洋舰"布吕歇尔"号，在日德兰海战，成功引诱了德军主力舰队。

第四章

现代兵器时代

打破日军不可战胜的神话
——血战台儿庄

积极防御,是采取积极的攻势行动挫败进攻之敌的防御。通常以积极手段,不断消耗和削弱敌人,转化力量比对,以便适时地转入战略反攻或进攻。

1938 年 3 月,日军矶谷第 10 师在占领滕县、峰县之后,以濑谷支队为主力,气势汹汹地向台儿庄扑来。为了守住台儿庄这个重要的军事据点,国民党第五战区司令长官李宗仁,命令孙连仲第 2 集团军三个师沿运河布防,与敌正面交锋;命汤恩伯第 20 军团的两个军待日主力部队到达台儿庄后,从左翼迂回,配合孙连仲部将进犯日军包围消灭;孙震第 22 集团军固守河防。

3 月 23 日,台儿庄战役打响。

一路上从未打过败仗的敌师团长矶谷,根本就没有把中国军队放在眼里,在临战之前他狂妄地叫嚣道:"我大日本皇军轻而易举地攻克了北平、上海、南京,拿下这个弹丸之地,还不像碾死只蚂蚁一样容易! 这里的支那军队虽有十万人之多,但他们一无飞机,二无坦克,枪枝都是些老掉牙的旧货,有的士兵甚至还拿着大刀、长矛作战,这样的乌合之众岂是我们的对手?"

上午 8 时起,日军的飞机开始对中国守军阵地进行俯冲轰炸,接着大炮开始轰鸣。炮弹和空气摩擦的吱吱声传遍了整个天空,大地都在跟着晃动。台儿庄上空,硝烟弥漫,火光四起,树木和房屋都被炸得飞向半

敢死队员在台儿庄的反复争夺拉锯中,发挥了奇兵的作用,他们的夜袭恢复了很多丢失的阵地。(著名战地摄影记者罗伯特·卡帕拍摄)

空,我军周边阵地工事几乎全部被摧毁。随后,大批日军步兵在上百辆装甲车和坦克掩护下,蜂拥而上。

3月27日,日军攻破台儿庄北门。中国守军第31师凭借台儿庄一带多石的地形,与日军在庄内展开拉锯战。中国将士冒着猛烈的炮火,用刺刀、大刀片甚至是拳头和牙齿,和突入阵地的敌人进行拼杀,直到流尽最后一滴血。双方伤亡甚重,日军开始增加兵力,从峄县调来4 000名援兵。

3月28日,日军攻入台儿庄西北角,企图占领台儿庄西门,切断第31师师部与庄内守军的联系。该师师长池峰城指挥所部以强大炮火压制敌人,并组织数十名敢死队员组成大刀突击队,与敌贴身肉搏。日军在突进城区后,由于敌我双方短兵相接,敌人害怕伤到自己人,所以不敢使用飞机、大炮和坦克进行攻击。此时中国军队的大刀片、手榴弹便有了用武之地。敢死队员们挥刀与日军进行白刃战,一个队员倒下了,又一个队员冲上来,刀口劈坏了,就扑上去与敌人厮打,直到把敌人活活掐死。街巷里血流成河,到处都是尸体。有的战士身负重伤,眼见一群日军哇哇叫着冲到了面前,便勇敢地拉响了手榴弹,与敌人同归于尽……

31师的顽强抵抗,为中国守军赢得了宝贵的战略部署时间。几天后,援助台儿庄的第20军团,已向台儿庄以北迫近,对日军形成夹攻包围之势。

大批部队源源不断地向台儿庄集结,以完成对日军矶谷师团的包围(著名战地摄影记者罗伯特·卡帕拍摄)。

4月3日,李宗仁下达总攻击令。国民党第52军、第85军、第75军在台儿庄附近向日军展开猛烈攻势,中国空军也开始投入战斗,将日军占领的街道和路口一一夺回。

4月6日晚,濑谷支队力战不支,再也顾不了"大日本皇军"面子,撒开双腿望风而逃,车辆辎重和"武运长久"的膏药旗丢了一地。

至此,台儿庄战役结束。

兵家点评

台儿庄大捷,是抗战爆发后中国在正面战场取得的首次重大胜利。

中国军队在台儿庄战役中,采取的战术十分明确,即"攻势防御"和"侧击",在作战过程中也贯彻了这一战术原则。孙连仲第 2 集团军善守,担任阵地战。以 31 师守城,为内线作战;又以 30 师及 44 旅布防于台儿庄西侧,第 27 师布防于台儿庄东侧,为左右两翼,均为外线作战。汤恩伯第 20 军团善攻,担任运动战,拊敌之背,协同孙集团军歼灭犯台儿庄之敌。两大主力部队既有分工,又互相配合,最终赢得了胜利。

小知识:

李宗仁——打破日军不可战胜的神话

生卒年:公元 1890 ~ 1969 年

身分:国民革命军陆军一级上将

重要功绩:台儿庄一役,名扬天下。

"闪电战"的经典教科书
——威塞尔演习

闪电战理论是古德里安创造的,闪电战是第二次世界大战期间德军经常使用的一种战术,它充分利用飞机、坦克的快捷优势,以突然袭击的方式制敌取胜。

继灭波兰之后,希特勒将侵略的魔爪伸向丹麦和挪威。

1940 年 4 月 9 日凌晨,德军空降兵分 3 路向丹麦和挪威的 4 个机场同时发动空降突击。

5 时 30 分,第 1 特殊任务轰炸航空兵团第 8 中队的容克-52 运输机,运载着空降兵第 1 团第 4 连从尤太森机场起飞,向丹麦飞去。7 时左右,1 个排的德国伞兵没有发一枪一弹,便在丹麦北部奥尔堡的两个机场上空成功伞降。紧接着,准备用于挪威的后续机降部队第 159 步兵团在此机降。

第 8 中队的其他容克式飞机在格里克上尉的率领下越过波罗的海,径直飞往沃尔丁堡大桥。沃尔丁堡大桥全长 3.5 公里,是连接丹麦王国首都哥本哈

德军在占领波兰后,在华沙进行阅兵。

根的唯一通道。6 时 15 分,德军白色的降落伞飘飘悠悠地落向沃尔丁堡大桥附近。格里克上尉率先降落,他迅速地把机枪架在路基上,掩护他的部下安全降落。令他感到不解的是,丹麦人的阵地一片寂静,既没有枪炮声,也没有警报声,似乎还沉睡在和平的梦境中。伞兵们从地上跃起后,并没有打开空投下来的武器箱,

只挥舞着随身佩带的手枪便直插纵深,守桥的丹麦士兵一枪没放就投降了。胜利来得如此容易,让格里克上尉欣喜若狂,就这样,德军完全控制了这座大桥。这时,德军第305步兵团的先遣部队也按预定计划从瓦尔内明德乘舢板登上格塞岛,一路上没遇到抵抗,顺利到达这里。

　　伞兵和步兵的先遣部队兵合一处,开进沃尔丁堡小镇,在不到一个小时的时间里又占领了一座连接马斯纳德岛和西兰岛的大桥。同时,德军登陆兵也在丹麦各主要港口登陆,并迅速向丹麦内地推进。在接到德国的最后通牒之后,70岁的丹麦国王克利西尔,在开战仅四个小时后被迫宣布投降。上午8时,刚刚从睡梦中醒来的丹麦人,从无线电广播中听到"丹麦已接受德国保护"的惊人消息时,都感到莫名其妙。

纳粹德军的自行车部队

　　第2路德军突击队的目标,是攻占挪威首都奥斯陆附近的福内布机场。4月9日凌晨,空降兵第1团的第1连和第2连的伞兵,分乘29架容克-52运输机,在8架梅塞施米特-110飞机掩护下,飞越斯卡格拉克海峡,直指福内布机场。偏偏天公不作美,海面上大雾弥漫,能见度只有20公尺,有两架容克-52飞机忽然在浓雾中失踪了。负责第一波攻击的德雷韦斯中校只好下令返航。而第二波攻击正按原计划朝福内布机场飞去,上面乘坐的是第324步兵团第2营的官兵。指挥官瓦格纳上尉虽然接到了返航命令,却拒绝执行。当他进入福内布机场上空时,不幸被对空炮火击中要害。一时间群龙无首,大部分运输机只得返航,只有继任大队长英根霍芬上尉带着少数几架容克-52运输机继续强行着陆。由汉森中尉指挥的在福内布上空担负掩护任务的德军8架梅塞施米特-110战斗机,也按预定时间出动执行掩护任务。30分钟前,他们就已经和挪威战斗机交锋了。在短暂激烈的空战中,汉森的战斗机编队成功地压制了挪军地面防空火力,在福内布机场上空盘旋警戒,等待运载伞兵的飞机。汉森此时并不知道伞降突击分队由于天气原因已经返航,白白浪费了时间使飞机燃油耗尽,只得迫降。

当德军战斗机在福内布机场着陆时,驻在福内布的挪威战斗机中队长达尔上尉,已载着地面维护人员返回阿克斯胡斯要塞。随后,高炮和高射机枪停止了射击,福内布机场的防御就这样崩溃了。

第3路德军突击队,负责攻占挪威的重要港口城市斯塔万格附近的索拉机场。攻占机场的任务,同样分伞降和机降两步来完成。挪威军队的主要支撑点是机场旁边的两个坚固的碉堡,在两架梅塞施米特-110战斗机的高空火力支持下,着陆后的德国伞兵将手榴弹投进碉堡的枪眼,只用半个小时就占领了机场。

另外,德军的行动还得到了以吉斯林为首的法西斯特务组织"第五纵队"的策应,他们提供情报、破坏通信联络和铁路公路交通枢纽,在群众中制造了极大的混乱,为德军的入侵和迅速取胜提供了有利条件。

6月10日,挪威宣布放弃抵抗。

兵家点评

德军空降突击丹麦和挪威,是战争史上第一次成功的空降作战和空运补给的战例。多达500架的运输机建立起了世界上第一座"空中桥梁",而"兵从天降"也是一个创举。德军虽然由于气候恶劣、机场条件不好而迫降等原因,损失运输机170架,空降部队伤亡1 000余人,但整个战役却获得了成功。这次的空降突击,为各国后来的空降作战积累了经验,德军甚至把它视为范例。

小知识:

曼斯坦因——闪电战的开创者、德国传统总参谋部最后一位伟大传人

生卒年:公元1887~1973年

国籍:德国

身分:陆军元帅

重要功绩:"曼斯坦因计划"直接影响了整个二次大战,可谓史上最"伟大"的作战方略之一。

史上最大规模的军事撤退
——敦刻尔克奇迹

战略决策,是对战争或其他全局性的重大问题所作出的决定,也就是战争指导者的战略决心,是战争活动中主观指导最重要的表现,其正确与否,可以加速或延缓战争的进程。

1940 年 5 月 15 日凌晨,英国首相官邸传来一阵急促的电话铃声,在电话的另一端法国总理保罗·雷诺充满绝望地对丘吉尔说:"防线被突破了!我国几十座城市和上百个村庄已经落入敌手……"丘吉尔听完之后,惊诧得说不出话来。

雷诺所说的"防线",就是被称为有史以来最完善、最坚固的防御系统——马其诺防线。

1940 年 5 月 14 日,德国集中了 3 000 辆坦克、10 个装甲师、136 个步兵师,绕过马其顿防线,突然出现在法比边境的阿登山区,惊惶失措的法军第 9 军团很快被击溃。在法国总理保罗·雷诺与英国首相丘吉尔通电话的这一刻,德军的铁蹄已经深入法国的腹地。

当时在法国境内,驻扎着 10 个英国远征师,他们虽然顶住了德军的正面进攻,但由于侧翼法军的迅速溃败,还是陷入了进退维谷的困境之中。5 月 20 日,德军装甲部队切断了英法联军与其南翼法军的联系,将英法联军三个集团军约 360 000 人包围在法、比边境的佛兰德地区。5 月 24 日,德军古德里安坦克部队攻占了法国港口城市布伦和加来,英军所能控制的海港只剩下敦刻尔克了。

眼看着自己的部队就要变成"瓮中之鳖",英军总司令戈特忧心如焚,立即向伦敦紧急呼救,请求将军队撤离法国。英国首相丘吉尔指示海军部拟订一个代号为"发电机"的撤退计划,命令各部队迅速向敦刻尔克海港集结。此时,英国军队离敦刻尔克还有 30 多公里,而德国军队距敦刻尔克却只有 20 多公里。双方的指挥官心里都很清楚,哪一方先到,哪一方就占得先机。正当德国将军古德里安命令手下"不可阻挡"的装甲部队快速前进时,最高统帅希特勒却突然下了一道命令:"停止追击,原地待命。"

这对英军来说,简直是绝处逢生的天赐良机!

5月26日晚7时左右,英国海军部下令开始实行"发电机"计划。6艘满载着撤退部队的大型运输船,离开敦刻尔克向不列颠岛驶去。希特勒如梦方醒,立刻命令德军恢复进攻。

5月27日,纳粹飞机开始不断俯冲袭击,德军的坦克也在不断向前逼进。英国海军军舰由于吃水深,无法靠近海滩,导致撤退速度放缓,用了三天的时间只撤离了7 600多名非战斗人员和后勤人员,还有300 000英法军队在炮弹横飞的滩头防御阵地上等待撤退。更糟糕的是,英国军方的运输能力已经达到极限,制空权也始终掌握在德国空军的手里,这就使得撤退始终处在敌人的炮火之中,情况十分危险。在如此艰难困苦的条件下,英国政府向民众发起了呼吁,广播电台不断地播放:"英国公民们!英国公民们!海军部呼吁所有拥有船只的主人,加入到拯救英国士兵的'舰队'中来!"国难当头,无数业余水手和私人船主应召而来,驳船、货轮、汽艇、渔船,甚至花花绿绿的游艇都从英国各个港口涌向敦克尔克,冒着德国飞机、潜艇和大炮的攻击,往返穿梭于海峡之间,将一批批联军官兵送回到英国本土。

担任掩护任务的英法军队同样英勇悲壮,他们一次又一次地打退德国坦克的进攻,竭尽全力地坚守其东、西侧战线,以保持向海峡沿岸撤退的通道。皇家空军也把所有可以动用的战斗机,全都投入到敦刻尔克上空,战斗异常惨烈。

由于德军空袭并逼近敦刻尔克海滩的炮火,从6月2日开始,撤退行动选择在夜间进行,在暗夜的掩护下,每天有26 000人撤往英国。

6月4日,最后一批船只满载官兵离开了港口。

经过敦刻尔克大撤退,一群衣衫不整的英法联军士兵终于踏上了英国的土地。

兵家点评

在德军地空火力猛烈轰击下,英法联军仍撤出了338 000余人,被誉为"敦刻尔克奇迹"。

这一奇迹的出现主要有三方面原因：

其一，天时。在撤退的这几天中，敦刻尔克地区大多是阴雨天，能见度低，德国空军很难大规模持续地轰炸。素以风大浪高著称的英吉利海峡在这段时间出人意料地风平浪静，为撤退提供了良机。

其二，地利。敦刻尔克松软的沙滩，成了英法联军的救星，德军飞机投下的炸弹，大多陷入沙滩，弹片难以有效散飞，杀伤力大大减低。

其三，人和。后卫部队英勇抗击着德军的进攻，掩护主力撤退；英国空军竭尽所能，为部队提供掩护；撤退部队的官兵，保持了严格的组织纪律，使整个撤退过程秩序井然；海军军官杰出的组织才能。

敦刻尔克的伟大意义在于，英国保留了继续坚持战争的最珍贵的有生力量。正如英国著名的军事历史学家亨利·莫尔指出的那样，欧洲的光复和德国的失败就是从敦刻尔克开始的！

小知识：

古德里安——德国装甲兵之父

生卒年：公元 1888～1954 年

国籍：德国

身分：陆军上将

重要功绩：第二次世界大战中，从阿登高地突入法国，击溃英法军队；参加闪击苏联，迅速挺进，多次合围苏军取胜；主张在狭窄正面上集中使用大量坦克，实施大纵深的高速突击，影响深远。

伦敦上空的"飞鹰"
——不列颠之战

战斗,敌对双方兵团、部队、分队(单机、单舰)进行的有组织的武装冲突。

　　为了迫使英国退出战争,进而腾出手来全力对付苏联,1940年8月1日,纳粹头目希特勒签署了对英国发动空中闪电战的第17号训令,决定空袭英国本土。

　　从8月12日开始,德军开始有计划地突袭英空军基地和雷达站,尽歼英空军主力,夺取制空权。德军首先进行了高强度的空袭,一昼夜出动飞机多达1 000～1 800架次,炸毁了英国12个空军基地、7座飞机制造厂、若干雷达站和油库。但是在英国战斗机的顽强抵抗下,德军的轰炸机也损失惨重。戈林决定集中力量摧毁英国的战斗机群,从8月24日到9月6日,德军每天出动战机1 000多架次,与数量处于劣势的英国空军进行激烈空战,并轰炸英军基地和指挥系统。战斗中,英空军虽然击落了380架德机,但元气大伤,有1/4的飞机驾驶员牺牲或受重伤,5个机场遭到严重破坏,6个关键性的地下指挥系统受到猛烈的轰炸。正如丘吉尔后来说的:"如果这种情况再继续几个星期,英国将无法再组织空中的防御力量,纳粹的阴谋一定会得逞。"

　　正当英国空军难以支撑之际,9月7日,德空军的轰炸目标突然改为大规模夜袭伦敦等城市,这让英国空军大大缓了一口气。

轰炸过后的废墟

　　原来在8月23日晚上,12架德国轰炸机将炸弹错投到伦敦市

英国空袭观察员严阵以待。

中心,炸毁了许多住房和百姓。为了报复,英国空军在次日晚派出 81 架飞机轰炸了柏林,当时柏林上空浓云密布,英国空军只有半数找到了目标。柏林的损失不大,但却严重打击了德军的士气。早在大战之初,戈林就曾经吹嘘德国的防空能力,说:"要是有一架敌机到达鲁尔上空的话,我的名字就不叫赫尔曼·戈林!"

现在敌人的炸弹落到了首都,德军居然连一架英军飞机也没给打下来,这让希特勒十分气恼,叫嚣要彻底毁灭伦敦。

9 月 7 日,德空军出动 300 架轰炸机和 648 架战斗机空袭伦敦。伦敦很多街区成为一片火海,交通通讯多次中断,居民伤亡惨重。但是英国人并没有被吓倒,他们从防空洞中走出来,冒着德军的炮火登上屋顶,手拿望远镜和步话机,进行对空监视网配合飞行员作战。一连七天,德军对伦敦实施了不间断的空袭,伦敦虽然蒙受了巨大的损失,但是英国空军却获得了休整,战斗力迅速恢复。9 月 15 日,经过八天的休整和补充,英国空军出动了 300 余架战斗机飞往伦敦,与德军 600 架战斗机和 200 架轰炸机组成的庞大机群展开了激战,战斗中,德军 34 架轰炸机被击毁,另有 12 架在返航和着陆途中伤重坠毁,还有 80 架飞机是带着满身的弹痕着陆。9 月 16 日和 17 日,英国轰炸机对集结在沿海的德国船只进行了猛烈攻击,击沉了上百艘德国船只。从此,英国空军开始掌握主动权。

从 11 月 3 日后,为反苏战争做准备,德空军越来越多的最有战斗力的航空兵兵团调往东线。空袭英国的强度也逐渐减弱,到 1941 年 5 月减少到最低限度,不列颠之战结束。

兵家点评

不列颠战役是人类战争史上首次空战,证明了战略性的大规模空袭将直接影响战争的进程,显示出制空权在现代化战争中的重要地位,并证明了防空的战略意义。此役也是德军在第二次世界大战中首次失败的战役,未达到征服英国的预期目的。英国则成为日后欧洲抵抗运动和盟国反攻欧洲大陆的基地,使德军在进攻苏联后,始终处于两线作战的境地。

小知识:

凯塞林——帝国的笑面杀手

生卒年:公元 1885~1960 年

国籍:德国

身分:空军元帅

重要功绩:策划实施鹿特丹轰炸;参加不列颠空战;1941 年率第二航空队参加闪击苏联,负责支持进军莫斯科的中路德军。

希特勒最大的战略冒险
——"巴巴罗萨"计划

战略侦察,是为保障国家安全和获取指导战争所需的情报而进行的侦察,是战争指导者进行战略决策、制订战略计划、筹划和指导战争的重要依据。

进攻苏联是希特勒一贯的战略主张。早在 20 年代,他就在《我的奋斗》中大肆鼓吹"征服斯拉夫人,为德意志民族扩张生存空间",甚至露骨地指出他在策划扩张时"第一个想到的目标就是俄罗斯和其周边小国"。然而德国人的战略思想从一开始就有问题。希特勒一直称斯拉夫人为"劣等民族",吹嘘说:"只要在门上踢一脚,整个屋子就会垮下来。"德军将领们也普遍认为苏军不堪一击,只要透过一场闪电战就可以将其打败。就在战争爆发前几个月,日本曾主动提出在远东地区配合对苏联的进攻,却被希特勒轻率地拒绝了,他一直认为德军可以轻易压倒苏联红军,无需借助外部力量。

纳粹头子阿道夫·希特勒与德军高级军官在一起。

为了一举消灭苏联,希特勒制订了平生最大的战略冒险——"巴巴罗萨"计划。他将德军 550 军队,4.72 万门火炮,4 300 辆坦克,以及 4 980 架作战飞机,编为主要的三个集团军群:"南方集团军群"由伦德施泰特陆军元帅率领,下辖 47 个师和一个装甲集群,由卢布林全多瑙河口地区向乌克兰和顿涅茨盆地展开攻击;"中央集团军群"由陆军元帅鲍克率领,下辖 58 个师和两个装甲集群,从华沙以东地区出发直逼莫斯科;"北方集团军群"由陆军元帅李勃率领,下辖 29 个师和一个装甲集群,自东普鲁士出发横扫波罗的海诸国后攻下列宁格勒;另有 24 个师作为战略预备队。三支军队形成"三叉戟"攻势,在西德维纳河—第聂伯河以西消灭苏军主力,在冬天到来以前推进到阿尔汉格尔斯克(在北冰洋之滨)至阿斯特拉罕(在黑海之滨)一线,结束战争。参加"巴巴罗萨"计划的德军只占总兵力的一半,有100多个德军师还在西线留守。由于德军统帅部非常自信能在年底前征服苏联,德军上下都弥漫着一股骄傲轻敌的情绪,既没有动员更多的后续部队做冬季战争准备,也没有将工业生产转为战时体制。此时的希特勒根本没有意识到这是一场持续四年之久、残酷异常的战争,它最终敲碎了德军的脊梁。

战前的苏联经过大清洗,失去了大批优秀的中高级军官,军队的机械化程度和作战方式远逊于德国。但是苏联却拥有537万军队的庞大力量,并且将60%的兵力部署在西部边境,还拥有 T-34、KV-1 等高水平的坦克。更重要的是,苏联适合服兵役的人口是德国的三倍以上,可以在很短时间内扩充一倍兵力。虽然苏军有自身的弱点,但绝不像希特勒认为的那样软弱。他在战前严重低估了对手的兵力、生产能力和后备力量,以致拟订的"巴巴罗萨"计划根本不切实际。

当德国士兵不可一世地踏上苏联的国土时,迎接他们的将是无法想象的灾难,在一次次残酷的战役中,德军无情地充当了战争狂人的炮灰。

战争,就这样爆发了。

兵家点评

为了实施希特勒的作战意图,德军总参谋部着手拟订了对苏联作战的具体行动方案,并定名为"巴巴罗萨"计划。这个计划原来的名称是"奥托计划",但希特勒非常喜欢俄国的一个非常著名的皇帝——腓特烈一世(1123~1190年),他的一句话备受希特勒推崇:"生存与毁灭只有在战争中才能证实"。但欧洲历史上曾经有过五位叫腓特烈一世的皇帝。腓特烈一世有个"红胡子"的外号,俄语发音正是"巴巴罗萨",所以这个计划名称就被改为了"巴巴罗萨"计划。

小知识:
潘兴——20世纪美国军界第一超级大将
生卒年:公元 1860~1948 年
国籍:美国
身分:陆军特级上将
重要功绩:将昔日"小打小闹"的美国军队,建成了一支可以适应任何现代战争的现代化强兵;在一战期间坚持美军的独立,采用参谋体制来管理部队,对未来美国军队的发展起了重要的影响。

战争的魔术
——"消失"的苏伊士运河

所谓军事伪装,就是利用电磁学、光学、热学、声学等技术手段,改变目标原有的特征信息,隐真示假,降低敌人的侦察效果,使敌方对己方军队的配置、企图、行动等产生错觉,造成指挥失误,以保存自己,最大限度地打击敌人。

在第二次世界大战期间,偌大的苏伊士运河曾经突然"消失",让攻击它的德国乱了阵脚。德国周密的袭击计划,在运河消失的那一刻土崩瓦解,他们的飞机只能慌乱地、毫无目的地投下炸弹就跑掉了。这在历史上被称为魔术似的战争,导演者就是英军中尉贾斯帕·马斯克林。

1941 年 2 月,希特勒派隆美尔指挥德意志军队远征北非,对埃及发动进攻,力求夺取苏伊士运河。对英国来说,苏伊士运河就是他们的生命线,失去它,英国海上的运程就会增加几千英里,同时还得绕过地势险恶的非洲南端的好望角,因此英军必须保证运河万无一失。经反复商讨,最终决定"隐藏"苏伊士运河。英国著名魔术师贾斯帕·马斯克林来到英军部队,接受了这项任务。

苏伊士运河全长 175 公里,要把它藏起来确实让马斯克林费了一番心思。他在回想自己的表演经历时获得灵感,决定使用障眼法,即用大量的探照灯的强烈光线,形成灯光屏障,以此来蒙蔽德军在夜间向运河投弹的飞行员。他在探照灯透镜周边的弧形钢带上焊接了 24 个锡片反射器。如此一来,被改装后的每个探照灯都会形成 24 条强光束带,而这种光束带有着超强的亮度,最远射程达 10 英里。实验时,马斯克林坐

"斯图卡"俯冲轰炸机,在整个二次大战期间,始终是德军有效的战术支持武器,为同类机种中的经典杰作。

在英军飞行员驾驶的飞机里,将接近探照灯上空时,用无线电向地面指挥部发出要求打开光束的信息。之后,飞机里的他远远地就能见到地面有24道强烈光束射向遥远深邃的夜空。飞机飞得更近时,24束强光开始猛烈地旋转,黑夜瞬间被驱散,整个夜空犹如白昼,强烈的白光映射着驾驶舱和机舱,让人无法睁开眼睛,根本无法找到地面上的目标,又何谈准确的轰炸。实验取得成功!

在接下来的五六个星期里,被改装后的探照灯遍布了整个苏伊士运河,一切准备妥当。

10月5日晚,德军挂鱼雷的He-111轰炸机组成勇猛的"狮子"联队,飞入苏伊士运河区域轰炸盟军的舰船。在轰炸前,由BV-138侦察机打第一战,而后"狮子"联队以超低空的方式从多个方位向运河投弹。

在德国联队的飞机进入苏伊士运河所在地的上空时,所有"特种探照灯"同时打开,刹那间,强烈的白光淹没了整个夜空。在这种突如其来的强光照射下,德军飞行员根本睁不开眼睛。更让人难以忍受的是,这些强烈的光束带还对德军飞机"紧追不舍"。德军"狮子"联队轰炸机企图摆脱这让人炫目的光屏,但始终不能如愿。无奈之下,只得在慌乱中毫无目的地投下炸弹后撤退。

兵家点评

军事伪装根据运用的范围,可分为战略伪装、战役伪装和战术伪装;根据所对付的侦察器材的不同,又可分为雷达波伪装、可见光及红外波伪装、防声测伪装等。

伪装的技术措施很多,主要有以下几种:

其一,利用地形、地物、夜暗以及能见度不良的气候等天然条件,来隐蔽目标或者降低目标的显著性。

其二,利用涂料、染料等材料,改变目标、遮障物、背景的颜色或图案,以迷惑敌人。

其三,透过种植植物、采集植物和改变植物的颜色等方法,达到伪装目标的目的。

其四,人工遮障伪装,简单地说就是利用制式的伪装器材,设置对目标进行遮蔽的屏障,防止对方侦察到。

其五,利用烟雾来遮掩目标,干扰敌方的光学侦察,用以迷惑敌人。

其六,假目标伪装技术,就是利用假飞机、假坦克、假工事、假桥梁等迷惑敌人,吸引敌人的注意力和火力。

另外,还可以透过消除、降低和模拟目标的灯火与音响效果,来隐蔽目标,迷惑敌人。

在现代高技术战争中,伪装技术的应用越来越广,已成为防御和进攻作战的一种直接有效的手段。

小知识:

特伦查德——皇家空军创始人

生卒年:公元 1873 ~ 1956 年

国籍:英国

身分:空军元帅、子爵

重要功绩:缔造了强大的英国皇家空军,改写了世界空军的历史,其大作《关于战争中的空中力量原则》也为欧美各国空军的发展奠定了理论基础。

纳粹空降伞兵最后
一次大规模绽放
——克里特岛空降战

伞兵又称空降兵,主要是以空降到战场为作战方式,其特点是装备轻型化、高度机动化、兵员精锐化。

1941 年 4 月 21 日,柏林的最高统帅部里。

斯徒登特中将手拿文件,小心谨慎地向希特勒报告说:"敬爱的元首阁下,我建议您派第 11 航空军的机降和伞降部队去夺取克里特岛,之前我已经与戈林总司令进行了反复研究,他也认为这个计划可行……"

他一边讲,一边不时地留意希特勒的面部表情,唯恐说错了话。

早在去年秋天,希特勒就曾提到过克里特岛空降作战的想法,但这一次,他却一言不发。

这时,最高统帅部总参谋长凯特尔元帅提出了统帅部的意见:"如果在克里特岛再开辟一个'分战场'的话,我军的兵力就会被彻底分散,不如使用空降部队去攻占马耳他。"

"不!"

希特勒突然从椅子上跳了起来,粗暴地打断了凯特尔的话。

显然,这个战争狂人早已打定了自己的如意算盘:克里特岛是通往北非、苏伊士运河和东地中海的跳板,拿了这个岛屿,德国空军就能控制这些地区。

1941 年 4 月 25 日,希特勒下达了代号为"水星"的作战命令,将目标最终指向了克里特岛。

5 月 20 日凌晨,德国轰炸机群对克里特岛进行了猛烈轰炸。英国驻岛部队虽然没有得到情报机关关于德军进攻克里特岛的综合性情报,但他们毫不惊慌,顽强地坚守着阵地。

凌晨 4 时,德军第一批运送空降部队的运输机和滑翔机迎着黎明的曙光飞上了高空。升空后,以 12 架飞机编为一队,向克里特岛马拉马地区飞去。7 时左右,德国空降部队飞抵预订目标,在战斗机和轰炸机的掩护下实施空降。

德军在欧洲低伤亡的神话在克里特岛之战变得苍白了许多。

一个个伞花迅速绽放,消失在白云之中。守岛英军用高射炮、机枪、步枪进行层层拦阻,德国伞兵有的挂在树梢上,有的撞死在岩石上,幸存下来的也被猛烈的火力压得抬不起头来,动弹不得,当然,更无法接近空投下来的武器箱。德军损失惨重,总指挥萨斯曼上将也因飞机失事而摔死。

德国航空第 11 军军长斯徒登特将军一直都守在雅典的空降司令部作战室内,焦急地等待着 300 公里以外作战地区的情况通报。到了晚上,前方传来报告,英国守军比预想的要顽强,请求支持。斯徒登特像一个孤注一掷的赌棍,立即命令山地步兵第 5 师和昨天滞留的 600 名伞兵,于次日清晨乘坐运输机,火速增援马拉马机场。下午 3 时左右,这些援军陆续在马拉马机场伞降,降落在预定地区以后,随即加入了突击团的战斗序列。

21 日夜,德军的一个汽艇队搭载一个山地步兵营,在夜幕的掩护下开往克里特岛增援,途中遭英军舰队截击而覆没。英军弗赖博格将军决定趁此机会进行反击,他命令第 5 旅的两个营于次日凌晨抢占马拉马机场,但遭到了德国伞兵和航空兵强而有力的攻击。德国战斗机和轰炸机也铺天盖地般呼啸而至,将一颗颗 500 和 1 000 磅的大炸弹丢在英军头上,英军伤亡惨重,撤出马拉马地区。

德军占领马拉马机场后,迅速将第五山地师机降在该处,进而控制了战局。随后,英军开始后撤。德军于 6 月 2 日占领了全岛。

兵家点评

克里特岛空降战役,是迄今为止唯一以空降兵为主实施的进攻战役。在这次历时十二天的战役中,德军以伤 10 000 余人,亡 4 000 人,损失运输机 170 余架的巨大代价获得了最终胜利。由于付出的代价太高,希特勒和他的将军们彻底失去了使用伞兵作战的信心。希特勒事后说："克里特岛之战,已经证明了伞兵的全盛时代已经成了明日黄花。"斯徒登特则伤心地称克里特岛为"德国伞兵的坟墓"。

在战役中,完全掌握了制空权的德国空军起了决定性作用,这也显示了空降兵作战能力的增长。同时德军也吸取了一个深刻的教训:实施这样的战役,如果不与其他军种协同作战,势必会遭到重大损失。因此,夺占该岛之后,德军统帅部未敢再实施类似的大规模空降战役。后来英美盟军在"诺曼底登陆"中使用伞兵时,为了避免重蹈德军伤亡惨重的覆辙,在进攻前,多次使用欺骗手段直到彻底麻痹德军,才突然实施空降。

小知识:

米切尔——美国空军先驱

生卒年:公元 1879～1936 年

国籍:美国

身分:将军

重要功绩:对美国空军的建立和发展起了巨大的推动作用;第一次世界大战期间,指挥美、法两国近 1 500 架飞机组成的大机群作战,在默兹—阿尔贡战役中,用 200 架飞机的大编队轰炸敌军目标。

一个冬天的神话
——莫斯科保卫战

机械化战争论,以机械化快速部队突击敌人的指挥机构,使敌指挥瘫痪,然后按常规方式进攻,迅速夺取全面胜利。

1941 年 9 月 20 日,满面红光的希特勒在东普鲁士腊斯登堡的餐桌旁,开始了自己的"室内演说":"6 月 22 日早晨,世界上最大的一次战役开始了。我军进展顺利,通往莫斯科的门户已被打开!"说到这里,希特勒突然用手一拍桌子:"我已经决定,我们下一个进攻的目标就是莫斯科! 在冬天到来之前这个城市将被摧毁,让它永远从地图上消失!"说完,他习惯性地将手在空中有力地一挥,在座的帝国军官们不失时机地立刻全体起立,端起酒杯……

9 月 30 日,德军集中了最精锐的部队,向莫斯科挺进。古德里安指挥的坦克集群进展尤为迅速,宛如一张弯弓扣上了强劲的利箭,箭头直指布良斯克和维亚兹马。莫斯科的第一道防线很快就被德军的钢铁洪流冲开了一道可怕的缺口。到 10 月中旬的两周之内,德军中央集团军群完成了三个大包围圈,两个在布良斯克附近,另一个在维亚兹马以西。第一阶段进展顺利,让希特勒觉得莫斯科已经是他的囊中之物了。为此,他专门签署了一项最高统帅部的命令:不接受莫斯科的投降,即使主动投降也不可以!

莫斯科的军民在最高统帅斯大林的亲自领导下,不惜一切代价,誓死保卫莫斯科。为了振奋士气,苏联军队在 11 月 7 日如期举行了纪念十月革命的阅兵式。消息传到希特勒的耳里时,已是当天傍晚了。听闻此言,希特勒大发雷霆:"真是难以想象,斯大林竟然在德国空军机翼的底下检阅部队! 这是对帝国空军的公然挑衅、挑衅! ……"希特勒歇斯底里发作了一阵子,还是觉得气没消,他大声喊道:"对这种狂妄行为,只能用炸弹来加倍惩罚! 哈尔德,你立刻与包克联系,让他今天晚上必须对莫斯科实施最猛烈的空袭!"随后,希特勒督促地面部队火速向莫斯科推进。

11 月 15 日,德军向莫斯科发动第二次疯狂进攻。27 日,德军占领了离莫斯科仅有 24 公里的伊斯特腊,用望远镜几乎可以看到克里姆林宫的顶端。莫斯科

1941 年 11 月 7 日,在德军距莫斯科仅 70 公里的最艰苦时刻,
红场上举行了意义非凡的盛大阅兵式。

危在旦夕。在这千钧一发之际,苏联军民表现出了大无畏的牺牲精神,在通向莫斯科的各个要道上,与德军进行了殊死战斗,常常是打到整营、整团不剩一人为止。战斗的双方犹如角逐的足球场,德军"前锋"在禁区寻找一切机会企图"破门"而入,而苏军"后卫"拼死拦截,死死地保护着自己的大门。随着苏军愈来愈顽强的抵抗和气候的恶化,德军的进攻态势开始受挫。这一年的冬天来得很早,上帝站到了俄罗斯人的一边。凛冽的寒风裹着雪团,铺天盖地而来。德军没有棉衣,数以千计的士兵被冻成了残废,许多人染上了疟疾。寒冷的天气使飞机和坦克的马达无法发动,坦克上的光学窥镜失去作用。到了 12 月,温度计的水银柱急剧下降。在这摄氏零下 40 度的冰天雪地中,到处都是冻僵了的德国兵尸体。而苏联战士,早已习惯了寒带气候,而且穿上了棉衣、皮靴和护耳冬帽。

12 月 6 日,苏军开始从莫斯科南面和北面展开大反攻。到第二年初,苏军完全击溃了莫斯科城下的德"中央"集团军群的突击兵团,德军被迫后退 100～250 公里,苏军取得了莫斯科保卫战的伟大胜利。

兵家点评

莫斯科保卫战的胜利,巩固了世界反法西斯同盟。

德军虽在初期取得一定战果,但因战线过长,补给不足,缺乏预备队和冬季作战准备而遭到失败。在这次会战中,德军损失 50 余万人,其中冻死、冻伤 10 万余

"祖国——母亲在召唤!"这是二战期间苏联最有影响力的海报之一。它号召苏联广大青壮年们拿起武器,奔赴前线抗击德军的入侵。

人,损失坦克 1 300 辆,火炮 2 500 门,汽车 15 000 余辆以及大量的军用物资。此外,德国军事法庭以临阵脱逃、擅自退却、违抗军令等罪名,给 62 000 名官兵判刑。35 名高级将领,其中包括布劳希奇元帅、包克元帅、古德里安上将、施特劳斯上将等被撤职。

经过这次战火的洗礼,苏联的军事学术有了新的发展。最高统帅部大本营和总参谋部在复杂条件下善于筹建和隐蔽集中预备队来粉碎敌人,善于组织各方面军种和各战略方向之间的密切协同,调动陆军、航空兵和游击队的力量共同粉碎"中央"集团军群。组织防御和进攻的方法以及更合理地使用炮兵、坦克和航空兵的方法均有改进。此外,还累积了大量集中使用各兵种的经验,这显示了苏联军事指挥官在战略和战役、战术上的成熟,各兵种军人战斗技能有了提高。

小知识:

科涅夫——勇与朱可夫叫板的元帅

生卒年:公元 1897 ~ 1973 年

国籍:苏联

身分:元帅

重要功绩:二战时,在莫斯科会战中以反突击掩护首都,解放加里宁市;参加柏林战役,并解放布拉格。

战术上的巨人，战略上的侏儒
——日军奇袭珍珠港

战略，最早是军事方面的概念。在西方，"strategy"一词源于希腊语"strategos"，意为军事将领、地方行政长官。后来演变成军事术语，指军事将领指挥军队作战的谋略。

1941 年 12 月 8 日清晨（珍珠港时间 12 月 7 日），夏威夷群岛一片宁静，湛蓝的天空漂浮着朵朵白云，海浪有节奏地拍打着军舰的船舷。

这一天恰巧是星期天，准备上岸度假的美国官兵大多数正在用早餐，收音机里播放着檀香山电台的音乐节目，教堂的钟声也在空气中飘散开来。这一切，似乎和往常的星期天并无两样。谁也没有想到，一场巨大的灾难正迅速逼来。

时钟指向 7 时零 2 分，胡瓦岛雷达站有两个美国士兵正在执勤，其中一个名叫埃利奥特的年轻人，突然发现雷达屏幕上出现了大片亮点。

"敌机来袭了！"埃利奥特惊叫起来。他霍然站起，立即向值班中尉泰勒报告。

此时的泰勒正沉浸在优美的轻音乐中，听到报告后竟不以为然地嘲弄他们："傻小子，别神经过敏了，瓦胡岛在大洋中间，敌机是飞不到这里的。"

半小时之后，泰勒才意识到，由于自己的失职，给太平洋舰队带来了无可挽回的巨大损失。

7 时 50 分左右，各军舰依照惯例准备升旗，军乐队员开始在甲板上列队。

此时，由 183 架飞机组成的庞大机群，掠过葱郁的山峦，向基地扑来，机翼上的日本太阳旗清晰可见。

负责这次袭击任务的日方指挥官渊田美津雄中佐，他是江田岛海军学校的高材生，此人沉着冷静，作战经验丰富。他神情凝重地端坐在战机中，不时透过云际向地面观察，发现港口连一点防备的迹象都看不到，也没有高射炮开火。渊田不由得长舒了一口气，命令道："用甲种电波向舰队发报：虎、虎、虎，我部偷袭成功！"

电波穿透太平洋上空的云层，传到了 250 海里外的特遣舰队，传到了广岛湾的联合舰队司令部，传到了 3 000 海里之外的东京大本营。

随着两发信号弹的升空,日本飞机开始了进攻。

第一波攻击时的港湾内景

7时55分,俯冲轰炸机首先攻击了瓦胡岛的三个机场,两分钟后,鱼雷机开始进入攻击。第一架鱼雷机首先用机炮将排列在舰队最后的"内华达"号上的舰旗撕碎,而后投下了鱼雷。面对突如其来的灾难,原本认为是本方飞机进行飞行训练的美国士兵一个个都吓呆了,还没等清醒过来,停在舰队最外侧的"俄克拉荷马"号被2枚鱼雷和5枚炸弹所击中,带着400多名官兵倾覆海底。"西弗吉尼亚"号由于及时打开注水阀,慢慢地沉入了水下。5分钟后,零星的高炮才开始响起,但也是无济于事。

紧接着,渊田亲自率领49架水平轰炸机,冒着猛烈的高射炮火,排成一字长蛇阵,将一枚枚高爆炸弹鱼贯投下。"亚利桑那"号弹药仓被穿甲弹击中,舰首被炸裂,碎片一直飞到百米高空。"马利兰"号和"田纳西"号也遭到了狂轰滥炸,伤痕累累。与此同时,43架制空战斗机向地面和机场进行疯狂扫射,一些鱼雷轰炸机仍在寻找目标,连"犹他"号靶船也未能幸免。

8时40分,78架俯冲轰炸机、54架水平轰炸机和35架零式战斗机又飞抵珍珠港上空,组成了第二攻击波。水平轰炸机目标直指瓦胡岛的机场,俯冲轰炸机继续攻击舰只,零式战斗机

被轰炸的珍珠港

184

负责掩护。这时，停在船坞中的"宾夕法尼亚"号战舰不幸被一队俯冲轰炸机发现，这艘在第一次攻击中唯一幸免的旗舰终于未能逃脱，甲板上燃起了熊熊大火……

9时40分，第二波攻击结束，日本战机大摇大摆地撤离后，渊田的座机在珍珠港上空盘旋了一圈，他拍摄完照片才飞往集结地率领机队返航。在两个小时的轰炸中，珍珠港变成了人间地狱，美国太平洋舰队共有8艘战舰，5艘被击沉，3艘遭到重创，其他舰船被击沉击伤10余艘，美机损失400多架，美军伤亡约4 000人。而日本仅损失了飞机29架，飞行员55人。

兵家点评

日本偷袭珍珠港，就其短期的战略目的而言，是一场无可争议的辉煌胜利，它的战果远远超过了计划者最远的设想。在此后的六个月中，美太平洋舰队难以在南太平洋上有所作为。日本趁机占领了整个东南亚、太平洋西南部，势力一直扩张到印度洋。

从长期的战略角度来看珍珠港事件，这对日本来说是一场彻底的灾难。负责这次军事行动的山本上将本人就曾预言："即使对美国海军的袭击成功，它不会、也不能赢得一场对美国的战争，因为美国的生产力实在太高了。"更致命的是，日本把美国这个强大的对手拖入了战争，使反法西斯同盟得以正式建成，加速了自身的失败。在珍珠港遭受偷袭后的那个晚上，睡得最香的人不是别人，而是英国首相丘吉尔。美国从此将完全被视为同盟者并肩作战，为此他说了一句"我们总算赢了"，而后安然入睡。

小知识：

山本五十六——军国赌徒

生卒年：公元 1884～1943 年

国籍：日本

身分：海军大将

重要功绩：偷袭珍珠港。

日落马来海
——皇家 Z 舰队覆灭记

空中战争论,又称"空中制胜论",认为空军可以独立进行战争,并认为拥有和运用优势空军取得制空权后即可决定战争结局取得战争胜利。由意大利军事理论家朱里奥·杜黑所倡导。

1941 年 12 月 8 日 17 时 30 分,皇家 Z 舰队静静地驶出了柔佛海峡,这支舰队包括"威尔士亲王号"战舰、"反击号"战列巡洋舰和 4 艘驱逐舰。在舰队驶离港口的那一刻,"反击号"舰长在甲板上大声地宣布:"士兵们,我们要出去自找麻烦去了!"水兵们随即欢呼起来。

Z 舰队之所以千里迢迢来到远东地区,主要为了警告日本人不要在南太平洋地区为所欲为。但是随着事态的发展,Z 舰队的战略威慑任务已经不复存在。8 日凌晨,日军攻占了哥打巴鲁。天明之后,日本战机对马来半岛尚未被占领的机场和新加坡航空基地进行了多次空袭,使皇家空军的飞机损失殆尽。Z 舰队不能在港口坐等日军空袭,舰队司令菲利普斯中将决定先发制人,率领舰队北上袭击日军运兵船。

12 月 9 日,阴有小雨

早晨天气开始恶化,空中布满了阴云,时而下起小雨。为避开日本潜艇,Z 舰队选择了向东北绕航。

下午 3 时,Z 舰队被日潜艇伊-65 号发现了行踪,日本在西贡机场的 53 架轰炸机接到消息后迫不及待地起飞了。此时,小泽编队的几艘军舰也闻讯赶来,为了不误击己舰,日军指挥部命令攻击暂时停止,轰炸机兜了一圈返回机场。

日落前,Z 舰队又被日本的侦察机发现。但夜幕降临,日机已无法实施攻击了。

20 时 15 分,菲利普斯中将见行踪暴露,下令舰队立即返航。

12 月 10 日,晴

凌晨,Z 舰队接到了一条未经证实的情报:日军已经在关丹登陆了,菲力浦斯中将命令舰队迅速调转航向前去增援。航行的途中,Z 舰队中的"反击号"战列巡洋舰成功避开了日潜艇伊－58 号发射的 5 条鱼雷。随后 Z 舰队甩开了潜艇的追逐,奔赴关丹。

　　6 时 25 分,日本西贡基地的 9 架侦察机率先起飞,紧接着 59 架九六式陆攻机和 26 架一式陆攻机也升空搜索 Z 舰队。

　　10 时,Z 舰队已驶近关丹,快速号驱逐舰对关丹港进行了仔细侦察,发现并没有异常的情况发生。所谓的日军在关丹登陆的情报,实际上来自于一头水牛踏响了海滩上的地雷。

　　随后,菲利普斯中将命令舰队继续向北搜索日军。

　　11 时 45 分,日本轰炸机向 Z 舰队发动了进攻。

　　壹歧春大尉的飞行编队首先扑向了"反击号",9 架日本飞机排成一排在 1 000 英尺的空中径直朝着"反击号"俯冲下来,军舰上的高射炮则立即开火回击。第一波轰炸过后,一枚炸弹在"反击号"甲板下面的机库里爆炸了。

　　接着,鱼雷机进入了战场。"反击号"舰长坦南特亲自驾舰闪避鱼雷,舰上除 14 火。在成功躲过了 10 枚以上的鱼雷攻击后,"反击号"的好运气也耗尽了,被

"威尔士亲王"号和"反击"号所在的"Z 舰队"英寸的主炮外所有的炮都在喷遭到空袭。

2 枚鱼雷击中舰尾左方,开始急剧下沉。14 时 3 分,"反击号"消失在大海中。日本人在轰炸"威尔士亲王号"时,一开始就动用了鱼雷轰炸机。在首次鱼雷攻击中,1 枚鱼雷命中该舰的尾部。紧接着,6 架日鱼雷机和后续的日本轰炸机队像狼群一样纠缠着"威尔士亲王号"这支病倒的"黑熊"。下午 14 时 20 分,在连续发出数声惊天动地的巨响后,"威尔士亲王号"被马来海涛吞噬掉了,舰上的官兵无一幸免。

　　"韦尔斯亲王号"倾覆前 3 分钟,英国空军 6 架水牛式战斗机飞临作战海域,但为时已晚,只能眼睁睁看着悲剧上演。

　　消息传到伦敦,丘吉尔首相痛心地说:"有多少努力、希望和计划都随这 2 艘战舰沉入了大海。"

　　此役被称为马来海战。

187

"威尔士亲王"号想象图，图中可以看出主炮炮塔的排布方式。

兵家点评

马来海战被认为是航空兵以航行中的战舰为交战对手并将其击沉的首次战例。这在海军战略战术发展史上，也占有相当重要的地位。

评论日本赢得这次海战的胜利时，要清醒地看到，武器装备的迅速发展必然引起战略战术的巨大变化。85架日机仅用两个小时就把2艘大型军舰干净利落地彻底消灭了，这足以表明航空兵在海战中具有的威力。在马来海战之前，日军统帅部最先想到的是命令近藤舰队去阻击Z舰队，但是近藤舰队离战场甚远，才不得不依赖航空部队去应急，结果战绩大出所料。当日晚，日本隆重庆祝以3架飞机的代价赢得的这场胜利。

小知识：

邓尼兹——史上最厉害的潜艇战高手

生卒年：公元 1891～1980 年

国籍：德国

身分：海军元帅

重要功绩：二战期间，他的潜艇部队总共击沉盟国商船 2 882 艘，总计 1 440 多万吨；发明的"狼群战术"直接影响了大西洋之战的全局；对潜艇、潜艇战略战术的改革和创新，对世界海军的发展有着重要影响，被世界各国海军研究至今。

星条旗陨落
——美军魂断巴丹半岛

世界大战，是对立的国家集团之间进行的全球性战争。

日本人在偷袭珍珠港得手后，目标直指南太平洋战略要地菲律宾，这一岛国是"美国人摆在日本门前的一块石头"。

1941年12月22日夜半时分，日本第14军第42师团在大批飞机和战舰掩护下，在菲律宾仁牙因湾登陆。防守在这里的美菲联军，作战经验不足，在训练有素的日军面前，原本就不具备抵抗能力，"轰隆隆"的炮声早就把他们给吓坏了，一个个脸色苍白，仓皇失措。经过短暂的敷衍抵抗之后，就丢下手中的老式步枪仓皇逃向山林之中。仁牙因湾失陷的同时，拉蒙湾也很快沦陷了。

溃退的美菲联军退守到了双面环海的巴丹半岛，并在那里临时筑起了两道防线。当时，士兵们正在挖战壕，突然一发炮弹从士兵汉弥尔顿头顶呼啸而来，他出于本能迅速趴在泥土中，躲过了一劫。炮弹打在树上，炸成碎片的弹壳四处迸射，让人无法预料的是，其中的一块碎片恰好击中了他后面的一个士兵，那个士兵当场毙命。这种猛烈而又突然的袭击让美菲联军的士兵一直处于高度恐慌之中。

经过持续多日的艰苦战斗，美菲联军在巴丹半岛面临的处境越来越危急。没有任何外来支援，伤亡与日俱增，士气日趋下降，更难以忍受的是饥渴，每个人都筋疲力尽，在这里无力地支撑着。可是美国政府却依然坚持"先欧后亚"的作战方针，源源不断地

日军占领菲律宾、马来西亚等太平洋诸岛。

把海空作战物资运往欧洲,对菲律宾却不予理睬。对此,菲律宾总统奎松高声抱怨:"美国人为了一个远房表亲欧洲的命运而烦躁不安,却不顾她的女儿菲律宾在后房里被人强奸。"

1942年4月,巴丹半岛上的美菲联军终于弹尽粮绝,失去了任何反抗的能力。9日,美军的前线指挥官小爱德华·金少将无奈之下,怀着沮丧的心情驱车前往日军司令部。在日本军官面前,他屈辱地低下了头,自行卸下佩枪。巴丹半岛失守后,在菲律宾的科雷吉多有一个孤零零的堡垒,赤裸裸地暴露在日本人的眼前,这是美军在菲律宾的最后一个据点。由于兵力相差悬殊,留守的温赖特最后还是没有坚持住。在1942年5月6日,他致电给罗斯福总统:"不得不怀着破碎的心,因悲伤而不是羞耻低下了头。"然后,哽咽着向菲律宾全国宣布:美军向日本投降。随后,数千名美军放下了武器。

兵家点评

日军胜利后,为了展现军威,竟对放下武器的战俘施以凌虐,强迫他们长途跋涉,自己走向集中营,在缺乏食物、水和医药的情况下,有5 200多名美国士兵死于途中,被称为"巴丹死亡之旅"。消息传到美国,激起了美国人强烈的复仇斗志。

美菲联军在巴丹半岛之投降,导致之一个月后科雷吉多岛的陷落,但是,如果没有这次顽强抵抗,日军将很快攻占美国在太平洋的所有基地,巴丹半岛阻延了日军前进的步伐,为同盟国争取了宝贵的备战时间。

小知识:

蒙巴顿——皇族帅哥征战四方
生卒年:公元 1900~1979 年
国籍:英国
身分:海军元帅、伯爵
重要功绩:在亚洲成功地指挥了缅甸战役,使日军在东南亚一败涂地,最终投降。

盟国舰船的克星
——诡秘恐怖的"人鱼雷"

鱼雷是海战中在水中使用的武器。现在的鱼雷,发射后可自己控制航行方向和深度,遇到舰船,只要一接触就可以爆炸。

1941 年 12 月 18 日晚,贝尼上尉于 12 月 18 日晚从一艘潜艇上出发,借着夜幕的掩护指挥 3 枚人鱼雷,前去突袭亚历山大港内的英国军舰。

所谓的人鱼雷实际上是一种水下小艇。长 7 公尺,最大直径 1 公尺,以电池组为驱动力,既可以上浮,又可以下潜,操纵起来非常方便。根据这种鱼雷在行进时的姿态,意大利海军把它戏称为"猪"。每个人鱼雷的前部都装有一枚可以分离的弹头,并由一名军官和两个水兵操纵。发动攻击时,这些操纵手身着橡皮潜水服,像骑手一样跨坐在人鱼雷上。军官坐在前面,负责控制鱼雷的方向和速度。如果周围没有敌方巡逻的舰船,他们就会将脑袋露出水面。在接近敌舰时,人鱼雷便悄无声息地潜入舰底部,接着

德国潜艇袭击美国货船。

关闭马达,打开阀门,使潜水箱的水排出来。操纵手将弹头卸下,固定在舰底侧的龙骨处。打开定时引爆装置后,引信钟将按时引爆这 500 磅重的弹头。一切布署就绪后,操纵人员发动马达,从这艘战舰底下游出来,按原路返回。

贝尼的"猪"率先在前,海水刚没过他们的头顶,为防止被迎面冲来的海水甩出去,他们都拼命抓住把手。贝尼和他的骑手们跟在返航的英舰后面成功地混入了港内。由于航速太快,在贴近"勇敢"号战舰时,贝尼的两个助手被甩到水里。在潜入舰底并卸下鱼雷头后,精疲力竭的贝尼实在无法将 500 磅的炸弹固定在舰

底侧的龙骨处,只好把鱼雷安放在水底的淤泥上。贝尼将定时器调好后,立刻浮出水面,这时候一束探照灯光柱罩住了他……

两个小时后,贝尼被带到"勇敢"号的一个舱室里,舰长摩根上校对他进行了审讯。

"请你如实交代,你叫什么名字?什么军衔?到这里来干什么?"

摩根舰长都不清楚这是第几次提问了,可是呆坐在椅子上的贝尼却一直默不作声,只是将目光不时地瞥向对面舱壁上一座挂钟。

时间一分一秒地流逝,摩根舰长实在有些不耐烦了,他想尽快结束这场审问。就在他刚想起身准备走向这个意大利人的时候,俘虏开口说话了。

"上校先生,可不可以给我一支烟?"

吸过烟之后,他对摩根舰长说:"我是意大利海军特别行动小组的贝尼上尉。出于人道主义,我希望您立刻将这艘战舰上的所有士兵撤走,还有20分钟的时间,这艘军舰就会爆炸。"

摩根舰长听到后,立刻命人拉响了警笛。20分钟后,仓促撤走码头的摩根上校,和他那些睡眼惺忪的水兵们,亲眼目送"勇敢"号军舰在一声地动山摇的大爆炸后沉入海底。紧接着,战舰"伊丽莎白女王"号和大型油船"塞戈纳"号也遭此同样厄运。

摩根舰长气急败坏地抓住贝尼的衣领,大声吼道:"这到底是什么武器?"

"上校先生,这就是人鱼雷!"

……

1943年秋,贝尼上尉被释放并参加了同盟国的作战行列。不久,他率领突击队乘坐人鱼雷潜入德军拉斯佩西亚港,击沉了一艘巡洋舰和一艘潜艇。贝尼再一次名声大振,意大利报纸纷纷称赞他为"盟军的英雄"。

次年3月,意大利皇储皮埃蒙特来到塔兰托海军基地,亲自主持贝尼上尉的授勋仪式。当年"勇敢"号舰长摩根上校此时已经升任为将军,并担任盟军海军驻意大利使团团长,事隔3年多,两位过去的敌手在这里又见面了。

"将军阁下,您认识他吗?"

"噢……当然,当然。"

摩根将军巧妙地掩饰过一丝尴尬,虽然他忘记不了那枚使他倒霉的人鱼雷。他轻轻跨上一步,笑容得体、不失风度地拉起贝尼上尉的手。随即,把一枚金质十字勋章别在了他的胸前。

兵家点评

　　意大利人极为隐秘的"人鱼雷"战,是海战史上少有的奇特战术。从 1941 年至 1942 年,意大利海军就这样用"人鱼雷"在直布罗陀海峡一带从事破坏活动,多次重创英国等盟国舰船。

小知识:

　　伦德施泰特——帝国军界第一超强老头

　　生卒年:公元 1875 ~ 1953 年

　　国籍:德国

　　身分:陆军元帅

　　重要功绩:第二次世界大战中,担当入侵法国的主攻,迅速获胜;指挥阿登战役,重创盟军。

"地毯式轰炸"的始作俑者
——"戴希曼方案"

地毯式轰炸是美军在越南战争中使用的一种战术轰炸方式,即每间隔50公尺投下1枚炸弹,对目标区进行大面积盲目轰炸,像耕地一样把目标区的整个土地翻个身,希望能一个不剩地将敌人全部消灭。

第二次大战爆发后,英国在马耳他建立了军事基地,像一把插进意大利"内海"的尖刀,使意大利供给北非德军的船只很难通过地中海。海上供给线一断,在北非孤军奋战的隆美尔军团便陷入"巧妇难为无米之炊"的困境。如果不拿下马耳他,"沙漠之狐"隆美尔的部队就将被消灭。

德海军雷德尔元帅向最高统帅部大声疾呼:"必须把空军调回西西里!"

德国元帅戈林在与军政要人谈论空军问题。

希特勒也同样被马耳他这个弹丸之地闹得心绪不宁。他犹豫再三,决定从莫斯科前线调回凯塞林元帅,派他前往西西里。随后,又将勒尔查将军的第二航空军军部调到墨西拿,集中了352架飞机随时待命。

1941年11月28日,凯塞林元帅下令轰炸马耳他。可惜天公不作美,轰炸刚开始就遇上梅雨霏霏的鬼天气,一直到1942年2月,西西里岛才雨霁云消。德国人见时来运转了,就派出轰炸机小股编队,从每天的拂晓开始,对马耳他岛进行不间断轰炸。凯塞林元帅认为采取小股飞机轰炸,可以不给英国人喘息之机。殊不知这样一来,反倒使对方能集中整个防空体系来对付德军的少数轰炸机。当德国飞机刚一接近目标,英军的重型高炮便怒吼起来,炮弹在德军轰炸机的周围不断爆炸,强烈的气浪冲击着机身。当飞行员调整下降高度,进行俯冲轰炸时,英军3 000公尺、2 000公尺、1 500公尺的三层防空火力网便同时开火。在密集炮火的阻击下,德军的飞机一架接一架地被击落,能够返航归来的也是伤痕累累。

德国第二航空军参谋长戴希曼上校,一开始就不同意这种伤亡甚多的单机或小股机群活动,他主张集中所有轰炸机实施"地毯式"的密集轰炸。1942年3月,在德国空军无法打开局面的情况下,戴希曼的"方案"被凯塞林元帅采纳。正当准备工作即将完成的时候,出现了一个"小插曲":一个军官在废纸袋中偶然发现了攻击命令的复印件,这让凯塞林元帅十分担心:如果秘密泄露,英国人就会加强防备。为了慎重起见,将攻击时间推迟了。直到空中侦察后,发现马耳他岛上的英军并没有异常的举动,才决定实施这一计划。

1942年3月20日黄昏,刺耳的空袭警报突然在马耳他岛上响起。按照以往的经验,此时德国飞机是不会前来轰炸的。听到警报后,正在海里洗澡的英军炮手们,急忙提着裤子跑进炮位,刚刚走下飞机的飞行员也匆匆爬进座舱。不久,一阵巨大而沉闷的隆隆声自远而近传来。

"上帝啊!来的一定是德国佬的大机群编队!"英国士兵们不由得暗暗叫苦。

德军的轰炸机像一片滚动着的乌云,一波接一波地掠过马耳他上空,将一枚枚重磅炸弹铺天盖地般投在了塔卡利机场。第二天,德军又对马耳他岛上其他机场和军事目标进行了第二轮地毯式轰炸。攻击过后,马耳他岛满目疮痍,英军的高炮阵地、机场、潜艇基地都遭到沉重打击,失去了还手的能力。第四天,德国人围点打援,将英军从亚历山大港口派出补给船队在马耳他附近摧毁。接着,继续执行对马耳他第三轮轰炸计划,重点是瓦莱塔港及其船坞。

截止到4月28日,德国总共投入轰炸机5 807架次、战斗机5 667架次、侦察机345架次、投弹6 556吨,使马耳他机场彻底丧失了海、空基地的作用,码头和船坞也变成了瓦砾成山的废墟。

"沙漠之狐"隆美尔听到这个消息,真正松了一口气。

兵家点评

戴希曼提出的"地毯式轰炸"使德国人大占上风。

时至今日,"地毯式轰炸"作为一种战术进攻方式仍有着独特的功效:

其一,地毯式轰炸可以大面积地杀伤对方。

其二,其次,持续不断的爆炸声是威慑敌军的有效手段。

　　其三,大量过时的炸弹如果堆在仓库里,需要付出高额的保管费,倒不如扔到敌方的阵地上去。

　　正因为如此,地毯式轰炸这种看似陈旧的战术,仍是现代战争中的一张王牌,只要有能力打这张牌,战争的双方都会不惜一试的。

小知识：

巴顿——铁胆将军

生卒年:公元 1885~1945 年

国籍:美国

身分:陆军四星上将

重要功绩:1944 年,在法莱斯战役中重创德军;1945 年率军突破齐格菲防线,强行渡过莱茵河,突入德国腹地。

远程轰炸东京
——"杜立特空袭"

空袭,从空中用炸弹、导弹、火炮和火箭等对敌地面、水上目标进行的袭击。现代战争通常从空袭开始,具有突然性大、破坏力强、范围广泛等特点。

珍珠港事件使美国的民心士气跌到了最低点,为了唤起民众抗战的信心,总统罗斯福决定不惜一切代价空袭日本东京。

当时美国海军所有作战飞机的作战半径,都无法达到轰炸东京所需的距离,只好选用陆军的远程轰炸机。经过慎重挑选,有"万能轰炸机"称誉的北美公司B-25"密切尔"型轰炸机被军方选中,其航程可达1932公里。1942年2月3日,改装后的两架B-25B型轰炸机在航空母舰"大黄蜂"号的甲板上起飞成功,初步验证了这一计划的可行性。

从3月初开始,有24个候选机组先后到达位于佛罗里达州的埃格林机场为空袭日本做准备,最后有16个机组被选定执行此次任务。负责这次军事行动的指挥官,就是美国飞行员中的传奇人物、陆军航空兵中校詹姆斯·杜立德。当接受率机轰炸东京的任务时,杜立德比任何人都清楚:这是一项即使轰炸成功也未必能生还的任务。

1942年4月2日,"大黄蜂"号航空母舰载着16架经过改装的B-25型轰炸机,在6艘战舰的护航下,消失在太平洋茫茫的雨雾中。

4月5日,另一支以"企业"号航空母舰为核心的舰队,在海军中将哈尔西率领下也悄然离开珍珠港,向正北方向驶去。5天后,两支舰队在北太平洋上的指定海域会合,合编为第16特混舰队,由哈尔西指挥。

4月18日凌晨,哈尔西向飞行员们宣布:"我们此行的目的,就是要将匕首插向日本帝国的心脏——东京!"

随后,他交给杜立德一枚"日美亲善纪念章":"把这个鬼东西绑在炸弹上还给他们吧!"

几乎是与此同时,第16特混舰队的行踪被日本海军征用的渔船"日东丸23

号"发现了。船长立刻用明码向东京发报："发现美国的航空母舰！"在接到"日东丸"发来的情报后，几个月来一直忧心忡忡的山本立刻意识到："美国人来了！目标一定是东京！"他立即命令驻扎本土的第26航空战队的飞机起飞，命令停泊在广岛的第1战舰舰队和前一天刚刚返回本土的第2舰队起锚出航，迎击美国特混舰队。

执行轰炸任务的美军飞行员

日本巡逻渔船的出现，打乱了哈尔西和杜立德原来的战略部署。按原定作战计划，舰队距东京500海里处时，轰炸机才起飞。现在距离日本700海里，比预定的航程多200海里。提前放飞轰炸机，意味着燃油消耗增多，轰炸机组将不得不在白天轰炸日本本土，飞行员生还的机会更是大大减少了。

情况危急，哈尔西中将向"大黄蜂"号发电："计划临时改变，飞机即刻出动！愿上帝保佑杜立德中校和他勇敢的中队。"

"飞行员上机！飞行员上机！"从扬声器里传出急促刺耳的声音。在"大黄蜂"号的舰首被太平洋上的巨浪抬起的一刹那，最后一架B-25轰炸机升上了天空。

此时，B-25编队距东京668海里。12时30分，杜立德率领他的飞机中队到达目标上空。当飞机掠过渔船桅杆的那一刻，将他们误认是本国飞机的日本渔民，热切地向他们挥手欢呼。

机组人员打开了机腹弹舱门，投弹指示灯红光闪烁，一枚枚重磅炸弹呼啸而下。

一开始,日本老百姓还以为头上的大队飞机是刚才演习的继续。直到东京北部的工厂区传来一阵阵剧烈的爆炸声,浓烟和尘雾笼罩了半个天空,人们才发现,这些飞机的机翼上并不是他们看惯的太阳图案。

当空袭进行时,日本天皇裕仁正在御花园为前方将士采药,以示恩泽。当听到爆炸声后,他惊慌失措,一把拉起良子皇后的手躲进樱花林。在轰炸之前,美军太平洋战区总司令尼米兹命令编队只轰炸军事目标,不准惊动天皇。正是因为有这道命令,美军飞行员们才强压心头怒火,从皇宫上空飞掠而过……

兵家点评

杜立特敢死队16架B-25轰炸机对东京进行了轰炸。虽然轰炸象征意义大于实际意义,但却告诉了全世界:日本并不是不可战胜,日本本土并不是一块世外桃源。参加空袭的敢死队员在完成轰炸任务后飞向中国,其中有一架轰炸机因燃油不足向北飞去,降落在苏联的海参崴,其机组成员一年后经伊朗回国。其余的15架飞机也因燃油不足和天黑、大雾等因素,被迫在中国大陆迫降或跳伞。其中3人在迫降时丧生,8人因降落在日占区被俘。包括杜立德在内的64名机组成员在中国抗日军民的掩护下,平安转入大后方。当天晚上,空袭成功的消息,便由在中国获救的机组人员报告给美国国内。第二天,美国各大报都在头版以通栏大标题报导:美国飞机轰炸东京,杜立德中校干得漂亮!

小知识:

莫德尔——元首的消防队员

生卒年:公元 1891 ~ 1945 年

国籍:德国

身分:陆军元帅

重要功绩:二战中,在战况极其危险、兵力极其弱势的形势下稳定战局,败中取胜;善于捕捉稍纵即逝的战机给敌军以出人意料的反击,数次使德军避免了可能遭遇的更大损失。

远征军浴血滇缅
——仁安羌之战

远征军,离开本土作战的本国正规军队,一般称之为远征军。

二战期间,中国军队在东亚战场上打了一次最艰险的大胜仗,成功击退敌军解救了被困的英军部队,堪称军事史上的奇迹,这就是仁安羌之战。

1942 年 4 月 14 日,英军第 1 师在日军的猛攻下放弃马格威,退守仁安羌。敌军得知这一消息,立即调集两个联队潜入英军后方,占领仁安羌油田,切断英军退路。当时英军的第 1 师和战车营的一部都被敌军包围在仁安羌北部一带。拼墙河北岸的渡口周围也被敌军所占领,救援道路被截断,这使英军彻底陷入了孤立无援的境地。英军在这里煎熬整整两个昼夜之后,弹尽粮绝,水源短缺,陷入危急。孙立人将军接到了史琳姆军团长的求救后,立即调遣驻扎在巧克柏的新 38 师 113 团前去救援。

任务紧迫,113 团当夜出兵奔赴拼墙河北岸,于次日黄昏时分抵达。他们在离拼墙河大约 5 英里的地方驻扎,当天晚上双方就展开了激烈的拼杀。到 18 日清晨时战斗愈演愈烈,孙立人将军亲赴前线指挥,到正午 12 时左右,扫清了在拼墙河北岸的敌军。孙立人将军考虑到河南岸的地形,敌军居高临下,我军极易暴露,而且我军兵力太少,如果敌军摸清我军实力,我军不仅不可能进行救援,还要陷入危险境地。所以,孙将军决定暂停进攻,计划摸清敌情后,晚上偷渡过河,破晓时分内外夹攻。史琳姆将军心如火焚,他坚持要求孙将军必须立即渡河攻击。

中国远征军

孙将军一再向史琳姆将军解释这次行动的利害关系,请求史琳姆将军给斯高特将军打电话,让他一定要再坚持一天,同时作出保证:"包括我在内的中国军队,即使剩下最后一个人,也一定会把贵师解救出围!"史琳姆将军紧握孙将军的双手,感动不已。

18 日夜晚,孙将军在掌握了敌情之后,特派几十名敢死队,带上特殊装备,悄然摸进了日军大本营。敌人无论如何也没想到森林密布的后山断崖会有神兵天将现身。敢死队在解决掉日军的哨兵之后,开始进行战斗部署,直到准备完毕,敌军仍无察觉。到 19 日凌晨 4 时,敌军还在沉睡中时,营内一颗信号弹直冲云霄,中国军队的攻击开始了。

破晓时分,左翼部队占领敌军第一阵地后转战到山地。敌军进行强烈反攻,我军占领的阵地,失而复得,反复多次。在敌军优势兵力的压迫下,我军必须要用种种方法来防备敌军对我军实力的侦查。我军假设疑兵,制造假象,同时用小股军队突击扰乱,使得敌军无法探清我军的实力。在山炮、轻重迫击炮、轻重机关枪的掩护下,主攻部队勇猛冲杀,与敌军进行了多次激烈的肉搏战。在拼杀中,第 3 营长张琦不幸牺牲,他在临倒下之前还在高声呐喊:"弟兄们,冲啊!"士兵们眼看着营长倒在血泊之中,一种悲痛的力量驱使着他们不顾一切地杀向敌军。到午后,敌军第 33 师团全线撤退。到下午 5 时,我军攻取仁安羌油田,枪炮声渐行渐远,敌人迅速撤退了。我军成功解救了被俘的 7 000 多名英军,还有 500 多名的美传教士和新闻记者等,并替英方夺回被抢走的 100 多辆汽车。接着我军掩护着英军第 1 师从拼墙河北岸安全退出。英军经历三天的煎熬,显得有些狼狈。在撤退的路上,他们都在对我们的士兵高喊"中国万岁"、"孙立人将军万岁",并竖起大拇指称赞;还有一些军官按捺不住内心的感激,抱起我们的军官一起欢呼跳跃。

兵家点评

仁安羌之役,在军事上来说是一个奇迹,中国军队是以少胜多,以客胜主,以寡救众。这一仗,不但表现了中国军队的勇猛顽强,更表现出中国的指挥官的卓越的将才、敏锐的判断能力、超人的战术眼光。充分发扬了中国军人舍己救人和不背盟信的美德,以及对道义的高深教养。

仁安羌的捷报,惊动英伦三岛,迅速传遍世界各地,受到各同盟国的赞誉,孙立人将军成为中国远征军的英雄。孙立人将军后来被美国总统罗斯福授予"国会勋章",并在颁发颂词中写道:"中国孙立人中将,于 1942 年缅甸战役,在艰苦环境中，建立辉煌战绩，仁安羌一役，孙将军以卓越的指挥歼灭强敌，解救英军第 1 师之围，免被歼灭，后复掩护盟军转移，于千辛万苦之中，转战经月，从容殿后，其智勇兼备，将略超人之处，实足为盟军楷模。"英皇乔治六世授予其"丰功勋章"，中国政府奖给其"四等云麾勋章"。

小知识：

　　孙立人——威震缅甸的远征军英雄

　　生卒年：公元 1900～1990 年

　　身分：中华民国陆军上将

　　重要功绩：因仁安羌之战赢得了世界声誉。

纳粹密探落网
——密写信中的间谍线索

间谍，广义来说，间谍是指从事秘密侦探工作的人，从敌对方或竞争对手那里刺探机密情报或是进行破坏活动，以此来使其所效力的一方有利。又称特务、密探。

1942 年 2 月 20 日夜，美国一名机警的邮件检查员发现一封寄往葡萄牙的邮件，上面的地址是德国间谍"投递"情报地址中的一处，这引起了检查员的怀疑。他从邮件里取出一个航空信封，信封里面是一张打字纸，这是一位先生写给老朋友的信。检查员把它移交到了美国华盛顿联邦调查局。

几小时后，研究结果出来了。在打字空白处有用密写墨水写的情报，写的是纽约港内担任护航的军舰和货船的情况。联邦调查局明白，必须查出并抓住这个间谍，否则情报递到敌人手中，美军就会面临重大威胁。但是联邦调查局实验室只提供一条线索：打出这信件的打印机是"安德伍德"牌三排键后提式的。茫茫人海，特工人员就依据这简单的线索展开了调查，第一步就是检查纽约所有打印机的出售及租借情况。

此后 10 天内，又相继发现了两封信件，但反间谍人员依然没有其他线索。一天夜晚，一名特工又在审查这些信的影印件，他突然发现一处破绽。信的内容很多是虚构的，但有一小部分生活细节好像是来自于现实。比如此人已婚，有房子，还有一只得过瘟热病的狗，每天在 7 点和 8 点之间离家，最近换了一副眼镜，他的职业是一个空袭民防队的队员。检查员把这些内容都摘录下来。联邦调查局立即根据这些情况，对每个民防队员展开审查。随着被截取信件的增多，该人形象更加明显：他有一个菜园子，还希望再建造一个养鸡场等。虽然这个间谍的影子仍然渺茫，但锁定范围毕竟缩小了。

4 月 14 日夜间，第 12 封信被截获。信里有一段文字提到他曾去埃斯托利尔海滩度过一段美好的时光。埃斯托利尔——里斯本郊外不远的海滨避暑胜地，德国间谍经常接头的地方，联邦调查局十分知晓。

联邦调查局决议，调查自 1941 年春天以来经里斯本进入美国的每个人。因为填报海关行李申报单是每个上岸的人都必须做的,所以联邦调查局想出用秘密间谍信封上的亲笔签名来核对,虽然名字是假的,但笔迹像指纹一样很难伪造。第二天,联邦调查局的手迹专家拿着该人的签名影印件,开始对上万张海关申报单进行审查。

在6月9日晚上9时,一个特工人员从纽约海关办事处已查过的申报单中抽出了其中的一张。当他带着厌倦的情绪把这张纸放在放大镜下时,不禁大叫一声,同事们被他的叫声吸引过来,大家发现,这张申报单的名字和那人的签名有非常相似的地方。比如同样弯曲的"e",倾斜度一样的"s"。随之,特工专家们进行了更加细致的研究,最终得出结论:欧纳斯特·弗·莱密兹就是他们要找的人。

这个人生活在纽约斯塔顿岛,汤金斯维尔,牛津,123号。很快,就有特工人员赶到目的地,进行严密监视。清晨7时15分,一位戴着眼镜又高又瘦的人,走出门口。这个人头发乌黑,大约有50多岁。特工人员开始跟踪。被监视人出门不远,进入了一家餐馆。特工人员也随后若无其事走了进去。这个人换上一件脏衣服后,开始蹲下来擦地板。就在可疑分子毫不知觉的情况下,被跟踪了16个日夜。特工人员在监视的同时,与同来餐厅的人谈论了很多关于那个可疑分子的事情。透过交谈,他发现了很多细节与邮件检查员从间谍信上摘录的内容惊人的一致。到此时,目标就锁定在欧纳斯特·弗·莱密兹身上。从截获第一封信一年四个月零七天后,欧纳斯特·弗·莱密兹身分被彻底识破。1908年,他来到美国在德国驻纽约领事馆充当办事员。1938年,经过严格的特工训练后进入纳粹间谍机关任职。1941年春,他回到美国,找到一个固定工作,假扮一般人。被审讯时,他还供出一名间谍欧文·第斯普莱托,之后被判处有期徒刑30年。

兵家点评

根据工作目的的不同,间谍大致分为军事间谍和工业间谍(或称商业间谍)。为敌对双方同时服务的,被称为"双料间谍"或"双面间谍"。

密写是间谍最早的联络方法之一。即利用某些有机化合物或无机化合物对纸张的潜隐性能,在纸上写出眼睛看不见的文字,再透过一定的光、热、蒸气和化学的作用显示出字迹来的一种秘密的通信方法。密写的具体种类主要有:溶液密写、复写密写、干写、压痕密写以及潜影密写等。密写是间谍最早的联络方法之一。

将计就计设圈套
——罗斯福特破译密码立功勋

自然主义战争论,这种理论认为,战争是社会生活中的一种自然现象,因而认为战争是永恒的。

1942 年 4 月和 5 月间,在美军珍珠港海军基地的一间地下室里,约瑟夫·罗斯福特少校和他领导的情报小组正在紧张地工作。罗斯福特是一位天才的密码专家。在 1940 年,他成功破解了日本海军企图攻占莫尔兹比港口的行动代码 JN－25,使美国海军在第一时间派遣第 17 特遣舰队参加了珊瑚海的战斗。此时,他正身披一件红色的、好像被烟熏过的旧夹克,脚上穿着一双绒毛拖鞋坐在椅子上蹙眉沉思。办公桌、椅子和地板上都堆满了文件。在截获的日军通讯中,有一个"AF"名称出现的频率和次数最近明显增多,罗斯福特猜测日军主力部队近期将要展开行动,可是他绞尽脑汁也无法断定攻击的目标到底是在什么地方。

这时,一个情报小组成员报告说,他们在堆积如山的侦抄电文中找到一份日军偷袭珍珠港时的电报,电文曾提到"AF",一架日军水上飞机曾在"AF"附近的一个小珊瑚岛上加油。

罗斯福特听到这个消息如获至宝,最终断定"AF"指的是中途岛。自从威克岛陷落以来,这个小小的环礁岛仍然飘扬着美国的星条旗。

但罗斯福特的一些上司还有些犹豫。在进攻珍珠港之前,日本人严禁使用无线电通讯,为什么现在却发射大量的信号? 如果这次行动选择在近海区域,日本人可能在寻找一个比中途岛更大的目标——阿留申群岛。这样,日本人可以将它作为一个跳板,攻击阿拉斯加州,甚至还能攻击加利福尼亚州。

罗斯福特建议检验一下他的想法。在得到太平洋舰队新任总司令切斯特·尼米兹海军上将的准许之后,驻守在中途岛上的美军,奉命用浅显的明码拍发了一份作为诱饵的无线电报,谎称中途岛上的淡水设备发生了故障。两天后,他们截获到一份新的日军报告,说 AF 缺少淡水。

一切都真相大白了。罗斯福特小组以此为突破口,一下子破译了反映日军舰队作战计划的所有通讯。这样,尼米兹不仅清楚掌握了日军夺取中途岛的战略企图,而且还查明了其参战兵力、数量、进攻路线和作战时间,甚至连对方各舰长的名字都了如指掌。

兵家点评

美军在中途岛大海战中击败日本舰队的情报侦察,是技术侦察的典范。

美国海军情报局靠侦听和破译日本海军的密码,并巧妙地设置情报陷阱确认"AF"就是中途岛,进而掌握了战争的主动权。此次海战的英雄斯普鲁恩斯少将说:"中途岛之战的胜利,其主要原因首先在于得到了第一流的情报,其次应归功于尼米兹将军的判断和安排。他根据情报充分地发挥了他大胆、果敢、聪明和天赋。"

小知识:

尼米兹——美国海军的榜样

生卒年:公元 1885~1966 年

国籍:美国

身分:海军五星上将

重要功绩:指挥珊瑚海、中途岛、所罗门群岛、莱特湾等海战和登陆战。

太平洋战场上的历史性转折
——中途岛海战

信息威慑,是以多媒体、网络信息等手段,把虚拟军事演习、武器装备展示等传递给敌方,采取虚实相间、若隐若现的方式,保持威慑力度和产生足够的效应。

中途岛是美军在夏威夷的门户和前哨阵地。为了占领该岛,日本海军几乎倾巢而出,舰队规模甚至超越后来史上最大海战莱特湾海战时的联合舰队。负责此次军事行动的是海军大将山本五十六,此前他曾策划指挥偷袭珍珠港战役。

日本人的这次行动,简直是自投罗网。美国情报机关早已破译出了日军的密码电报,并弄清了电报中"AF"这个目标指的就是中途岛。针对日军的作战计划,美国海军司令尼米兹决定在中途岛东北海面设伏,寻机从侧翼对毫无警觉的日军舰队实施突击。同时,他命令中途岛上的官兵采取一切措施,加强岛上的防务。

1942 年 6 月 4 日凌晨 3 时(中途岛时间)左右,山本五十六在"大和"号旗舰上发出了"准备战斗"的电令。

4 时 30 分,"赤城"、"加贺"、"飞龙"、"苍龙"4 艘航空母舰上的泛光灯突然打开,把飞行甲板照得通亮。

"战斗机起飞!"南云中将的命令从扩音器的喇叭中传出。

由俯冲轰炸机、水平轰炸机和零式战斗机组成的第一攻击波机群,在永友文市海军大尉的率领下,108 架飞机轰鸣着向东南方向的中途岛飞去。紧接着,升降机立刻将第二攻击波的飞机迅速从机库提升到飞行甲板上。

5 时 55 分,中途岛上的美军雷达发现来袭的日军机群,立即鸣放警报,所有飞机全部升空。当日机距离中途岛还有 30 英里时,26 架"野猫"式战斗机和"水牛"式战斗组成的拦截队出现在日本机群前。日本零式战斗机立即上前与其展开激战,美机性能不佳,对抗不利,仅仅 15 分钟,美军的战斗机就有 15 架被击落、7 架被击伤。日机毫发无损,全部飞抵中途岛上空。好在美军早有戒备,机场和跑道上空空如也,日本轰炸机只能对东岛机场、桑德岛机库、机场跑道及其他地面设施进行袭击轰炸。当第一波攻击任务完成后,日军只损失了 6 架飞机。

207

7时整,友永大尉向南云中将发出了有必要进行第二次轰炸的报告。

7时10分,第一批美军鱼雷轰炸机出现在南云舰队的上空。在日军战斗机疯狂的截杀和日舰猛烈的炮火下,10架美机无一命中目标,其中7架被击落。友永的报告和美机的攻击,使南云相信中途岛的防御力量还很强,于是决定把原来准备用于对付美舰的飞机改为对中途岛进行第二次轰炸。他下令将甲板上已经装好鱼雷的飞机送下机库,换装对地攻击的高爆炸弹。命令下达后,甲板上顿时一片忙乱。

8时10分,日本侦察机给南云发来了"发现由5艘巡洋舰和5艘驱逐舰组成的美军舰队"的报告。几分钟后,又发回了一份语意模糊的电文:"敌舰队中似乎有一艘航空母舰"。听到有航空母舰出现的消息,南云立刻下令各舰将已换装上炸弹的飞机再次送回机库重新改装鱼雷,收回中途岛归来的第一波飞机,并命令舰队以30节的航速向北撤离,以避开再来攻击的美机和取得有利阵位。由于南云转向航行,一些美机来到预定海域扑了个空。利用这个稍纵即逝的机会,南云完成了战略部署:102架飞机组成的日军舰载机攻击队已排列就绪,整装待发。美航空母舰眼看将遭到重大打击。

就在美军败局将定的时刻,却出现了戏剧性的转折。

美军战机从航空母舰上起飞。

从"企业"号上起飞的33架美军"无畏"式俯冲轰炸机,在搜索无果准备返航时,却意外地发现了由四艘航空母舰组成的蔚为壮观的南云舰队。从"约克城"号航空母舰上起飞的17架"无畏"式俯冲轰炸机也紧随其后飞抵日航空母舰上空。

此时,日舰正处于极易受攻击的境地,甲板上到处是鱼雷、炸弹及刚加好油的飞机,保护航空母舰的战斗机正在低空四处追杀美军鱼雷机。

"不好,发现美军轰炸机!"

日本海军瞭望兵话音刚落,只见1架美军俯冲轰炸机首先穿出云层,直扑"加贺"号而来,一枚炸弹命中了甲板上的加油车,顷刻之间,"加贺"号变成了一个巨大的火炉。浓烟滚滚,火光冲天,舰长冈四大佐当场被烧死。不久,该舰即自动爆裂沉没。

在"加贺"号挨炸后仅1分钟,另1架俯冲轰炸机就垂直俯冲下来,炸弹从机翼下飘摇而下。一阵尖厉的啸声后,"赤城"号闪起夺目的闪光。大火四处蔓延,吞没了甲板上的飞机,并引爆了飞机所装载的鱼雷,整个机库成了一片火海。

南云万般无奈之下,只好转移到"长良"号巡洋舰上,并忍痛下令炸沉"赤城"号。

10时30分,3枚1000磅重的高爆炸弹分别命中"苍龙"号前部飞行甲板和中部升降机,引爆了堆放的弹药和油库,顿时整个航空母舰变成了一片火海,至傍晚,"苍龙"号随着日落沉入了海底。

为了挽回败局,山本五十六命令所有的舰队向他靠近,阴谋诱使美国舰队西移到他的舰队猛烈的炮火射程内。但美国人偏偏没有上当。

6月4日中午,日本只幸存下"飞龙"号航空母舰。它虽然成功地躲过26枚鱼雷和大约70枚炸弹,但最后在一片大火中被日本舰队自己的鱼雷击沉。

5日凌晨,日本舰队听到山本的命令:"取消中途岛行动。"

至此,空前规模的中途岛海战宣告结束。

兵家点评

中途岛海战是海军史上成败瞬息万变的一战,是美国海军以少胜多的一个著名战例。占有明显优势的日军遭到惨败,不仅损失了4艘大型航空母舰和322架飞机,更重要的是损失了一大批训练有素、技术高超、富有经验的飞行员。此后,飞行员的短缺就成为困扰日本海军的最大的难题,大大削弱了海军航空兵的战斗力。

在战术运用上,美军摒弃了"战舰至上"的传统思想,以航空母舰为主来实施作战。而日本海军的军事思想却因循守旧,在中途岛作战方案中把航母放在第一线来充当诱饵并以此消耗美军实力,作为战舰决战创造条件。山本透过截获的美军往来电报,已判断出中途岛附近可能有美军舰队活动,却为了不暴露自己所在战舰编队的位置,不向南云通报这一重要情报,直接导致南云在毫无准备的情况下受到突然袭击。南云指挥上的失误,则对整个战役产生了决定性的影响,他的换弹命令,已成为二战中的著名错误命令。

武器装备上,日军海军尽管拥有先进的零式战斗机和没有航迹的氧气推进鱼雷,但现代海空战所必需的电子设备——雷达方面远远落后于美军,仅有的2套雷达样机,还安装在战舰上,而不是决定海空战胜负的航母。此外,重视情报侦察是这次战役美军取胜的重要原因。美军不但透过破译密码掌握了日军的战役企图和兵力部署,而且对战术侦察也很重视。以上种种因素,造就了美军的胜利。

小知识:

山下奉文——盟军在太平洋战争中最难缠的陆战对手

生卒年:公元 1888～1946 年

国籍:日本

身分:陆军大将

重要功绩:太平洋战争爆发后,他横扫马来半岛、攻占新加坡的战绩,是二战中日本军队最大的陆战胜利,也是英军史上最大的耻辱。

沙漠猎"狐"
——阿拉曼战设

枪械,指利用火药燃气能量发射弹丸,口径小于 **20** 毫米(大于 **20** 毫米定义为"火炮")的身管射击武器。以发射枪弹,打击无防护或弱防护的有生目标为主。

就在斯大林格勒战役进行的同时,一场激烈的拼杀同样在北非战场上进行着。为了确保战争的胜利,英军第八集团军司令蒙哥马利费了一番心思,他绞尽脑汁,喜得妙策,要将计就计使自己的老对手隆美尔围于自己精心设计的连环套内。

蒙哥马利元帅指挥阿拉曼战役。

1942 年 8 月,蒙哥马利向伦敦监督处中东特派组发出请求,请指挥官克拉克上校发一封电报给隆美尔,要以隆美尔间谍"康多尔小组"的名义发出,电报大致内容为英军已经做好了在阿拉曼防线南端的阿拉姆哈勒法山岭进行抵抗的准备,但是他们的防御力量极为薄弱,如果在这里向盟军发动进攻,突破英军阵地会很容易。

没过几天,克拉克又按照蒙哥马利的指示发出第二封电报给隆美尔,向他报告了英军的防御命令。此时,隆美尔已对电报内容深信不疑。蒙哥马利为进一步迷惑隆美尔,还命人精心为隆美尔绘制了一张作战图,在图上明确标出拉吉尔一带是一片"硬地",有利于装甲部队的行动,并命德甘冈想法让此图"不小心"落入德国人手里。

隆美尔很快就收到了这张假地图,心中暗自高兴,于1942年8月30日夜,向盟军发动进攻,企图用突袭的方式攻破英军防线。令他意外的是,出发不久,就遭遇了英军布下的一个新雷区。隆美尔见势不妙,即刻命工兵排雷,就在此时,英军飞机突然出现在他们的上空,投下大量照明弹,使隆美尔的军队置身于如同白昼的环境中,紧接着就是疯狂的轰炸。德军费尽周折,挣扎着越过了雷区。

31日凌晨,双方展开激烈的交战。战斗中,隆美尔突然发现,英军在这里部署的不是1个装甲师而是3个,这是他始料未及的。可是他已别无他路,唯有硬着头皮向前冲。在前进途中他发现,地图上的那片"硬地"渐渐变成沙漠。他的数百辆坦克、装甲车和卡车在这里东倒西歪地向前缓慢地移动着,而英国空军的飞机则在不停息地连续轰炸。隆美尔不断接到伤亡报告。

这时,他又接到燃油即将耗尽的报告,为他供应油料的三艘大船在横渡地中海时,被潜伏的英军击沉。9月4日凌晨,隆美尔被迫下达总撤退的命令,结束了这场在阿拉姆哈勒法的恐怖战役。蒙哥马利一鼓作气,于1942年10月23日夜,命数千台美制"谢尔曼"坦克炮弹齐发,最终55 000敌军被歼灭,350辆坦克装甲车被击毁。由于蒙哥马利的指挥过于谨慎,冲锋不果断,没能全歼德意联军。即使这样,此战仍是第二次世界大战非洲战场的转折点,战争主动权从此落入英军手中。

兵家点评

阿拉曼之战的巨大胜利,不仅成为北非战局转折点,而且使盟军从此掌握战略主动权,加速了法西斯的灭亡。"阿拉曼战役后,我们再没有打过一次败仗。"英国首相丘吉尔不仅很自豪地说出这句话,而且还把阿拉曼战役称为"命运的关键"。

如果可以忽略战争的性质,被称为"沙漠之鼠"的蒙哥马利和被称为"沙漠之狐"的隆美尔,都可作为罕见的军界帅才而永垂史册。他们都为各自国家立下了显赫的功绩,并在很大程度上推动了战争的进程。但历史不能假设,经此一战,成就了蒙哥马利在历史上的英雄之名,也让隆美尔沦为了被人唾弃的乱世枭雄,不是因为别的,只因为他选择了放弃,这是一条走向黑暗的道路,他最终的服毒自杀也正因为此。这便是历史上正与邪的较量。

无法攻破的堡垒
——斯大林格勒会战

种族主义战争论,是把战争的真正原因和根源归结为种族差别与矛盾的理论,认为种族差异和矛盾是导致战争的本源。这一理论的主要代表人物法国学者戈宾诺。

1942 年 7 月 17 日,纳粹德国投入了 1 500 000 的庞大兵力,向斯大林格勒发起了进攻。

9 月 14 日,德军攻入市区,与苏第 62 集团军展开了激烈的巷战。城中的每一条街道,每一栋楼房,每一个地下室,都成为守军和居民同德国法西斯军队厮杀的战场。苏军的后备队冒着敌人猛烈的炮火源源不断地赶赴城中,前仆后继。德军在进攻中常采用各兵种联合作战的战术,步兵在冲锋时,炮兵和空军进行远程攻击和空中轰炸掩护。为了对抗这种战术,苏军采取了贴身紧逼的策略,尽量与德军贴近,进行惨烈的肉搏战。

9 月 15 日,德军经过一天最残酷的战斗,占领了城区的制高点——马马耶夫高地。16 日,苏近卫第 13 师渡过伏尔加河进入斯大林格勒,又重新夺回了该高地。9 月 27 日马马耶夫高地被德军重新占领,但在 29 日又被苏军夺回。两方军队不断地交替占领这片高地。苏军在一次反攻中,在一天之内竟牺牲了 10 000 名士兵。德第 6 集团军的一位叫汉斯·德尔的军官,在《进军斯大林格勒》一书中写道:"敌我双方为争夺每一座房屋、厂房、水塔、铁路路基,甚至为争夺一面墙、一个地下室和每一堆瓦砾,都展开了激烈的战斗。其激烈程度是前所未有的,甚至第一次世界大战也不能相比。我们早晨攻占了 20 公尺,可是一到晚上,俄国人又夺了回去。"为了争夺火车站,双方进行了拉锯战,一周内火车站 13 次易手。

扬科夫·巴甫洛夫指挥的 6 人小分队,在一座公寓楼与德军持续激战了 58 个昼夜。他们在大楼附近埋设了大量地雷,并在窗口安设了机枪,为了便于联络,还将地下室的隔墙打通。德军的飞机将楼房炸得面目全非,却始终未能让这些勇士屈服。

在一个大仓库的战斗中,两军的士兵非常接近,甚至能够听到彼此的呼吸声。

工厂里的工人一边反击敌人,一边在弹片横飞的厂房里坚持生产,坦克往往来不及涂上油漆和安装射击瞄准镜就直接从兵工厂的生产线开到了战斗前线。

从9月14日到26日,德军以每天伤亡3 000多人的代价,仍未能占领全城。一个德国士兵在家信中哀叹道:"斯大林格勒就在我们面前——相距如此之近,却又像月亮那样遥远。"

德军为了及早结束战斗,将装甲部队开进了市区。由于城内布满了瓦砾堆和废弃建筑物,这些坦克部队毫无用武之地。即使德军的坦克能够前进,也会遭到楼顶上的苏军反坦克武器的攻击。此外,苏联的狙击手也遍布在市区的各个角落,利用废墟作为掩体,给德军造成了极大伤亡。在斯大林格勒进入巷战后的第28天,英国伦敦广播电台播发消息说:"德国人二十八天内占领了波兰,在斯大林格勒却只夺取几座楼房;他们二十八天内占领了法国,在史达林格勒却只越过几条街。"

冬季渐渐来到了,德军陷入了饥寒交迫之中,许多士兵被冻死,战斗力一天天衰弱下去。

建造在著名的马马耶夫山岗上,纪念斯大林格勒战役的名为"俄罗斯母亲"的大型雕像。为了争夺这一战略要地,苏德两军有300 000人在此丧生。

11月19日,斯大林发布了大反攻的命令。四天后,苏军把330 000德军困在了包围圈。德军司令鲍罗斯向希特勒发出突围的请求,但得到的回答却是:死守阵地,不许投降!

次年2月2日,苏军最终取得了斯大林格勒保卫战的胜利。鲍罗斯夹杂在90 000多名德国官兵的队伍里,穿着单衣,紧裹着毛毯,在刺骨的寒风中,一步一拐地走向西伯利亚战俘营。

兵家点评

无论从什么角度评论,斯大林格勒战役都是二战中甚至人类战争史上最惨烈的战役之一。整个战役持续199天,战争中总伤亡人数估计超过200万人。由于

穿梭于斯大林格勒废墟中的苏军,对地形的熟悉成为苏军的优势之一。

苏联政府害怕过高的伤亡统计会影响民众,因此在当时拒绝提供详细的伤亡资料。轴心国一方在这场战役中,损失了东线战场的1/4的兵力,并从此一蹶不振。

这次会战的残酷性,在世界战争史上是非常罕见的。战后英国出版的《第二次世界大战史》如此评述德军对斯大林格勒的狂轰滥炸:"这是一次纯粹的恐怖袭击,其目的是尽可能多地屠杀平民,摧毁苏军士气,散布恐慌气氛。"一名德军军官在日记里写道:"斯大林格勒不再是一座城市,而是一个杀人炉灶……这里的街道不再是用公尺来计算,而是用尸体来计算。"

小知识:

瓦杜丁——红色闪电

生卒年:公元 1901～1944 年

国籍:苏联

身分:大将

重要功绩:1943 年斯大林格勒战役时,率军实施"小土星"战役,击败了企图解救斯大林格勒被围德军的曼斯坦因部队。

二战最出色的蒙蔽战术
——电子干扰制造的大骗局

电子干扰,是以电子干扰设备或器材对敌雷达、无线电通信设备、无线电导航设备、制导设备,以及各种光电设备等进行的干扰。

1942 年,德国工程师罗森施泰因经过了一系列实验,证实用德国人称之为"骗子"的铝箔来干扰雷达,可以使之失效。可是德国空军的首脑戈林却下令严禁继续研究,命令将有关"骗子"的秘密文件全部锁进了保险柜,也没有对这种新的干扰方法采取必要的防范措施。不久,英国专家也得出了相同的结论,把一大批铝箔薄片撒在空中,雷达显示器上会产生犹如飞机一样的形象;如果每隔一段时间撒下一批,雷达就会失灵了。他们将铝箔称之为"反射体",日夜加紧研究,终于使之在战争中大显身手。

1943 年 7 月,英国空军在轰炸德国汉堡的"罪恶城作战"行动中,首次运用了这种战术。英国出动的 791 架轰炸机在飞往目标途中,每架飞机 1 分钟撒下 2 000 多个铝箔薄片,每撒一批薄片便在德国雷达屏幕上造成 15 分钟的"回波"。这种干扰使德军束手无策,探照灯光柱毫无目标地扫来扫去,高射炮对空乱射,夜航战斗机和机载雷达最后也成了无头苍蝇。英国空军仅以损失 12 架轰炸机的轻微代价,取得了重大胜利。

1944 年 6 月,盟军开始实施诺曼底登陆计划。为了保证登陆成功,必须把在法国瑟堡和德国本土之间的 100 个德国雷达设施全部摧毁或使之失灵。当时,希特勒深信盟军会在法国的勒阿弗尔或加来海峡登陆。盟军将计就计,派出 18 艘英国小型舰船,驶向勒阿弗尔北面的安梯福角。为了便于在敌人雷达屏幕上造成"大批军舰回波",每艘船后面都拖着几个低飞的气球。盟军还出动了 12 架飞机低空飞行,每隔 1 分钟就撒下一大束铝箔薄片,造成了一支大型护航舰队正在徐徐向法国本土前进的假象。类似的活动也在波洛涅的方向进行。

在盟军真正登陆的地区,也在进行着大规模干扰雷达的活动。24 架盟军飞机载着干扰器,不停地在高空盘旋飞行,对德军设在瑟堡半岛的雷达站进行网路

希特勒在战场上视察。

式的干扰。这一蒙蔽战术运用得十分出色,德军集中各种火力和探照灯保卫自认
为威胁最大的勒阿弗尔和波洛涅地区。他们还派出大量鱼雷艇冲向海面,去截击
那支完全虚构的巨大护航队。

　　6月6日晚上,盟军从空中和海上联合进行的大规模干扰活动,使敌人的雷
达侦察兵处于混乱不堪的境地。当德国人弄清盟军舰队真正的进攻目标之后,才
意识到这是一场大骗局,但为时已晚。

兵家点评

　　电子干扰是利用电子干扰装备,在敌方电子设备和系统工作的频谱范围内,
采取的电磁波扰乱措施。干扰对象是敌方的雷达、无线电通信、无线电导航、无线
电遥测、敌我识别、武器制导等设备和系统,也包括各种光电设备。有效的电子干
扰,会使敌方电子装备不能正常工作,造成通信中断、指挥瘫痪、雷达迷盲、武器失
控,使敌方处于被动挨打的境地,同时为己方隐蔽行动意图,提高飞机、舰艇等重
要武器系统的生存能力,为保证战役战斗的胜利创造有利条件。电子干扰的效果
取决于所采取的干扰样式的技术特性和使用方法,还取决于敌方电子设备和系统
所采用的反干扰措施。为了在电子对抗斗争中取胜,要求电子干扰的保密性和针
对性强,技术更新快,反应迅速,还要求技术与战术紧密结合。

英国谍报史上的不朽传奇
——肉馅行动

战争观,是人们对战争问题的总体根本的看法。由于受阶级立场、世界观和人们的认知能力等因素的制约,自古以来,世界上有各式各样的战争观。

1943 年 7 月 10 日,盟军在北非沿海港口集中大批兵力,准备执行代号为"爱斯基摩人"的西西里岛登陆作战计划。位于地中海的西西里岛地处要冲战略位置十分重要。在这个面积仅为 2.5 万平方公里的小岛上,德、意军队部署了 13 个主战师和 1 400 多架飞机,总兵力多达 360 000 人。为了分散德、意法西斯在西西里岛的防守兵力,减少盟军登陆作战的伤亡,盟军最高统帅部命令英国主管"双重间谍"的决策机构——"双十字委员会",采取有效的措施蒙蔽德、意军队,以配合登陆计划的实施。

经过细密的分析和讨论,"双十字委员会"最终采纳了伊温·蒙塔古海军中校提出的方案。于是,代号为"肉馅"的行动计划正式出笼。

1943 年 4 月 30 日,英国的"六翼天使"号潜艇在摩尔渔韦瓦附近的西班牙沿海神秘浮出水面。舱门打开后,一群士兵将一具佩戴少校军衔的尸体从一个铝质圆桶中抬出来,并把一个皮质公文包牢牢拴在尸体上,随即抛入大海。在海浪的席卷下,尸体漂到西班牙沿海一个小镇,被当地渔民发现并报告至西班牙海军办事处。

按照惯例,西班牙军方立即对死者的衣物和皮包进行检查,初步认定死者是英国联合行动司令部的参谋马丁少校,在搭乘飞机前往盟军地中海联合舰队的途中,因飞机失事而落海身亡。在检查的过程中,西班牙海军办事处人员对马丁公文包里的一份文件大为震惊。文件透露:盟军进攻西西里岛只是一次战略佯攻,真正的目标是撒丁岛和希腊。

当时,西班牙虽然名义上保持中立,暗地里却与纳粹德国勾结,总参谋部立刻将这份"绝密"情报送给了德国间谍部门。西班牙海军办事处和德国间谍谁都没有想到,这是盟军布下的一个陷阱。

如此重要的情报居然"踏破铁鞋无觅处,得来全不费功夫",还是让德国的间谍多少有些不相信:这样的机密怎么可能会出现在一个少校军官的身上,上司为什么会如此信任他?德国人的疑心,英国人早就考虑到了。一封由蒙巴顿将军写给地中海舰队司令、海军元帅安德鲁·卡宁汉的一封信中说:"马丁少校是应用登陆艇的专家,是一个不可多得的人才,希望在盟军成功登陆之后,就立即把他还给我。"信末,蒙巴顿还附了一句:"在他回来的时候,别忘了给我捎回来一些沙丁鱼。"沙丁鱼是撒丁岛的特产,看来英国人选择在撒丁岛上登陆确定无疑了。

1943 年 8 月 9 日,在西西里岛盟军一等兵哈维·瓦维特正在为被榴霰弹击伤的二等兵罗伊·亨弗雷输血。

不仅如此,为了防止德国人对尸体进行解剖,"双十字委员会"还专门选择了一具死于肺炎、肺中有积水的男尸。如果尸体被解剖,也会被认定是在海上溺死的。

德国情报局命令潜伏在伦敦的间谍提供马丁少校更详尽的细节。派出的间谍很快搞到了 4 月 29 日英国海军公布的阵亡将士名单,威廉·马丁少校名列其中。接着,西班牙的德国间谍也向柏林报告:马丁少校的尸体已按正式军礼安葬在韦尔瓦。此前,为了进一步迷惑德国人,"双十字委员会"还安排马丁在英国的"未婚妻"为葬礼送来一个花圈和一张悲痛欲绝的明信片。

为了辨别这些情报的真伪,西线德军情报分析科科长冯·罗恩纳上校亲自出马,也没有找出一丝破绽,他对文件的真实性深信不疑。就在此时,在撒丁岛一座海滨城市的海滩上,军方又发现了一个英国突击队员的尸体,他属于一支正在侦察撒丁岛的小分队。其实,这是英国潜水艇的又一"杰作"。

这一切,更坚定了德国情报局的判断,德国统帅部也开始采取行动。将西西里岛驻守的兵力、交通运输和通信联络器材调往希腊,在西西里岛仅留下两个师的守军。

1943 年 5 月 14 日,希特勒向墨索里尼透露了马丁密件的内容,并且胸有成竹地说:"这个情报是真实的!"墨索里尼深表顾虑:"我总有一种预感,觉得盟军会在西西里岛登陆。"希特勒加重语气说:"直觉并没有情报重要,我们得到了可靠的情报! 情报!"

3 个月后,盟军在西西里岛成功登陆。直至这时,希特勒才如梦方醒,大呼上当。

兵家点评

　　"肉馅行动"计划实施的始末,一点一滴都透着英国情报机关的精明,他们在欺骗伪装计划中滴水不漏,连最细微的技术情节都处理得十分周全。整个计划的制订与实施令世人拍案叫绝。难怪历史学家在评论这场精彩的欺敌活动时说:"德国人为得到'肉馅'而兴高采烈,更为'肉馅'的骗局而五脏俱裂。"

小知识:

　　博克——实力超强却常被忽视的战将

　　生卒年:公元 1880 ~ 1945 年

　　国籍:德国

　　身分:元帅

　　重要功绩:在世界军事史上一些颇具影响力的经典战役——波兰战役、法兰西之战、莫斯科会战中,他都是主要指挥官。

诺曼底谍战
——"美男计"战胜"美女计"

反间计,就是在疑阵中再布疑阵,使敌内部自生矛盾,我方就可万无一失。说得更通俗一些,就是巧妙地将敌人的间谍反过来为我所用。

　　1944年,第二次世界大战接近尾声。德国法西斯自觉来日不多,打算在败势中作最后挣扎。3月的一天,驻伦敦的美国情报局的得力部门第2677特勤队特别情报小组组长斯蒂夫接到德国同事的密报:"德国的美女间谍汉妮·哈露德突然离开柏林,前往英国。"

　　精干的谍报老手斯蒂夫闻之,心中暗自得意:"来得正好。"他为配合盟军反攻欧洲大陆的大规模行动,将导演一场瞒天过海的好戏。他策划成立"爱丽斯电影公司",其任务就是让德军误认为盟军将在荷兰登陆,进而把大部兵力集中到荷兰,以此来减小盟军真正登陆点的阻力,汉妮的到来恰恰承当了斯蒂夫需要的角色。

汉妮·哈露德是第二次世界大战中的德国美女间谍。

　　4月的一天,一位极为美艳的荷兰女译员来到了盟军某部。她,就是德国女间谍汉妮·哈露德。

　　几日之后,斯蒂夫在一次规模空前的招待会上,巧妙地让汉妮·哈露德和英俊的少尉狄恩罗斯两人结识,但狄恩罗斯并不知晓他的身分是女谍的诱饵,两人的关系火速升级。汉妮紧盯猎物的同时,也牢牢地上了斯蒂夫的钩。

　　不久,"爱丽斯电影公司"悄然开张了,一个特殊的行动也拉开了序幕。狄恩罗斯被任命为"公司"副主管。斯蒂夫命令他去荷兰执行任务,并叮嘱他:"你到荷兰首先和荷兰地下工作者取得联系,把我们将在荷兰海岸线登陆的计划转告给他们……"最后,斯蒂夫装作发愁的样子说:"现在我们急需会说荷兰话的人。"狄恩罗斯立刻响应道:"可以让汉妮当翻译!"斯蒂夫顺势答应了他。在"公司"内除了斯蒂夫本人和他派来的得力助手霍华外,都误认为盟军在准备进攻荷兰。为使错觉更深,斯蒂夫在狄恩罗斯与荷兰地下工作者联系上之后,命人从荷兰偷渡一个叫汉克的荷兰游击队首领到伦敦。斯蒂夫对他说明盟军进攻荷兰的计划,汉妮当翻译。两天后,汉克在返回荷兰的途中被德国特务逮捕。8个多小时的酷刑,终于让这个荷兰人开口了,德军第一次确认盟军将进攻荷兰。第四天后,德国又逮捕"爱丽斯电影公司"新返回荷兰的"客户"贝克。此后,斯蒂夫的反间谍计划开始生效。1944年5月16日,德国大量增兵荷兰。

斯蒂夫还故意制造向荷兰调集军队的假象,让德军侦察员拍摄。德国在"爱丽斯电影公司"的频繁活动后,将陆、空部队不断向荷兰调动,半月之后已有100 000德军在荷兰。但狡猾的希特勒对盟军的行动始终心存疑虑,没有大规模行动。最后,斯蒂夫决定使出他的杀手锏——借用汉妮把精心伪造的登陆荷兰战略图转入德国人手中。

斯蒂夫让霍华把登陆图放进"公司"的保险柜,在下班时借故把钥匙交给狄恩罗斯,让他把钥匙带回住所,以方便汉妮行动。斯蒂夫还让霍华将一枚曲别针套在密件信封的印花上,只要稍微打开信封,它就会脱落。

6月2日下午,霍华请"公司"同事包括狄恩罗斯去饭店共享晚餐,并说好9点钟左右回"公司"赶写一批文件。汉妮找到了最佳时机,在他们享受美味之时,她迅速用微型照相机把战略图拍了下来。晚上9点钟大家回到公司,只缺少汉妮,霍华查看保险柜,发现曲别针已脱落,汉妮"出色"地完成了斯蒂夫的反间计划。

"帮她回国。"斯蒂夫进一步作出指示。

在美英情报员的暗中"保护"下,汉妮顺利登上德方应她紧急要求而特派的潜艇。汉妮6月4日回到德国。德军情报局得到汉妮偷拍的照片后,立即上交给希特勒。第二天,德国大部队纷纷调往荷兰。6月6日,盟军进行了划时代意义的诺曼底登陆。德方因为收到假情报,终于战败。在盟军人如潮涌般登上诺曼底之际,恰是名噪一时的女间谍汉妮·哈露德毙命于柏林之时。

兵家点评

在战争中,双方使用间谍是十分常见的。《孙子兵法》就特别强调间谍的作用,认为将帅打仗必须事先了解敌方的情况。要准确掌握敌方的情况,不可靠鬼神,不可靠经验,"必取于人,知敌之情者也"。这里的"人",就是间谍。《孙子兵法》专门有一篇《用间篇》,指出有五种间谍:利用敌方乡里的一般人做间谍,叫因间;收买敌方官吏做间谍,叫内间;收买或利用敌方派来的间谍为我所用,叫反间;故意制造和泄露假情况给敌方间谍,叫死间;派人去敌方侦察,再回来报告情况,叫生间。唐朝社收解释反间计特别清楚,他说:"敌有间来窥我,我必先知之,或厚赂诱之,反为我用;或佯为不觉,示以伪情而纵之,则敌人之间,反为我用也。"

小知识:

伏龙芝——苏军元帅的老前辈

生卒年:公元 1885 ~ 1925 年

国籍:苏联

身分:红军统帅

重要功绩:1920 年指挥彼列科普——琼加尔战役,彻底击败弗兰格尔白军;他的军事指挥艺术最大的特点就是"集中主力,攻敌弱部;机动兵力,迂回包抄",他并准确地预测了未来战争中陆海空武器装备的重要性,对苏军影响深远。

223

世界上最大的一次海上登陆作战
——诺曼底登陆

登陆作战,又称两栖作战,是指军队对据守海岛、海岸之敌的渡海进攻行动。目的是夺取敌占岛屿、海岸等重要目标,或在敌岸建立进攻出发地域,为随后的作战行动创造条件。

1941 年 12 月,德国在东线战场败局已定,为防止盟军在西线登陆,德军决定沿长达 5 000 公里的海岸线,修建一条阻止登陆的防御工事——大西洋壁垒。大西洋壁垒堪称二战史上的建筑奇迹,但这也没能避免德国的失败。

盟军在德军积极防御的同时,也在为登陆紧锣密鼓的准备着。他们为了给希特勒错觉而集结了一支舰队,发出大量电讯,造成假象,让希特勒认为盟军总部设在英国的肯特郡;又让美国勇猛的巴顿将军出现在肯特郡街头,目的是让德国情报员认为他是盟军总司令。在进攻前夕,为了使德军的海岸雷达上显示出盟军的舰队在开往加来,英国飞机撒下大量的锡箔片。这一切德国情报员都如盟军的计划上报给了希特勒,希特勒中计了。与此同时,盟军秘密地在进行"霸王行动",组建了一支庞大的诺曼底登陆军队,拥有盟军陆、海、空三军 2 870 000 多人,战舰 6 000 多艘,飞机 13 000 多架,并将进攻目标地形侦察得一清二楚,甚至连树木都在作战计划上标了出来。然而这一切,德军竟丝毫没有察觉。

到了 6 月,英吉利海峡和往年一样狂风大作,恶浪滔天,舰只很难行驶。德军在西线的大部分将军都认为在这种气候里,盟军是不会发动进攻的。盟军就利用了德军这个心理,开始了登陆行动。6 日凌晨 2 点左右,驻守在巴黎的德军总司令部接到报告说,有美英空降师着陆,好像是"大规模行动"。但伦德施泰特总司令却认为这是盟军声东击西的伎俩,没去理会。接着,西线德国海军部队雷达显示有大量黑点,应该是一支庞大的舰队正向诺曼底海岸进发。可是德国西线的参谋长却回答:"在这样的天气里?他们会出动?荒唐!肯定是你们技术出了错误,说不定是一群海鸥吧!"等到他看出形势不好,请求希特勒出动两个装甲师去对付盟

诺曼底登陆

军空降师时,希特勒却坚持认为这只是盟军牵制性的佯攻,他们一定会在加来地区登陆,坚决禁止动用他的这支战略预备队。

1944 年 6 月 6 日凌晨,盟军顺利做好了进攻的准备。黎明时分,英国皇家空军的 1 136 架飞机投下了 5 853 吨炸弹,轰炸德军海岸的 10 个重要炮垒。天亮后,美国第八航空队又出动了 1 083 架轰炸机,投下了 1 763 吨炸弹轰炸德军海岸防御工事。接着,盟军各种飞机同时出动,狂轰海岸目标和内陆的炮兵阵地。5 点 50 分,太阳升起,盟军的海军战舰开始猛轰沿海敌军阵地。诺曼底海滩地动山摇,化成一片火海。

盟军选择法国西北部的诺曼底海滩的宝剑滩、朱诺滩、黄金滩、奥马哈滩和犹他滩 5 个滩头为登陆地点,从东到西全长约 50 英里。登陆计划第一批进攻部队是 5 个师,每个师占领一个滩头。犹他滩的占领最顺利,其他的四个师在经历了激烈的战斗之后也都成功登陆。当天黄昏他们就和空降的第六个兵师会师,并于傍晚时分在欧洲大陆建立了牢固的立足点。盟军伤亡人数比预计的少。有将近10 个师的部队连同坦克、大炮及其他武器都上了岸,后续部队也源源而来,不断扩大盟军对德国守军的优势。盟军的诺曼底登陆成功了。8 月 25 日,法国第 2 装甲师在艾森豪威尔的指挥下，从巴黎南门和西门进入市中心。当天下午，德军投降。

兵家点评

诺曼底战役是目前为止世界上最大的一次海上登陆作战，接近 3 000 000 士兵渡过英吉利海峡前往法国。

登陆成功，宣告了盟军在欧洲大陆第二战场的开辟，意味着纳粹德国将陷入两面作战，减轻了苏军的压力，迫使法西斯德国提前无条件投降。

小知识：
艾森豪威尔——唯一当上总统的五星上将
生卒年：公元 1890 ~ 1969 年
国籍：美国
身分：陆军五星上将
重要功绩：指挥迄今为止世界上最大的一次海上登陆作战——诺曼底登陆。

刺杀希特勒
——"女武神计划"功败垂成

战略方针,是指导战争全局的方针,是军事战略的核心。它是国家、军队进行战争准备和一切作战行动的基本依据。

1944 年 7 月 20 日中午,罗腾堡德军大本营,希特勒正与凯特尔、约德尔等军事首脑举行一次重要的军事会议。天气比往日更加炎热,所有的窗户都打开着。12 时 30 分会议正式开始,首先是陆军总司令部作战部长豪辛格将军汇报苏德战场的情况。几分钟后,来了一位年轻军官,当他进入会议室时,希特勒抬头看了他一眼,并对他的问候作了回应。这个人叫史陶芬堡。他来到希特勒右边与他相隔 3 个人的位置,把一个皮包放在了桌子下的地板上,静静地坐在那里。没几分钟,他对旁边的人说:"我去打个电话,帮我看一下公文包。"说完离开了会议桌,急匆匆走出门外。就在他离开会议室 2 分钟左右,只听"轰隆"一声巨响,再看会议室已被浓烟笼罩,碎片飞散,一个军官被气浪弹到了窗外……这里顿时混乱起来。爆炸后,第一个从尘烟中冲出来的是警卫长官凯特尔,他大声的叫喊:"有人行刺!有人行刺!"

"卫兵!封锁所有出口,全面搜查!"他大声命令道:"炸弹是从那个刚刚离开会场的年轻军官的公文包中爆炸的,不要让他跑了。"

此时,有卫兵冲进屋子,在令人窒息的烟尘中,呻吟声此起彼伏。

策划这次行动的是德国陆军军官,特别是高级将领们,还有国内驻防军总司令奥尔布里希特将军、陆军统帅部通讯处长菲尔基贝尔和柏林保卫司令哈斯将军。在大本营会议上需要向希特勒汇报情况的国内驻防军总司令部上校参谋长史陶芬堡是任务执行者。

他看到炸弹爆炸后,急速钻进备好的汽车,冲出大本营直奔机场,几分钟后,他登上迎接他的飞机向总部——柏林国内驻防军总司令部飞去。

离会议室不远的通讯处长菲尔基贝尔将军,在这次行动中负责传达行动结果给奥尔布里希特,然后奥尔布里希特再把消息转告给国内驻防军司令弗洛姆。如

227

果行动成功,弗洛姆接到电话应该立即向各地驻军发布密电,宣布希特勒的死讯和陆军接管政府的消息。

不料,弗洛姆接到奥尔布里希特的消息后,却没有立即下达命令。他想亲自打电话给大本营确定结果后再作决定。

电话那边传来大本营的卫队长的声音:"元首很安全,只是右肩受了点轻伤……"

国内驻防军总司令部的人员听说希特勒没死,都非常吃惊,就没有按计划行动,各个手足无措,不知如何是好。史陶芬堡赶回总部见此情形后,他明白已经没有退路了。他即使没亲眼看到希特勒咽气,也十分确定地说希特勒已经死了,说他没死纯属谣言。于是大家又按原计划行动,并软禁了拒绝合作的弗洛姆。很快,密谋者控制了慕尼黑、维也纳、巴黎等地的局势。

柏林警卫营营长雷麦尔接到逮捕戈培尔的命令后,闯入宣传部办公室:

"元首已死,我奉哈斯将军之命来把你……"

"胡说!"还未等他说完,戈培尔拿起电话接通了大本营,厉声说道:

"来,你听听。"

希特勒独特的嘶哑声从话筒中传出。

雷麦尔一愣,立即为自己辩解,说自己没参加这次密谋,绝对效忠元首。

于是希特勒立即命他听从戈培尔指挥,逮捕密谋者,还提升他为上校。这让雷麦尔受宠若惊,于 7 月 20 日当天黄昏,率领士兵冲入国内驻防军总司令部,反叛者束手待擒。

刺杀希特勒的德国"荆轲"克劳斯·格拉夫·冯·史陶芬堡与妻子合影。

弗洛姆也得以释放,他急于证明自己的清白,立刻将史陶芬堡、奥尔布里希特、哈斯等人逮捕,还郑重其事地进行了"审讯",然后把他们及他们的同党枪毙了。在临死之前,史陶芬堡喊了声:"我们神圣的德国万岁!"年老的贝克将军请求饮弹自尽,但他颤颤巍巍地连开两枪,都没有击中要害。弗洛姆命令士兵结束了贝克的性命。

次日凌晨,希特勒向全国广播:"亲爱的德国公民们,我讲话的目的,就是告诉你们我现在确实安然无恙……"他还在讲话中宣布,人人有义务逮捕反叛者,违者必杀。

兵家点评

希特勒遭到内部人士的刺杀原因何在？当时,希特勒的纳粹党党徒横行霸道,特别是在军事上的急躁冒进,引起了德国陆军军官尤其是高级将领的强烈不满,甚至是厌恶。恰逢1944年,德军屡吃败仗,国家形势极为严峻。他们虽然拥护希特勒的侵略政策,但此时国家已陷入困境,不能再盲目扩张。希特勒不仅不听各大将军的劝阻,反而更加独断专行,于是陆军一些高级将领决定暗杀希特勒,接管政府,组成以贝克将军和格德勒博士为首的临时机构,负责与反法西斯盟国进行谈判,签订和约,以此来挽救国家。刺杀的失败,引发了希特勒大规模地搜捕和屠杀,有5 000名秘密行动的参与者和一些毫无关系的人被杀,还有将近10 000人被关入集中营。

小知识：

图哈切夫斯基——苏联机械化战争的鼻祖

生卒年：公元 1893 ~ 1937 年

国籍：苏联

身分：元帅

重要功绩：20 多岁就担任军团司令指挥大规模战役的名将,在军事思想上主张突破敌军防线时,应以机械化步兵和装甲兵、炮兵和轰炸机配合出击,然后再发动大规模的坦克进攻——该思想在二次大战中得到了实现。

最异想天开的"绑架"行动

——"格里芬计划"

"斩首行动"就是透过精准打击,首先消灭对方的首脑和首脑机关,彻底摧毁对方的抵抗意志。

1944 年 12 月,不甘心失败的希特勒秘密策划了一个堪称二战期间最异想天开的"格里芬绑架行动"计划。

按照该计划,十名纳粹士兵伪装成美国大兵的模样,秘密潜入盟军司令部所在地——巴黎南部枫丹白露镇,绑架盟军总司令艾森豪威尔将军。希特勒认为,如果绑架行动成功,就会在盟军内部引发的混乱,德军可以趁此机会在 12 月中旬发动的阿登反击战来挽回败局。

10 月的一天,在纳粹空军某中队服役的弗利兹·克里斯,和其他 9 名应征者一起被送到德国巴伐利亚拜罗伊特市的秘密训练营,他们都会说一口流利的美式英语并通过了层层筛选。在秘密训练营里,他们接受了常人难以忍受的"魔鬼训练",一遍又一遍地重复着如何用特制绳索迅速勒死对手,如何用匕首在悄无声息之间杀了敌人,如何像美军那样开枪。他们还有一个"特殊任务",就是观看美国电影:从影片中学习美国大兵敬礼的姿势,军官在士兵面前应该如何举动,甚至还要从电影镜头中模仿美国人抽雪茄的样子,以及他们吃肉时的习惯。此外,还要学习美国人常说的俚语。

12 月初,上级部门才将为何要进行这些训练的"谜底"告诉他们,命令这些人乔装成美国大兵前往巴黎南部枫丹白露镇的盟军司令部,执行代号为"格里芬行动"的绝密任务——绑架盟军总司令艾森豪威尔将军。纳粹的情报部门事先已经得知,艾森豪威尔将军的住所距离司令部有 50 多公里,他每天都要乘车往返于两地之间,车上除了女司机凯·萨玛斯贝以外,只有几名副官伴随。绑架小组可以在半路中的僻静处,拦截艾森豪威尔将军的吉普车,将艾森豪威尔将军挟持。

克里斯特和他的队友们听到后都觉得有些不可思议,因为这是一个几乎"不可能的任务"——10 名德国人,想要混入盟军重兵把守的枫丹白露镇已经是难如登天,更何况还要在盟军部队的眼前将其总司令绑架走。无奈军令难违,必须服从。上级部门发给他们每人一本假护照和身分证件,为了熟悉地形,还发给克里斯特一份底特律市的地图,命令他在几天内必须记住这座城市一切著名建筑的背景知识。

1944 年 12 月 13 日,克里斯特和队友们装扮成美国大兵,驱车前往德国和比利时边界的一处森林,准备再从那里前往法国巴黎。在行动前夜,上级又交给他们每个人一个装有剧毒氰化钾的香烟打火机,万一

盟军战士在警戒。

行动暴露,就要服毒自尽。具有讽刺意味的是,或许是"格里芬行动"的保密工作做得实在太好,或许是小组成员伪装得太过逼真,这一队"美国大兵"刚刚出发 2 个小时之后,就遭到了数架德军战斗机没头没脑地一阵狂轰乱炸。他们乘坐的汽车被炸得连翻几下之后,发出了一声巨响,冒出滚滚黑烟,九名队员当场被炸死或烧死,克里斯特跳到路边的壕沟里才勉强逃过一劫。"格里芬行动"也就因此而破局。

兵家点评

"斩首行动"最先由美国提出,它的本质是基于"先发制人"的战争理论。

这种战术实施的条件有:

其一,精确打击。

其二,内应。要有充分的情报,侦察到敌方的高官和重要的统帅指挥机构。

其三,快速。首先打击敌人最脆弱的重心——统帅指挥机构和支撑战争的经济目标,以取得决定性效果,并迅速结束战争。

小知识:

罗科索夫斯基——苏军中最早的也是最年轻的机械化作战高手

生卒年:公元 1896 ~ 1968 年

国籍:苏联

身分:元帅

重要功绩:1942 年在斯大林格勒战役中围歼德军获胜;1943 年在库尔斯克会战中重创德军。

海陆空联合登陆"破门"
——冲绳岛之战

联盟战略,是两个或两个以上的国家结成联盟,筹划和指导战争的战略。

　　1945 年春,美军在攻占硫磺岛之后,又将战火燃烧到了冲绳岛。冲绳岛被誉为日本的"国门",在日本本土防御中占有重要的战略位置。为了保证"国门"不失,日本大本营派陆军中将牛岛满率领 100 000 日军坚守冲绳,同时准备使用大量神风特攻飞机、数百艘自杀汽艇和人操鱼雷对美军实施水面和水下的特攻作战。而联合舰队的残余军舰也集结待命,时刻准备着做最后的决死攻击。为了一举将冲绳岛拿下,美军投入了 280 000 余人的地面作战部队和 34 艘航空母舰、2 100 余架舰载机、22 艘战舰、320 艘其他作战舰只和 1 000 余艘辅助舰船,在第五舰队司令斯普鲁恩斯海军上将的指挥下,展开了代号为"冰山"的登陆行动。

　　4 月 1 日,天气晴朗,美军的登陆终于开始了。上午 4 时,在军舰的炮火掩护下,美军陆战 2 师首先在冲绳岛东南海岸登陆,建立了滩头阵地。8 时,陆战 1 师、陆战 6 师和陆军第 7 师、第 96 师,在冲绳岛西海岸登陆。到了日落时,美军已有五万余人和大量的火炮、坦克以及军需物资上岸,建立起正面约 14 公里,纵深约 5 公里的登陆场。岛上日军的抵抗极其微弱,只有少数狙击兵的轻武器射击和迫击炮零星攻击。整个登陆的过程超乎寻常地顺利,使美军颇有些莫名其妙。

　　原来,岛上的日军为了避开美军海上炮火的轰击,早就主动放弃滩头阵地,准备与美军在腹地决战。不久,美军在冲绳岛的南部遭到了日军主力的顽强狙击。日军充分利用天然山洞和现代化暗堡给美军造成了极大的伤亡。美军指挥官霍奇少将说:"冲绳南端山洞里,躲藏着 70 000 日本精兵,除了一码一码地用炸药把他们炸出来,没有别的更好作战方案。"

　　4 月 7 日,日海军联合舰队与美快速航母舰队在九州岛西南海域遭遇,激战中,日本损失了 1 艘战舰、1 巡洋舰和 4 艘驱逐舰,支持冲绳岛的计划宣告失败。从 4 月 7 日至 6 月 22 日,日军先后出动 1 500 余架"神风"飞机,发动了 10 次自杀性的"菊水特攻",疯狂地撞击冲绳海面上的美国舰船,共击沉美军舰船 34 艘,击伤 368 舰。但"神风"终究没能阻止冲绳岛的陷落。

二战中,美军士兵在浴血奋战后,在硫磺岛竖起美国国旗。

4 月 19 日,美军调来 20 艘战舰、27 个炮营、324 门大炮,对日军 5 英里的防线进行了猛烈地轰击,发射的炮弹多达 19 000 万发,仍无法前进半步。紧接着,血腥的消耗战开始了。美军登陆兵力超过 180 000 人,不断发动猛攻,损失惨重的日军被迫退守珊瑚山。

争夺太平洋上岛屿的战斗中,盟军海军陆战队登陆。

6 月 1 日,美军开始全面清剿。为了争夺冲绳岛上的几百个山洞,美军使用了特制的火焰喷射器和凝固汽油弹,还采用了非人道手段的毒气攻击,几万名日本人为此充当了炮灰。日军虽然只剩下 30 000 余人,大炮也损失过半,弹药更是所剩无几,但仍是死战不退。许多浑身着火的日本兵哇哇喊叫着冲出阵地,抱住美军士兵同归于尽,美军前进每一公尺依然非常艰难。

6 月 18 日,美军巴克纳中将亲临前线督战。当他在阵地视察的时候,被弹片击中头部身亡,成了美军在整个太平洋战争中阵亡的最高级别将领。在他到来之前,那里几小时都没有遭到过一次炮击,令人不可思议的是,日军第一发炮弹居然就把这位中将集团军司令炸死了。

6 月 22 日,牛岛满等日军将领自杀。在随后的清剿中,有 7 400 多名日军放下了武器,这在以前是非常罕见的。

7 月 2 日,"冰山"作战结束。

兵家点评

此次战役,日军抵抗登陆能力之高,战斗意志之顽强令美军震惊,为日本的本土防御争取到了宝贵的备战时间。

美军在作战中成功夺取了战区制空权和制海权,后勤保障工作也功不可没。参战部队总数高达 50 余万,从飞机、大炮到炸药和汽油,甚至是卫生纸、可口可乐、冰淇淋、口香糖,一切都是从美国本土运来的。

冲绳战役使美军深刻意识到,在日本本土登陆将会遇到更加激烈和残酷的战斗,促使美国最终决定对日本使用刚研制成功的原子弹,以尽快结束战争。

小知识:

斯利姆——出类拔萃的丛林战专家

生卒年:公元 1891 ~ 1970 年

国籍:英国

身分:陆军元帅、子爵

重要功绩:二战中屡次击败日军,最终攻克仰光,收复缅甸。

第三帝国的覆灭
——柏林会战

阵地编成,是防御战斗中各种阵地的组合,是防御体系的组成部分,目的是把各阵地组成有机联系的整体,抗击敌人的进攻。

1945 年 4 月 15 日凌晨 5 时,苏联红军打响了攻克柏林的战役。沿奥得河与尼斯河一线,40 000 门火炮一起怒吼,使奥得河畔成了一个正在喷发的巨大火山口。在雷霆万钧的炮击中,苏制 BR - 18 榴弹炮的威力尤为惊人,弹重 330 公斤,直射时可以摧毁 2 ~ 2.5 公尺的混凝土墙! 在交战的第一昼夜,苏联空军仅轰炸机就出动了 6 550 架次,在德军阵地上倾泻了成千上万吨炸弹和汽油弹。紧接着,苏军阵地前沿的 140 个大功率探照灯一起打开,在强光的照射下,坦克和步兵像潮水般冲向德军的阵地。

当苏军推进到被称为"柏林之锁"的泽洛高地时,碰上了强硬的"钉子"。德军在泽劳高地配置的火炮和经过伪装的设伏坦克,以火力封锁了河上为数不多的几座桥梁。他们凭借有利地形,拼死扼守每一条战壕,每一个散兵坑,打退了苏军数次进攻。4 月 17 日,苏军集中所有火炮强攻泽劳高地,在一天之内,共发射了123 万发炮弹,约合 2 450 车皮,98 000 吨! 战斗一直持续到第二天清晨,苏军以30 000 人的伤亡和大量坦克损毁为代价,终于冲上了泽劳高地。

4 月 20 日,苏联红军兵临柏林城下。

这一天,是纳粹头子希特勒 56 岁的生日。中午,他和他的妻子爱娃·布劳恩走出总理府地下深处的暗堡接见集合在花园里的少年冲锋队员。13 时 50 分,苏军的地面炮兵群首次向柏林城内轰击。隆隆的炮声打断了希特勒的接见,他急忙回到暗堡。晚上,爱娃·布劳恩为希特勒举行了一个生日宴会,戈林、戈培尔、希姆莱等第三帝国的缔造者和邓尼兹、凯特尔和约德尔等尚在柏林的高级将领,悉数出席了这最后的晚餐。此时的希特勒仍存有幻想,他对在座的人断言:"俄国人在柏林城下将遭到最惨重的失败!"不过,晚会刚一结束,不少人就开始逃之夭夭。

4 月 26 日,苏军向柏林发起总攻。苏军的坦克一辆接一辆地碾过柏林的大街

希特勒和他的妻子爱娃·布劳恩。

小巷,涂着红星机徽的强击机和轰炸机一波又一波地掠过柏林的上空,城中的 250 万幢建筑几乎全部化为了瓦砾。德军党卫军部队在城内每一条街巷都构筑起了防御工事,进行最后的垂死挣扎。越是接近市中心,德军的抵抗越是顽强。党卫军躲在城中废弃的楼房、隐蔽的地下室、地下铁道、排水沟壕中,大量射杀暴露在街巷上的苏军战士。因此,苏军不得不逐栋楼房争夺,逐条街道攻取,每前进一步都要付出极大的代价。

4 月 30 日,苏军攻入波茨坦广场,离希特勒藏身的总理府仅隔一条街。下午 15 时 30 分,希特勒与结婚才一天的妻子爱娃在地下暗堡的寝室里双双服毒自杀。希特勒在吞入第二粒毒丸后,向自己的太阳穴开了一枪。10 分钟后,侍卫们将希特勒和爱娃的尸体拖出暗堡,放进总理府花园被炸开的一个弹坑中,倒上汽油进行火化。21 时 50 分,苏军叶戈罗夫中士和坎塔里亚下士出现在柏林国会大厦被毁的圆屋顶上,欣欣鼓舞地挥动着苏联国旗。

这张照片是苏军攻克柏林最经典的一瞬间,苏军战士叶戈罗夫中士和坎塔里亚下士将红旗插上国会大厦楼顶,结束了盟军在欧洲战场的最后一仗。

5 月 2 日,柏林的战斗画上了休止符。苏军毫不怜悯地袭击和劫掠了放下武器的德国平民,妇女所遭受的苦难更是一言难尽,德国人强加于俄国人的无穷苦难现在被以最原始的方式加以报复。

兵家点评

柏林会战的胜利,标志着法西斯德国的灭亡。

从具体的作战方式来看,柏林巷战与斯大林格勒保卫战具有很大的相似性,都是以小型战斗群围绕坚固建筑物进行攻防作战。然而,两者却有着本质不同。

由于斯达林格勒背靠伏尔加河,德军无法完全包围斯大林格勒。相较之下,柏林却不具备这样的条件,而且还多了一个没有后方、西线完全被盟军控制的弱点。尽管柏林守军的顽强抵抗能够给苏军造成重大损失,但迟早要被优势苏军不断消耗并最后消灭。从纯军事角度上来讲,柏林的失陷是完全不可避免的,如果没有奇迹发生,一切疯狂抵抗的努力都只是垂死的挣扎。

小知识:

朱可夫——捣毁希特勒老巢的红色将星

生卒年:公元 1896 ~ 1974 年

国籍:苏联

身分:元帅

重要功绩:在苏德战争期间指挥的一系列重大战役,不但拯救了俄罗斯,而且还给德军毁灭性打击;1945 年攻克柏林,接受纳粹德国投降。

第五章

核兵器时代

广岛上空的蘑菇云
——世界上第一颗用于
战争的原子弹

核战,使用核武器进行的战争。它以核武器为主要毁伤手段,其特点是战争的规模、突然性和破坏性将比常规战争空前增大。

1945 年 8 月 6 日凌晨 2 点 45 分,美国轰炸机王牌飞行员蒂贝茨上校,驾驶着以他母亲名字"艾诺拉·盖"命名的轰炸机,载着一颗重达 4 500 公斤、价值数亿美元的原子弹,冲出提尼恩岛机场的跑道。由于严重超载,飞机滑行得异常吃力,当滑行距离已超过跑道长度的 4/5 时,起飞的速度仍然没有达到要求。

"危险!快把飞机拉起来!"副驾驶员路易斯禁不住喊了起来。

蒂贝茨不动声色,两眼死死盯住速度指示仪表,就在大地即将消失,眼前已是一片茫茫大海的时候,飞机驶向了高空。

进入预定航线后,蒂贝茨长出了一口气,感到轻松了许多。他习惯性地把左手伸进口袋,无意中碰到了里面的氰化物胶囊。这是为他遇到不测时预备的,其他成员每人也都领到了一份,一旦飞机被击落,所有机组人员必须殉国。

凌晨 3 点,"艾诺拉·盖"号轰炸机已经升到了 5 000 英尺的高空。核弹专家帕森斯上校带着助手杰普森上尉来到弹舱,他从口袋里摸出 1 张有 11 项检验项目的清单,让杰普森举着电筒,开始逐项进行检查。一切准备就绪后,他打开原子弹的保险装置,装上引爆器。从现在起,用丘吉尔事后的话来说,82 号机上装了一个"愤怒的基督",再过几个小时,他就要降临人世了……

7 点 20 分,日本广岛上空响起了尖厉的防空警报,美国"斯特雷特·弗卢西"号侦察飞机进入广岛上空,盘旋一周便匆匆离去。

15 分钟后,蒂贝茨接到基地的指示:广岛上空能见度良好,云层覆盖率低于30%,侦察中未遇敌方战斗机截击,高射炮火也很微弱,建议优先轰炸第 1 目标。

8 点刚过,警报再次响起。3 架美国 B–29 轰炸机进入广岛 9 600 公尺高空,对轰炸早就习以为常的广岛市民,很少有人进入防空洞隐蔽,在此之前,B－29轰炸机已经连续数天飞临日本领空进行训练,既没有投弹也没有进行扫射。大家都以为这些飞机还会像往常的一样,"巡视"几圈便会离去。

但这一次人们想错了!

当广岛的城市轮廓清晰地映入蒂贝茨的眼帘时,他立刻下令:"各就各位,戴上护目镜,准备投弹!"

投弹手菲阿比少校用瞄准镜很快就选定相生桥作为投弹点,他让蒂贝茨稍稍调整了一下飞行方向,目标点向着瞄准器十字架飞快地接近。

"对准了!"他报告道。

"投!"

8点15分17秒,随着蒂贝茨一声令下,这颗名字叫"小男孩"的特殊"炸弹"落入空中。飞机由于重量突然减轻,猛地向上一跃。蒂贝

1945年9月,日本广岛。废墟上的一对母子,母亲目光迷茫,孩子惊魂未定。(Alfred Eisenstaedt 摄)

茨驾驶飞机来了一个60度的俯冲和160度的转弯,使飞行高度下降了300多公尺。这是一个训练了多次的动作,是为了让飞机尽量远离爆炸地点。

50秒钟后,原子弹在离地面600多公尺的空中,散发出令人眼花目眩的白色闪光,随即是震耳欲聋的大爆炸。巨大的冲击波夹杂着爆炸声冲得飞机猛地一颤,蒂贝茨感觉仿佛被德军88毫米高炮打中一样,紧接着又是一次激烈的震动。

"好了,不会再有了,这次是反射波。"帕森斯上校向大家解释道。

广岛渐渐远去,机舱尾部的炮手卡伦对着录音机开始表演他的口才:"圆球腾空而起,下面升起了巨大的烟柱,帕森斯上校说过的那种蘑菇云出现了……广岛市区一片火海……"

兵家点评

这颗名叫"小男孩"的杀人武器,是世界第一颗付诸实战的原子弹。外形与一般炸弹差不多,但是威力超过2万吨TNT当量的炸弹。强烈光波,使广岛成千

上万人双目失明;10亿度的高温,把一切都化为灰烬;放射雨使一些人在以后20年中缓慢地走向死亡;冲击波形成的狂风,把城市中心12平方公里的建筑物全部摧毁。据日本官方统计,死亡和失踪人数达71 379人,受伤人数近100 000。8月9日,苏联对日宣战。就在出兵这天的上午11点30分,美国又在日本长崎投下第二颗名为"胖子"的原子弹。"胖子"的爆炸当量比"小男孩"大,但长崎地形三面环山,所以损失小于广岛。

8月15日上午,日本宣布投降,第二次世界大战成为历史。但广岛上空那可怕的蘑菇云却永远警示着世人。

小知识:

瓦西列夫斯基——世界军事史上最出色的总参谋长之一

生卒年:公元1895～1977年

国籍:苏联

身分:元帅

重要功绩:1945年远东一战,迫使日本投降,瓦西列夫斯基的军事统帅生涯达到顶峰。

无法跨越的三八线
——朝鲜战争

内战是指一个国家或者一个民族内部爆发的战争。

1950年6月25日,南北朝鲜爆发了大规模内战。

战争开始的第三天,美国总统杜鲁门命令麦克阿瑟动用海、空军,全力支援南朝鲜军队作战。朝鲜人民军英勇奋战,在两个月间进行了5次进攻战役,到第四次战役结束,已将美军和南朝鲜军逼退到面积不足朝鲜1/20的大丘、浦项、釜山三角地区。而第五次战役,虽突破了敌军部分地区的前沿防御,但未能扩张战果。美军和南朝鲜军队开始转入战略反攻。

9月15日,美军在仁川登陆,并在全线发起总攻。朝鲜人民军主力被阻断,腹背受敌,弹少粮缺,经顽强抵抗被迫逐步撤向"三八线"附近。10月1日,麦克阿瑟下令美军和南朝鲜军越过"三八线"向北进攻,计划在感恩节(11月23日)前全歼朝鲜人民军。朝鲜民主主义人民共和国处于水深火热之中。

1950年9月30日,针对美国侵略的企图,中国政府发出严重警告:"中国人民绝不能容忍外国的侵略,也不能听任帝国主义者对自己的邻人肆行侵略而置之不理。"10月19日晚,中国志愿军跨过鸭绿江,开赴朝鲜,揭开了抗美援朝的序幕。

中国首批人民志愿军进入朝鲜以后,利用敌军认为中国不会援助朝鲜、继续分兵冒进的良机,采取在运动中各个歼灭敌人的作战方针,毅然发起第一

美军在仁川登陆。

次战役,将冒进的敌军压到清川江以南地区,粉碎了美军"感恩节"之前结束战斗的计划。之后志愿军迅速隐蔽起来,使美军误认为中国参战兵力不多,又重整兵力于

朝鲜战争中战火纷飞、硝烟弥漫的场景

11 月 24 日发起了"圣诞节结束朝鲜战争"的总攻势。志愿军采取"诱敌深入，寻机各个歼敌"的方针，给敌军以出奇不意的打击，到 12 月 24 日取得第二次战役胜利。此役，中朝人民军队收复了平壤及"三八线"以北广大地区，美军和南朝鲜军被迫转入防御，进而扭转了朝鲜战局。此战之后，从 1950 年除夕至 1951 年 6 月 10 日，又相继进行了三次战役，歼敌 230 000 余人，其中美军 880 000 余人，最终将战线稳定在"三八线"附近。

经过五次战役的较量后，美军和南朝鲜军兵力严重不足，而中朝人民军虽占有兵力优势，但在技术装备上处于绝对劣势，敌军掌握着制海和制空权。因此，双方从 1951 年 6 月开始出现相持局面。

在这种情况下，美国和李承晚集团开始与中朝方面进行停战谈判。但他们并不想公平合理地和平解决朝鲜问题，而是仗其海、空优势要将军事分界线划在中朝人民军队后方，企图不战而攫取 12 000 万平方公里土地。这一无理要求遭到拒绝后，他们又于 1951 年 8 月中旬至 10 月下旬，发起夏季攻势和秋季攻势，同时，出动空军发动了"绞杀战"和"细菌战"来摧毁朝鲜北部铁路、公路，切断中朝人民军队运输补给线。对此，中朝人民军队进行了夏秋季防御作战，建立了摧不垮、打不烂的交通运输线，并出动空军在清川江南北上空打击敌机，最终取得了反击战的胜利。

1952 年 10 月 14 日，以美军为首的"联合国军"发动了以上甘岭地区志愿军阵地为主要进攻目标的"金化攻势"。在历时 43 天的战役过程中，上甘岭上的土石被打松 1 公尺多深，表面阵地全部被摧毁。志愿军在缺粮、缺弹、缺水、缺氧等极端困难的条件下，依托坑道，坚守阵地。

1953 年 4 月 26 日，双方再次回到谈判桌边。经过打打停停，7 月 27 日，朝鲜停战协议在板门店签字。至此，朝鲜战争终告结束。

兵家点评

美国在朝鲜战争中有 365 700 人阵亡，而且几乎与中国和苏联两个大国爆发全面战争。我们经常强调韩战期间担任美国参谋首长联席会议主席的五星上将布莱德雷说的一句话：韩战是"在错误的时间与错误的地点，和错误的敌人打了一场错误的战争"，但其话原话应是：假如按照麦克阿瑟的战略计划，把在朝鲜的战争延伸到轰炸中国满洲和封锁中国海岸，那将会是在错误的时间与错误的地点，和错误的敌人打了一场错误的战争。经历了越南战争洗礼之后的美国人，几乎已将这场战争遗忘，故此朝鲜战争又被称为"被遗忘的战争"。朝鲜战争也令美国人首次意识到，战争的威胁随时存在。战争结束后，美国军队人员数量增加了两倍，军费开支大幅度上升。特别是在一场常规的运动战与阵地战而非游击战中，美军地面部队不能击败积弱百余年的中国与朝鲜的工人、农民组成的军队，这一事实被参议院麦卡锡为首的势力，归咎为美国国内共产党的出卖，麦卡锡主义在某一段时间内获得了美国政治的主流话语权。

山姆大叔深陷战争泥沼
——越南战争

战术协同,是各军兵种和各部队为进行共同的战斗任务,按照统一的意图和计划协调一致的行动,是形成整体力量、有效地打击敌人夺取战斗胜利的基本条件之一。

1961 年 5 月,美国派遣 100 名代号为"绿色贝雷帽"的特种部队进入南越。

1962 年 2 月 8 日,美国在西贡设立军事司令部,由保罗·哈金斯将军指挥,这标志着美国直接介入越南战争的开始。

4 月 30 日,美国副国务卿乔治·鲍尔宣布实施"战略村"的计划,对各个村庄进行扫荡和围剿,企图以此来打击越南南方的游击队。而南方游击队进行了反"战略村"、反扫荡的战斗。到 1964 年,他们进行了 40 多次的反扫荡斗争,解放了南方 2/3 以上的土地和 700 万人口,使美国军事介入严重受挫。美军在南越的军事受挫,激怒了美国统治集团。他们于 1963 年 11 月 1 日,在南越策动军事政变,杀掉吴廷琰,扶植新傀儡杨文明。此后积极寻找扩大战争的借口,推行"饱和轰炸"和"焦土政策",对越南北方进行狂轰滥炸;与此同时,还不断增兵越南。至 1967 年,美军在越南人数超过 500 000。

美军和南越军队的残暴行为,激起了更多民众的反抗。他们挖防炮洞、防空洞、藏粮洞和藏牛洞,组成游击队,成立了布防森严的战斗村和战斗乡。从 1964 到 1965 年,越南南方民族解放军和游击队进行了各种游击战和反扫荡战。在硝烟所到之处,美军尸体横躺竖卧,散发着令人恶心的臭气。无人处理的美军尸体流出的血水与周边的河水交融,使得河面泛着恐怖的黑绿色。在美军的战地抢救部里,躺在病床上的很多士兵都被炸得肢残体缺。

1968 年,越南南方人民武装发起"春节攻势"。激战 45 天,歼灭美军 150 000 多人,美国的"逐步升级"战略受到重创,大大削弱了美军的士气,而且在国内反战运动高潮迭起,矛头直指尼克松。

迫于国内外的巨大压力,尼克松只好求助总统国家安全事务助理基辛格,请他帮助美国从越战泥沼中摆脱。于是基辛格开始积极奔走斡旋。

受伤的美军士兵

同时,美国虽经多方谈判,但进展缓慢,在撤军问题上始终犹豫不决。

1969 年 5 月 31 日,侵越美军司令部宣布了美国参战越南以来所损失的数字,其结果显示出从尼克松执政四个多月以来,不仅作战物资损耗巨大,平均每月还会有一千多名美军被打死。尼克松的犹豫不决终于得到了"回报"。

谈判得不到进展,美国只得撤兵,但美国国防部长莱尔德提出:要强化南越的军队,让他们代替美军继续战争,用越南人的伤亡代替美国人的伤亡。到了 1969 年 6 月 8 日,尼克松政府从越南第一次撤军,直到 8 月底,撤出 25 000 人。

即使到现在,美国仍不放弃,还期待着奇迹的出现。1969 年 11 月 3 日,尼克森发表电视演说,提出"边战、边谈、边化(越南化)、边撤"的方针。没想到这一方针遭到群众的强烈反对,"结束越战新动员委员会"还举办了十多次"向华盛顿进军"的大规模抗议活动。

没有办法,美国只得加快撤军速度,并强化越南政权。经继续长期谈判,最后于 1973 年 1 月 27 日,与越南民主共和国在《巴黎协议》上签字,至此美国在越南的军事行动宣告失败。美国撤军后,仍在南越留守了 20 000 多军事顾问和相当规

关于越南战争的照片

模的海空部队,支持南越军队的作战。

1975 年春,越南南方人民武装和北方军队向南越军队发动了著名的春季攻势,击溃了南越军队。1976 年 7 月实现越南南北统一。

兵家点评

越战是美国历史上持续时间最长的战争,耗费了至少 2 500 亿美元。尽管军事上美国并未失败,但它显示出美国冷战策略上的重大失误。越战极大地改变了冷战的态势。美国由冷战中的强势一方变为弱势,面对苏联咄咄逼人的进攻,美国更积极地与中华人民共和国合作。越战加剧了美国国内的种族问题、民权问题,使国家处于极度的分裂状态,给美国人民造成巨大的精神创伤。

小知识:

麦克阿瑟——美国陆军史上最年轻的西点军校校长

生卒年:公元 1880 ~ 1964 年

国籍:美国

身分:陆军五星上将

重要功绩:二战中,指挥西南太平洋盟军取得巴布亚战役的胜利,运用"蛙跳"战术多次实施两栖登陆,夺取新几内亚;占领整个菲律宾群岛,执行对日占领任务。

蚂蚁挑战大象
——鳕鱼引发的军事对抗

国防战略,是筹划和指导国防力量建设与运用,保障国家安全的战略。

冰岛在 1944 年摆脱丹麦统治,获得独立。爱国热情极为高涨的他们,希望将自己的国家建设成繁荣昌盛的现代化强国。而对他们发展最有利的资源就是渔业资源,尤其是鳕鱼资源。

为了保护已有的鳕鱼资源,保护冰岛渔民的利益,保证自己国家的发展,冰岛政府屡次宣布扩大领海区域,禁止其他国家跨海域捕捞。冰岛与英国对鳕鱼的争夺战就此拉开了序幕。

1958 年,冰岛政府宣布,领海区域扩展到距海岸 12 海里。并发布公告,要求其他国家的船只截至 1958 年 8 月 30 日必须撤离该海域。当时很多国家的渔船都相继离开了指定区域,唯有英国的拖网渔船不为所动。英国何以如此狂傲?原因就在于他们实力雄厚。那时的英国皇家海军,拥有丰富的战斗经验,精良的武器装备。冰岛政策一出,英国皇家海军就立即派遣了 37 艘舰艇、7 000 名士兵为渔船保驾护航。而冰岛这个刚刚成立的小国,人口总计 300 000,根本就

暮色下的雷克雅未克港口

没有正规海军与英国相匹敌,毫无作战经验的一般百姓和警察就是他们的海军军队;武器装备也极其落后,他们把渔船改造后来充当战舰,其战斗力是可想而知的。鉴于这种局势,英国政府认为冰岛没有能力对他们怎么样,因此不仅没有撤

出渔船反而增兵保护。而事实并非如英国所想,冰岛政府虽然非常清楚自己与英国军事实力相差悬殊,但为了捍卫国家和人民的利益,他们知难而上,毫无畏惧之感,果断地将炮火轰向英国渔船。

不过他们也不是莽夫,很讲究战斗策略,他们发射炮弹不是要与英军硬碰硬,拼个你死我活,而是为了适当地刺激英国,并没有去伤及英国的船员。经冰岛这番干扰,英国渔船根本无法安然捕捞鳕鱼。而这两个国家都是北大西洋公约成员国,如果英国不顾全局将战事升级的话,美国等其他北约国家势必不会袖手旁观,因此英国怕成为其他国家的众矢之的,不敢对冰岛大动干戈,无奈之下,只好和冰岛政府谈判。1961 年,谈判结束,英国无奈承认冰岛 12 海里的领海权,第一次鳕鱼大战以此告终。

但是这个结果并没有让冰岛满足,他们随即宣称还要扩大领海权,并给英国三年的调整期限。到 1971 年,冰岛政府宣布领海权扩展为距海岸线 50 海里。这种得寸进尺的做法,让英国气愤难耐,于是爆发了第二次鳕鱼大战。一年多的时间里,双方冲突不止,英国捕捞船的渔网屡次被冰岛割断,还遭到了冰岛的炮击,有 69 艘英国渔船被损坏,这让英国忍无可忍,便派出 7 支主力舰到冰岛海域,以此对冰岛提出警示。但冰岛非常坚定,毫不妥协,而且扬言要和英国断交。北约组织见势不妙,对英国进行施压,英国迫于压力再次向冰岛妥协,第二次鳕鱼大战就此结束。

由于自然的原因和经济发展的需要,鳕鱼的数量依然在急剧下降。冰岛政府为了保持国力,必须要进一步扩大海域,便于 1975 年又一次宣布距海岸线 200 海里内都为禁渔范围。英国和冰岛冲突又起,英国倚仗自己强大的海军实力,派遣海军战舰前往禁渔区为自己的渔船保驾护航,但冰岛依然毫不示弱,顽强抵抗,冲突持续了五个月,双方都不退让。与此同时,欧共体也在积极进行着紧张的调停工作。由于英国的不妥协,让欧共体失去了耐心,于 1976 年公开宣布欧洲各国的领海权都在 200 海里内。英国将自己置于众叛亲离的境地后不得不与冰岛签订协议,承认其 200 海里的禁渔区域。第三次鳕鱼大战又以英国妥协告终。

兵家点评

三次鳕鱼战争,都以英国政府的妥协而告终。

英国和冰岛的军事实力相差悬殊,一方面可以比作大象,另一方面可以比作蚂蚁,但蚂蚁最终战胜了大象。除了冰岛在道义上的理直气壮外,北约集团的威慑也是一个重要因素。

在第一次鳕鱼战争中,英国害怕一旦战事升级,美国等北约国家势必干涉;在第二次鳕鱼大战中,北约对英国施加了压力,导致英国妥协。冰岛所宣布的领海界限,得到了世界大多数国家的承认,多数国家纷纷效仿。

冰岛,这个军事小国凭借着自己顽强不屈的抗争,不但保护了自己的利益,也改变了世界海洋的领土规则,在世界海洋发展史上,写下了光辉的一页。

小知识:
蒙哥马利——二战英军头号巨星
生卒年:公元 1887 ~ 1976 年
国籍:英国
身分:陆军元帅、子爵
重要功绩:在阿拉曼战役中击败隆美尔率领的德意非洲军团。

大国强权的最后一曲挽歌
——苏联入侵阿富汗

主攻,是集中兵力、兵器在主要方向上对敌人实施的攻击,对作战全局具有决定性作用。主攻方向通常只能有一个。

1979 年 10 月下旬的一个夜晚,克里姆林宫灯火通明,戒备森严,这里正在召开苏共中央政治局秘密会议,专门讨论如何处置阿明的问题。

苏联最高领导人布利兹涅夫清了清嗓子,低沉而威严地对其他政治局常委说:"我决定,干掉他!"

此前,苏联驻阿富汗大使布萨诺夫曾设计帮助总书记塔拉基诱捕总理阿明未果,反被阿明借机夺得了政权。阿明上台后,不甘心做莫斯科的顺民,他不仅公开指责苏联玩弄阴谋,还向美国示好。布利兹涅夫当然无法容忍,为了保住阿富汗这块苦心经营的阵地,他决定实施"斩首"计划,出兵干预。

1979 年 12 月 27 日,苏联的行动开始了。

当天晚上,阿富汗革命委员会主席阿明接到苏联驻阿富汗大使布萨诺夫突然打来的电话。电话的那一端义正严词地宣布:"鉴于阿富汗目前混乱的政治局势,为了避免不必要的流血,莫斯科决定终止您所有职务……"

"这是最后通牒吗?"阿明嘴唇微微抖动着问。

"您可以这样理解,"布萨诺夫告诉阿明,"为了保护你和你家人的安全撤离,一个小时之后,将有 4 辆苏军装甲车开进达鲁拉曼宫"。

堂堂的一国元首怎么会甘心让外国人来摆布,义愤填膺的阿明立刻打电话命令他的警卫部队前来救驾,可是苏联专家早已先行一步截断了总统府与外界的一切电话联系,只留下通向苏联大使馆的一条专线。

情急之下,阿明唤来两名贴身侍卫,交给他们两封亲笔信,命令他们火速赶往卡尔加和普利查吉搬救兵。这两名侍卫偏偏不走运,刚翻出达鲁拉曼宫高大的院墙,就被苏联士兵俘虏了。在严刑逼供下,他们不仅供出了阿明的突围方案,还绘制了达鲁拉曼宫内外布防图。

苏联入侵阿富汗。

20时40分,布萨诺夫再次打来了电话。此时,阿明还在做着突围的美梦,为了拖延时间,他谎称事发突然,要做手下将领们的工作。

布萨诺夫冷笑着打断了他的话:"亲爱的阿明同志,您的将领们已经被伏特加和杜松子酒灌得烂醉如泥了,您还想做谁的工作?"

阿明听到后,一脸绝望。

22时20分,苏联帕普金中将气势汹汹地来到达鲁拉曼宫三楼,他要与阿明进行最后的谈判。随着时间的推移,房间里的争吵声越来越大,最后,阿明忍无可忍,命令卫兵将帕普金中将和他的4名保镖击毙在达鲁拉曼宫的院子里。和谈破裂后,布萨诺夫立即以第二行动负责人的身分下达了攻击命令。

贝洛诺夫上校亲自率领12辆T-62型坦克、10辆步兵战车、5辆装甲运输车和120名突击队员逼近达鲁拉曼宫。面对苏联的精锐部队,阿明的卫队根本不堪一击,仅仅用了12分钟,零星的战斗就结束了。当贝洛诺夫将苏联事先草拟的"阿富汗邀请苏联出兵"的"邀请信"送到阿明的手中时,阿明已回天无力,他愤而将信撕得粉碎。一阵枪声响过之后,阿明和他的4个妻子、24名子女倒在了血泊之中。

就在打死阿明的同时,集结在苏阿边境上的苏联5个师的兵力,在航空兵团的空中支援下分3路大举入侵阿富汗,并沿预定路线快速开进。1980年1月2日,进行地面主要突击任务的东路集群第306摩步师一个团,和担任辅助突击的西路集群第357摩步师主力在坎大哈会师。1月3日苏军封锁了霍贾克山口。一周之内,苏军控制了阿富汗全国主要城市和交通干线。至此,苏军基本实现了对阿富汗的占领。

兵家点评

苏联入侵阿富汗,是一次运用政治外交欺骗手段达成军事目的的典型战例。早在入侵之前,苏联就以"经援"和"军援"为幌子,在阿富汗境内修建了许多军事设施。在阿富汗的几千名苏联军事顾问和技术专家,控制着阿军一些要害部门和部队,对阿军情况比较熟悉。为了进一步掌握阿富汗的全面情况,苏联还利用"友好"关系,派出军事代表团和特工人员到阿进行活动。这些人利用"访问"的合法身分,全面搜集阿富汗的政治、军事、地理等各方面的情报,为制订入侵计划提供了重要依据。

就在苏联开始大规模向阿空运部队的前夕,苏联还依旧伪装"全面支持阿明政府",声称要继续向其提供"全面无私的援助"。苏《真理报》还特意辟谣,指责西方关于苏干涉阿内政的报道是"不折不扣的臆造"。

在1979年11月26日入侵计划正式确定后,苏联以帮助阿军训练为名向阿富汗派兵,控制了马扎里沙里夫、巴格兰、赫拉特等战略要地;同时以检查武器为名封存阿政府军的轻武器,拆除重装备,使其失去应付突变的能力。随后,苏军在苏阿边境的铁尔梅兹建立前方指挥部。1979年12月中旬,苏军进入集结地域;27日入侵阿富汗,占领阿北部地区。

小知识:
亚历山大——绅士总司令
生卒年:公元 1891～1969 年
国籍:英国
身分:陆军元帅、子爵
重要功绩:1944～1945 年任地中海盟军总司令,指挥意大利之战直至获胜。

赎罪日无暇"赎罪"
——以军演绎经典反击

反击战,对进犯之敌采取的主动的有限进攻行动,亦称自卫反击作战,是达成战略性目的的一种手段。通常在一个或数个地区或方向,于一定时间实施。

1973 年 10 月 6 日,苏伊士运河两岸一片宁静,失去了往日的喧嚣。这一天是犹太教的"赎罪"日,按照教俗的规定,教徒从日出至日落,不吃、不喝、不吸烟、不进行任何娱乐活动,要绝对静心休息——赎罪。驻守在运河东岸"巴列夫防线"沙垒中的以色列官兵,此时有的在祈祷,有的在沐浴、洗衣,还有的无精打采地坐等天黑。巧合的是,这一天也是伊斯兰教的斋月节,运河西岸的阿拉伯人也在全身心地祈求真主保佑。

下午 14 时,当秒针在 12 的数字上定格的瞬间,埃及蛙人在前一天晚间埋入以色列防御工事中的两个炸药包突然引爆,伴随着巨响,两股黑色的烟柱夹带着运河的沙粒直冲天空。与此同时,运河西岸的 2 000 门大炮齐声轰鸣,炮弹铺天盖地飞往以色列阵地。埃及的战机也在第一时间出动,在空军司令胡斯尼·穆巴拉克将军的指挥下,240 架战斗机掠过运河上空,对西奈半岛和戈兰高地上的以色列军事目标进行了猛烈的轰炸。仅仅用了 20 分钟,以军在西奈的空军指挥部、防空和雷达干扰中心、导弹营、炮台等军事设施全部被摧毁,军事通讯系统陷于瘫痪。

第四次中东战争——"赎罪日之战",就这样拉开了帷幕。

14 时 15 分,埃军先头部队 8 000 人在海、空军的支持下,乘坐橡皮艇和两栖车辆在弥漫的硝烟中,从几个方向同时强渡运河。登岸之后,埃及士兵一面用火力压制以色列士兵的抵抗,一面用爆破筒在东岸沙堤以军铁丝网和地雷区中开辟通道。

在埃及工兵高压水龙头的冲刷下,以军沿河岸修建的沙堤很快就被打开了缺口,5 个小时过后,埃军在沙堤上开辟出了 60 多个通道,架设了 10 座浮桥和 50 个门桥渡场。夜幕降临时,埃及 5 个完整的装甲师沿着 170 公里的河道成功越过运河,到达苏伊士东岸。不可一世的"巴列夫防线"要塞,在猛烈的炮火中,一个一个地落入埃及人手中。到 10 月 7 日 8 时止,渡河战斗已经告捷。埃军总参谋长

赎罪日战争中,埃及军从以军掳获的美制 M48 坦克。

沙兹科将军说,防守巴列夫防线的以军 3 个装甲旅和 1 个步兵旅几乎全部被歼。以军的 360 辆坦克中有 300 辆被击毁,数千人被击毙。埃军损失了 5 架飞机和 20 辆坦克,280 人阵亡,这相当于埃及投入战斗的飞机总数的 2.5%,坦克的 2%,作战部队的 0.3%。

10 月 8 日,埃军收复西奈第二大城东坎塔腊。

10 月 9 日,埃军全歼以色列第 190 装甲旅,活捉了旅长。接着,又攻占富阿德港以南地区、伊斯梅利亚以东地区和陶菲克港湾地区。

10 月 13 日,盘踞在运河东岸最后一个据点的以军也被迫缴械投降。

至此,埃及第 2 军团 5 个师、1 个旅全部过河,在前线北部、中部和南部打开三条通向西奈腹部的通路,控制了西奈半岛纵深 10 至 15 公里的地区。

为配合正面作战,埃及空降部队分乘直升飞机在西奈半岛纵深地区大规模降落,破坏交通、通讯和补给。海军为牵制以军,封锁了亚喀巴湾和红海出口,并在沙姆沙赫地区进行海上登陆作战,袭击以军。

在埃军向以军发起进攻的同时,北线叙军第一梯队的 3 个师、1 000 多辆坦克,在空军和地空导弹部队的掩护下,分三路向以军阵地发起进攻。双方 1 500 辆坦克在狭长的平原上激战了近 48 小时,以军 188 装甲旅几乎被全歼,仅剩 10 余辆坦克。7 日晨,叙军突破 1967 年停火线约

1973 年 11 月 11 日,埃及和以色列的代表在开罗——苏伊士城公路 101 公里处的帐篷里举行签字仪式,联合国部队在现场维持秩序。

75 公里,推进到叙以边境太巴列湖附近。伊拉克、约旦、黎巴嫩等阿拉伯国家和巴勒斯坦游击队也纷纷增兵参战。以色列在遭受突然袭击的情况下,一度陷于极为被动的地位。10 月 10 日夜,以色列总参谋部决定进行反攻,并制订了集中兵力,先北线后西线各个击破的战略方针。

以军首先在北线集中了 15 个旅和 1 000 辆坦克,在飞机掩护下,分三路向戈兰高地中北部地区的叙军反击,很快就突破了叙军防线,向叙利亚首都大马士革

方向推进。10月12日,以军越过1967年停火线,深入叙利亚境内达30公里。随后,以军将作战重心移至西奈半岛。

10月14日6时,为了增援叙军,埃军集中80架飞机、200门大炮,对以军阵地进行90多分钟的炮击,随后出动1 000辆坦克向以军发起进攻。以军集中3个师,投入大约800辆坦克,进行反击。经过数小时的激战,以军损失坦克50辆,埃军则损失了250辆,被迫退出阵地。埃军在此次行动中的失败,成了西奈战场的转折点。

10月16日,以军突入运河西岸,摧毁了埃军的几个防空导弹基地,在空军的支援下,源源不断地渡过运河。以军在取得主动权后,不断袭击运河沿岸地区,以切断埃军第2、3军团的后路。东岸的以军也配合发起攻势,使第3军团腹部受敌。

10月23日凌晨,以军沙龙旅向阿塔卡地区发动攻击,当日晚,以军基本完成了对埃军第3军团大部分的包围。

10月24日,埃及、叙利亚未尽其功,被迫停战。

兵家点评

"赎罪日之战"又称"十月战争",是中东战争中最具科技含量和规模最大的一次战争。集中表现了当代战争区域性、高科技、时间短等特征。

在这场战争中,以军充分体现出训练有素、战术多变、指挥灵活的特点。

在一度陷于极为被动的局面时,准确地捕捉住有利战机,适时地组织反攻,以快速机动的兵力大胆向运河西岸实施大纵深突击,最终从失败的边缘上扭转了战局。阿拉伯一方则是先主动,后被动,先惊喜,后紧张,其在战争指导和作战上的失误,使战局急转直下,不得不停战求和。

小知识:

凯末尔——土耳其国父

生卒年:公元1881~1938年

国籍:土耳其

身分:元帅、总统

重要功绩:发动了一场震惊世界的革命风暴,缔造了一个现代土耳其。

以"圣战"的名义
——两伊战争

"圣战",伊斯兰教及穆斯林世界常用宗教术语,出自阿拉伯语词根"jahada",即"作出一切努力"或"竭力奋争"之意,字面的意思并非"神圣的战争",较准确的翻译应该是"斗争、争斗"或"奋斗、努力"。

伊朗和伊拉克两国相邻,共同边界绵延 1 200 多公里,历史遗留的边境纠纷,经常成为两国之间武装冲突的导火线。虽然同属于伊斯兰教"兄弟"国家,但双方所属教派不同。伊朗是什叶派教徒掌权,而在伊拉克则是逊尼派占上风。纳杰夫和卡尔巴拉位于伊拉克南部,是什叶派的重要圣地,伊朗什叶派的宗教领导人都想得到这一地区。

1979 年伊朗爆发伊斯兰革命,伊朗政府强调要向所有伊斯兰国家"输出原教旨主义的伊斯兰革命",公开号召占伊拉克人口 60%的什叶派"进行伊斯兰革命",推翻伊拉克现政权,建立"伊斯兰共和国"。伊拉克则支持伊朗境内少数民族如库尔德族的民族自决要求。

1980 年 9 月 22 日,伊拉克利用伊朗支持对当时伊拉克外长阿齐兹的刺杀企图为借口,抓住机会发动进攻,至此两伊战争全面爆发。战争开始后,苏联给伊拉克提供了外交和军事上的支持,科威特和沙特阿拉伯则向其提供了经济援助。此外,美国也偏向伊拉克。

两伊战争时的宣传画

战争的第一阶段在伊朗境内进行。9 月 23 日凌晨,伊拉克出动 5 个师共 70 000 人的兵力和 1 200 辆坦克,分三路发起攻击。伊朗则出动飞机轰炸伊拉克首都巴格达和石油基地。

9 月 28 日,联合国安理会通过决议,要求双方回到谈判桌上,遭到了伊朗最高宗教领袖霍梅尼的拒绝。10 月 4 日,在局势明显对自己有利的情况下,伊拉克单方面宣布停火,可是伊朗仍不接受,战事只得继续发展。到 10 月下旬,伊拉克军队占领了伊朗南部 10 余个城镇,并完成了对石油港口阿巴丹的包围。

1981 年 1 月 5 日,伊朗发起反攻,希望能解阿巴丹之围。战斗十分激烈,双方共有 400 辆坦克投入战场。伊朗虽一度突入敌方前沿阵地,但伊拉克在空中火力的支援下,最终夺回主动权。

双方进入僵持阶段。

同年 9 月末,伊朗发动阿巴丹战役,将伊拉克军队赶回卡伦河西岸,赢得了开战一年来的首次胜利。几天以后,伊朗军队又发动布斯坦战役,收复了阿拉伯河岸的重镇布斯坦。

1982 年 3 月 18 日至 29 日,伊朗军队将伊拉克军队赶出了胡齐斯坦省。接着,伊朗又发动"圣城"战役,于 5 月 24 日收复了霍拉姆沙赫尔。

至此,伊朗军队开始占上风,战场形势出现了明显的转折。6 月 10 日,伊拉克再次宣布单方面停火,并开始撤军。伊朗当然不会放过这难得的良机,他们乘胜追击,将战火燃烧到了伊拉克境内。针对伊拉克的主动示弱,伊朗方面则提出了

两伊战争没有胜者,留下的只有伤痛。

一系列苛刻的条件:伊拉克必须承认自己是侵略者;萨达姆总统下台;赔偿伊朗1 500亿美元的战争损失等。伊拉克自然不会答应,于是战火再次点燃。由于双方军事实力大体相当,战线基本呈胶着状态,谁也没有占到太大的便宜。

1988年,伊拉克积蓄了足够的反攻力量,在7月分基本上收复了全部失地。7月16日,萨达姆宣布主动撤出伊朗的德赫洛兰地区,再次呼吁伊朗领导人结束战争。第二天,霍梅尼突然表示接受停火。

历时八年的漫长战争终告结束。

兵家点评

历时八年的两伊战争,结果两败俱伤。两国军费开支近2 000亿美元,经济损失达5 400亿美元,死亡人数为1 000 000人左右,双方的综合国力因此受到很大的削弱。

两伊战争,也给现代战争中的军事后勤补给提出了新课题。战争初期,伊拉克本来希望速战速决,但因作战物资供应不上,等待补给,进攻态势被迫减弱。伊朗顶住了伊拉克军队的进攻后,也因补给困难而拖长了反攻的时间。转入反攻后,伊朗多次向伊拉克发动地面攻势,但两次战役的间隔较长,有时竟长达五个月以上。其主要原因是后勤系统混乱,武器装备等作战物资供应跟不上,续战能力不强。

由此可见,战略上的速战速决,虽然可以取得先机,甚至在一定条件下也能取得战争的胜利,但是如果不根据自己的国力、军力,不分作战对象,把速战速决的战略看成取胜的唯一法宝,而不做长期作战的思想、物资准备,则可能会欲速而不达,由主动变被动,甚至在战争中失利。

小知识:

刘伯承——当世孙武、一代军神

生卒年:公元1892～1986年

身分:元帅

重要功绩:挺进大别山,扭转战争的局势。在军事指挥和学术上对中国军队正规化的影响最大,白崇禧称他是"共军第一号悍将"。

血战贝鲁特
——"小斯大林格勒"战没

火力配系,是对战役、战斗编成内的各种火器做适当配置和分工所构成的火力系统,是防御体系的组成部分,分为对地(水)面火力配系和防空火力配系。

1982 年 6 月 3 日晚上,以色列驻英国大使在伦敦遇害身亡,凶手自称是巴勒斯坦解放组织的人。

这等于向以色列提交了宣战书。

6 月 4 日清晨,以色列内阁举行了秘密会议,商讨对策。经过两天反复的争论,以国防部长沙龙为首的主战派意见占了上风。

以色列总理贝京问沙龙:"你需要用多长的时间来做战前准备?"

沙龙胸有成竹地回答道:"如果有必要,现在就可以发动进攻!"

为了将黎巴嫩境内的巴勒斯坦解放组织一举剿灭,沙龙蓄谋已久。他早就在以、黎边境的加利利群山中集结了大量军队,所需要的只是一个开战的借口而已。

6 月 6 日,以军总参谋长埃坦将军向驻扎在以色列和黎巴嫩边境的联合国维持和平部队司令官卡拉汉少将宣布:"请将军阁下的军队让开道路,以色列国防军即将进入黎巴嫩!"

卡拉汉少将高声抗议道:"我是联合国军的司令官,我不允许你们这样做!"

埃坦冷笑着说:"以色列人作决定,从来不需要看外人的脸色!"

不久,以色列的装甲部队率先通过维持和平部队的哨所。紧接着,半履带运兵车、通信车、补给车、救护车和射程达 130 公里的自行火炮,也源源不断地驶进黎巴嫩。

沙龙神气十足地坐在吉普车上,不断地向以色列士兵挥舞着手臂,号召他们向前进攻。

以色列坦克部队的前锋到达列坦尼河时,巴解组织的成员没有抵抗就匆匆撤走了,放在哨所桌子上的咖啡还是温热的。

沙龙命令以色列军队,能攻克的据点,就迅速攻克;一时不能攻克的,就以少量军队包围、牵制,日后再腾出手来收拾这些孤立的据点。这一战术使巴解组织精心修筑的许多堡垒,随着腹地的陷落和补给的中断,不攻自破。同时也使以军赢得了宝贵的进攻时间。

8月14日,以色列军队完成了对贝鲁特的包围,沙龙站在曾经是巴解组织重要基地的波福特古堡的最高处,下达了总攻的命令。

大炮在第一时间怒吼起来,一枚枚炮弹带着与空气磨擦发出嘶嘶的怪叫声,不停地向贝鲁特西区倾泻。飞机也在空中不断盘旋,时而投下炸弹,时而低空扫射。在猛烈的炮火下,巴解组织并没有屈服,领导者阿拉法特向他的战士们、也向全世界宣布:"我们将与以色列战至最后一人!"最激烈的战斗发生在烈士广场上,巴解战士面对数倍于己的以色列人,死战不退。广场上的雕像被炸得身断肢残,四周的建筑物被夷为了平地,断壁残垣中随处可见鲜血和尸体。战斗中,以色列副总参谋长亚当被手榴弹炸死,成了自1948年中东战争爆发以来,被击毙的军衔最高的以色列军官。

由于巴解组织誓死不降,以色列的进攻开始升级了,民房、学校、大使馆,甚至是医院,全部遭到了以色列飞机的轰炸和扫射。贝鲁特成了人间地狱,居民死伤惨重。在沙龙的默许下,黎巴嫩基督教民兵组织进入贝鲁特附近的巴勒斯坦难民营,屠杀了1 500名巴难民。这一惨案震惊了世界。

各国纷纷谴责以色列的不人道行为,连美国总统里根也感到"火药味太浓了"。

最后,在美国的调停下,以色列同意停火,但要求巴解组织撤出黎巴嫩。8月下旬,在一个阴沉沉的早晨,阿拉法特在巴解组织

阿拉法特和巴勒斯坦解放组织成员

总部前的广场上,向战士们发表演说:"你们要记住,今天我们是以军人的身分离开贝鲁特的,总有一天还会站在这里!"

兵家点评

黎、以之间的冲突由来已久。然而每一场战争,最痛苦的不是最高层的统帅,也不是运筹帷幄的谋士,甚至也不是军队——而是老百姓!无论在以色列还是黎

巴嫩,无辜的他们都在流血和哭泣。或许,黎、以冲突在历史上只是一个不那么"波澜壮阔"的瞬间,但历史上太多的"波澜壮阔"都用千万人的尸骨堆就,用无辜者的鲜血染成。但愿和平能够重归以色列和黎巴嫩的大地,让黎以冲突真的成为一个"短暂的历史瞬间"。

小知识:

兴登堡——爱睡觉的护国之神

生卒年:公元 1847～1934 年

国籍:德国

身分:总统

重要功绩:1915 年取得马祖里湖等战役的胜利,重创俄军。1916 年负责德军东西两线的战略指挥,并在西线构筑了"兴登堡防线"(即"齐格非防线")。

空战史上最悬殊的比分
——80∶0 的贝卡谷地大空战

空战，敌对双方飞机在空中进行的战斗，是歼击机消灭敌机和其他航空器的主要手段，其他飞机进行的空战多属自卫性质。

1981 年，叙利亚将在黎巴嫩的贝卡谷地部署了大量苏制萨姆－6 导弹，这种导弹威力惊人，连超音速飞机也逃不脱它的打击。在第四次中东战争中，萨姆－6 导弹一度让以色列的空军吃尽了苦头，当时阿拉伯国家的孩子都会唱："苏联的萨姆升天，山姆叔飞机落地……"

沙龙做梦都想拔掉贝卡谷地的这些眼中钉，经过周密的计划，在入侵黎巴嫩的第三天，以色列空军终于向贝卡谷地射出了复仇之箭。这一次，以色列打破了战争史上突然袭击多在星期天和凌晨进行的惯例，选择在星期三的下午展开行动。

1982 年 6 月 9 日 14 时刚过，贝卡谷地的上空传来一阵阵嗡嗡的响声，山头上出现了许多以色列无人驾驶飞机。贝卡谷地的叙军指挥部不知是计，立刻命令雷达开机，并拉响了空袭警报。雷达是萨姆－6 的眼睛，只要捕捉到目标，敌机休想逃脱。当这些飞机进入叙军防空区域后，萨姆－6 导弹相继发射，山谷里红光闪闪，空中的飞机接二连三地被击中、坠毁。与此同时，

俄罗斯在苏联时代研制的"萨姆－6"防空导弹

盘旋在地中海上空的以军 E－2C"鹰眼"预警机立即开始工作，在几秒钟内就测出了叙军指挥雷达的电波频率。有了这些频率数据，以色列用雷射制导的空对地导弹和高爆炸弹就能轻而易举地摧毁萨姆－6 导弹基地。

叙军指挥官见坠落下来的飞机竟是用塑料制成的，才明白中了以色列的诡

E-2C"鹰眼"舰载预警机。

计,急忙下令关闭雷达。与此同时,在距离贝卡谷地40公里的地方,以色列的一架F-16向贝卡导弹阵地的指令中心发射了两枚"百舌鸟"导弹,雷达被摧毁,萨姆-6导弹彻底成了瞎子。紧接着,数十架F-15和F-16战斗机像恶狼一般向导弹基地猛扑过来,在短短的6分钟之内,贝卡谷地的19个萨姆-6导弹基地变成了一片废墟。

叙利亚空军在得知以色列飞机突袭贝卡谷地的消息后,立刻派遣62架米格-23和米格-21战机赶来支援。然而,以色列对此早有防范,由F-15、F-16和E-2C组成的混合作战机群在空中严阵以待。叙军的飞机升空不久,以色列的E-2C"鹰眼"预警机就将叙军升空飞机的距离、高度、方位、速度等数据通知了以色列战斗机。F-15立刻丢掉副油箱,迅速爬高,抢占有利位置,准备空中格斗。

叙军战机临近贝卡谷地上空时,遭到了以军电子战飞机的强电磁干扰,机载雷达屏幕上一片雪花,耳机里也听不清地面指挥口令,空战一开始就处于被动地位。双方的战机在空中往来穿梭,展开了一场混战。

作战中,一架米格-23与一架F-15正面遭遇,由于"米格"战斗机上的空对空导弹是寻热导弹,需要对着敌机的尾喷管发射,叙军飞行员便猛拉机头,企图绕到以机背后开火。没想到以色列早已对美制的"响尾蛇"空空导弹加以改进,能够迎头发射。米格-23刚想向上爬升,就见F-15机翼下闪出一串火花。一架F-16在完成轰炸任务后加速返航时,传感系统发出了警告:有导弹袭来! 以色列飞行员立刻发射出一枚红外干扰火箭,用强大热流将叙利亚的寻热导弹吸引了过去,F-16得以安全返航。

在当日的空战中,以军击落了叙军30架战斗机,自己却毫发未伤。

6月10日,以色列再次出动92架战机,将叙军新布署在贝卡谷地的4个萨姆-6导弹连和3个萨姆-8导弹连悉数摧毁。期间,叙利亚空军出动的52架飞机无一幸免,全部被击落,而以色列战机再次全身而退。

兵家点评

在为期两天的空战中,以色列空军运用高新技术,以未损伤一架飞机、击毁叙军 82 架飞机的辉煌战绩,在全世界引起极大震撼。以色列空军的胜利显示:电子战已成为现代战场的主要样式之一。

小知识:

鲁登道夫——总体战大师

生卒年:公元 1865 ~ 1937 年

国籍:德国

身分:上将

重要功绩:"成名曲"是 1914 年的列日之战;策划实行"无限制潜艇战";是总体战理论的创立者,所著的《总体战》对德军在二战中的战略影响巨大。

制导武器大显神威
——英阿马岛争夺战

精确制导武器,是以微电子、电子计算机和光电转换技术为核心的,以自动化技术为基础发展起来的高新技术武器。它是按一定规律控制武器的飞行方向、姿态、高度和速度,引导战斗部准确攻击目标的各类武器的统称。

1982 年 4 月到 6 月,为了争夺马尔维纳斯等群岛的归属权,阿根廷和英国爆发了一场以海空军实力较量为主的现代化局部战争。

4 月 2 日凌晨,阿军部队神不知鬼不觉地登上马岛之后,即刻占领首都斯坦利港的机场,继而包围了这里的英国总督官邸。总督和他的 200 名驻军都被迫缴械投降。第二天,南乔治亚岛又被另一支阿军占领,全部驻守英军被俘。之后,阿根廷继续向马岛增兵,并成立了南大西洋战区,任命隆巴多将军为司令。阿根廷成功夺回了被英殖民主义者占据 150 年久的马岛,使举国上下一片欢腾。

英阿马岛之战中,鹞式战斗机首次参战执行截击任务,就在空战中击落了对方 16 架飞机,进而一举成名。

英国在阿占领马岛后,立即组建战时内阁,准备反击。他们调遣占有海军总兵力 2/3 的部队,成立特混舰队,以少将伍德沃德为司令,同时还征用商船前往战区。4 月 5 日,英第一批舰船出航,同时 1 个空军大队转战到阿森松岛,7 日宣布马岛禁区范围在周围 200 海里。12 日,英发动四艘核潜艇潜入马岛海域,进行海上封锁。22 日,特混舰队的先头部队驶入南乔治亚岛海域。25 日,对南乔治亚岛进行机降和登陆两路作战,攻破守卫的阿军部队,为夺取马岛搭建了跳板。30 日,特混舰队成功完成了对马岛的海空封锁。

5月1日起,双方展开了封锁与反封锁的战斗。英军的"火神"式中程轰炸机,从阿森松岛起飞和"鹞"式舰载战斗机一同对马岛机场进行疯狂轰炸,同时用舰炮配合来轰击马岛港岸上的阿军工事。次日,英国"征服者"号核动力潜艇发射的一枚鱼雷,稳稳地击沉了阿根廷海军有"民族英雄"之称的"贝尔格拉诺将军"号巡洋舰,阿舰艇在敌军的重击之下只得撤回本国的狭小海域,英舰队对马岛的海上封锁轻而易举地完

"飞鱼"导弹在世界上享有很高威望,被称为"海上杀手"。

成了。阿军主要依靠航空兵力进行反封锁,并以潜艇牵制英舰的行动。5月4日,阿军从法国引进"飞鱼"导弹,并出动"超军旗"式轰炸机,对马岛附近海域轰炸,一举将英国最新式的"谢菲尔德"号驱逐舰击沉。英特混舰队在"超军旗"轰炸机和"飞鱼"导弹的威力下,被吓得将战区转移到阿根廷陆基飞机的航程之外的地方。

英军在做了充分的准备之后,于5月21日成功登陆阿军守备薄弱的圣卡洛斯港,激战六天后,巩固并扩大了登陆基地。5月27日,登陆的英军分别从东部和南部进军。29日,南下的英军率先占领达尔文港和古斯格林机场,随后,向东进军斯坦利港;东进的英军先攻取了道格拉斯,而后于6月1日攻占肯特山和查杰林山,并在这里和南路军会合,从陆上包围了斯坦利港。同日,英军后续部队成功登陆圣卡洛斯。6月5日至8日,英军又成功了登陆布拉夫湾。13日,各路英军发起总攻。14日21时,马岛阿守军投降。

兵家点评

英阿马岛战争是一场领土主权争夺战。在这次战争中最引人注目的,是精确制导武器在战争中的使用。阿根廷海军航空兵用"飞鱼"导弹击沉了英国特混舰队的"谢菲尔德"号导弹驱逐舰。英国海军潜艇用"虎鱼"式鱼雷击沉了阿根廷海军的"贝尔格拉诺将军"号巡洋舰。精确制导武器的使用,使传统海战"大炮巨舰"的模式发生了变化,过去那种以军舰的吨位和火力大小作为衡量实力强弱的

观念已经动摇;由于装有先进的目标探测装置和先进的射击指挥与制导系统,精确制导武器可以在看不见的距离上对敌方目标实施准确攻击,海战的对抗形式发生了重要变化;由于精确制导武器最富有威胁的发射平台,飞机和潜艇、海战中防空和反潜已具有新的涵义并变得更加突出和激烈,海战的内容变得更加丰富了。

战争中,阿军以航空兵实施反封锁,高低技术并用的战术,也值得学习和借鉴。

小知识:

艾伦比——史上最后一次成功的大规模骑兵战的指挥官

生卒年:公元 1861～1936 年

国籍:英国

身分:陆军元帅、子爵

重要功绩:1918 年连续攻占大马士革和阿颜勒等地,迫使土耳其退出战争。

现代高技术登上战争舞台
——海湾战争

高科技战争,交战双方至少有一方大量使用高技术武器和相对的战略、战术进行的战争,称为高技术战争。

1990 年 8 月 2 日凌晨 1 时,在空军、海军、两栖作战部队和特种作战部队的密切支持和配合下,伊拉克共和国卫队三个师共 10 万大军越过伊科边界向科威特发起突然进攻,仅用 10 小时就占领了科威特。

突如其来的战争,震惊了整个世界,更让地球另一侧的美国感到如坐针毡。在国际社会持续 5 个月的和平努力终成泡影后,海湾战争最终爆发了。

美军为首的多国部队首先开始的是"沙漠风暴行动"计划,对伊拉克发动大规模空袭。1991 年 1 月 17 日凌晨 1 时,科迪上校率 4 架"阿帕契"攻击直升机和 2 架"低空铺路者"特种作战直升机,在阿尔朱夫基地起飞,前去攻击伊军的雷达阵地。在距伊军雷达阵地 13 公里时,他们发现了攻击目标。随着科迪上校的一声令下,一枚枚"地狱火"式导弹像长了眼睛似的,径直冲向伊军的雷达,4 分钟后,伊军的两个雷达站便不复存在了。

1991 年 1 月 1 日,萨达姆在科威特的沙漠中为占领科威特的伊军煮汤。

几乎在攻击伊军雷达阵地的同一时刻,1 架绰号为"夜鹰"的 F-117 隐形战斗轰炸机潜入巴格达上空,将 1 枚 2 000 磅的精确制导炸弹投向伊拉克电话电报公司大楼的屋顶。紧接着,由数百架飞机组成的空军混合轰炸机群呼啸而至,飞蝗般的炸弹从天而降。顷刻之间,巴格达市笼罩在了一片火光和硝烟之中。战斗打响90分钟后,伊拉克的防空部队开始作出反应。但是多国部队的空袭非常猛烈,再加上强烈的电子干扰,伊拉克的防空雷达和地对空导弹很快就被压制住,只能用高射炮和高射机枪进行阻击。第一波轰炸过后,伊拉克的总统府、空军指挥部、巴格达电信电报大楼全被摧毁,两个机场陷于瘫痪。与此同时,科威特境内的伊军部队也遭到了轰炸,人员伤亡惨重,重武器装备损失了1/3。

在战争开始的当天,伊拉克总统萨达姆就向全国人民发表电视演讲,宣告"圣战"开始,并威胁说将使用携有化学武器的导弹袭击以色列。当天夜里,伊拉克向以色列发射了8枚"飞毛腿"地对地导弹。

1月18日,伊拉克向沙特阿拉伯发射了两枚"飞毛腿"导弹,其中一枚被美军的"爱国者"导弹击落。"爱国者"导弹是一种防空导弹,在战争中,一度成为了"飞毛腿"导弹的克星。在此后的12天空袭中,多国部队的空中力量摧毁了伊拉克600辆坦克和400门大炮,使300架伊拉克飞机失去了战斗力。

2月15日,萨达姆提出了有条件地从科威特撤军的政治解决方案。美国总统布什拒绝接受。战斗依旧继续,但是伊拉克的反击力量越来越弱。

2月24日凌晨4时,华盛顿五角大楼向全世界宣布:海湾战争的"最后决战"开始了。多国部队随即展开了"沙漠军刀"行动计划,各个兵种联合发起地面进攻。多国部首先在战线中部发起攻击,以吸引伊军统帅部注意力。随后,东西两端开始行动,以造成西端"关门",东端"驱赶"之势。美第七军担负主攻,先向北,随后向东,追歼伊军的主力部队。伊军被迫向西部和北部败退,并点燃了科威特境内的大量油井。在此期间,伊拉克军队继续向沙特、以色列和巴林发射导弹,使美军伤亡百余人;并在海湾布设1 167枚水雷,炸伤了美海军两艘军舰,但未能扭转败局。

2月27日,萨达姆宣布接受联合国安理会关于海湾危机的全部决议,历时42天的争斗终于偃旗息鼓。

兵家点评

海湾战争是一场高科技战争,也是各种新式武器的试验场。

战争中,美国动用了12类50多颗各种军用和商用卫星构成战略侦察网,为多国部队提供了70%的战略情报;多国部队与伊军新式飞机数量比为13:1,攻击直升机数量比为16:1,在空中作战投掷的80 000多吨弹药中,精确制导武器仅占总投弹量的 7%，但命中率却高达 90%。

同时，各种新式武器也纷纷亮相，并一展身手。美国的 E-3 机载预警和控制系统，能够把整个战场和单个图像联系起来。这种预警系统能够在 230 英里远的地方，识别低空飞行的目标，并且能够在更远的距离看到高空飞行的飞机。AV-8B"海猎鹰"式飞机除了能够垂直起落外，还能像直升机那样在空中盘旋。"响尾蛇"式导弹装有红外传感器，能够自寻来自喷气机引擎的热信号，其射程在 10 英里以上。"麻雀"式导弹是由雷达制导的，其射程在 30 英里以上。两种导弹都能够从不同角度进行攻击。"不死鸟"式导弹，射程达到 127 英里，其飞行速度是音速的 5 倍。"爱国者"式防空导弹，过去从未在战斗中使用过。它能够从卡车上发射，其射程在 60 英里以上，能够击落伊拉克的"飞毛腿"式弹道导弹。

这场战争改变了以往的作战模式，颠覆了二战以来传统的战争观念：

其一，空中力量发挥了决定性作用。海湾战争开创了以空中力量为主体赢得战争的先例，显示战略空袭和反空袭是未来战争的主要作战样式，有时甚至是唯一的战争样式。

其二，电子战成为未来战争的核心，对战争进程和结果产生重要影响，因此电磁优势将成为现代战场双方激烈争夺的制高点。

其三，作战空域空前扩大，战场向大纵深、高度立体化方向发展，不存在明显的前方和后方。

其四，高技术武器大大提高了作战能力，使作战行动向高速度、全天候、全时域发展。

小知识：
崔可夫——拥有外交生涯的勇将
生卒年：公元 1900~1982 年
国籍：苏联
身分：元帅
重要功绩：1942 年的斯大林格勒会战中，重创德军。

黑鹰折翼
——摩加迪休街头梦魇

"单兵作战系统"包括单兵防护系统、当兵武器系统,是用高科技加强步兵战斗力、机动性和防护性的整体系统,通常包括头盔、防弹衣、生命维持系统、通讯系统、火控系统和单兵计算机,以及先进的武器等。

1993 年 8 月,美国总统克林顿派出特种兵前往索马利亚,协助维和部队捕捉"索马利亚联合国会"领导人法拉赫·艾迪德。

10 月 2 日,执行这次任务的最高指挥官盖瑞森将军接到"线人"的情报,说艾迪德手下的军官于明天下午在沃迪格利的居民点碰头。这个居民点就在摩加迪休机场附近,房屋外有围墙,小巷纵横交错,至少聚居着 50 000 名忠于艾迪德的索马利亚人。

10 月 3 日,经过反复核实后,美军开始行动。汤姆·马提斯中校负责空中指挥,地面部队则由盖瑞·哈瑞尔中校率领。

下午 3 时 45 分,进攻开始。"小鸟"和"黑鹰"直升机率先升空,地面护送车队也随即驶出兵营。20 分钟后,先出发的两架"小鸟"直升机在目标大楼南侧狭窄的街道上着陆,"三角洲"队员从大楼后侧的楼梯冲进房间,向里面投掷了非杀伤性震荡手榴弹,仅几分钟就解决了战斗。队员们把 24 名俘虏押到院子里。接着,汤姆·迪托马索上尉向丹尼·麦克尼特中校发报,请求接应。丹尼·麦克尼特中校带着前头开路的 3 辆"悍马"车,来到了目标大楼。中校命令史楚克军士指挥 3 辆"悍马"车,先护送从直升机上滑下时摔成重伤的布莱克伯恩回营。此时,在院子外面的街头巷尾,早已聚满了索马利亚人,他们在艾迪德分子的煽动下,向大楼冲了过来,子弹不时地从美国大兵的耳边呼啸而过。

送走史楚克一行人之后,丹尼·麦克尼特焦急地等待着后面的接应车队。过了好长时间,车队才灰头土脸地赶到。经过一路的颠簸和阻击,有几辆车子的轮胎瘪了,发动机在冒烟,还有一辆卡车被炸毁了。突击队员把俘虏塞进车厢,这些俘虏不停地诅咒,并不时往美国大兵身上吐口水。

车队在上路后遇到了前所未有的困境,索马利亚人潮水般地向他们冲来。穿着鲜艳服装的妇女在小巷里穿梭,把 AK-47 冲锋枪递给躲在背后的男人,火箭弹也拖着烟尾在空中飞舞。在各个主要路口,索马利亚人都堆满了燃烧的轮胎,设置了路障。

在激战中,一架担负支持作战"超级61"直升机,被 RPG-7 火箭筒射手击中。盖瑞森将军立刻命令离坠机地点最近的"游骑兵"迅速前往救援。一架 AH-6 攻击直升机很快在街道上降落,驾驶员拿着手枪一边击退接近的民众,一边冲出来协助坠机的幸存者将伤员运上直升机。美军唯一的一架搜救直升机"超级68"随后赶到,可是搜救人员刚将绳索垂降下来,机身就被火箭弹击中了,带伤迫降到摩加迪休机场。为了解救幸存的"超级61"直升机人员,后续输送车队必须先开到坠机地点搭载。于是,车队在"超级64"直升机的掩护下一路狂奔,向"超级61"的坠机地点前进。"超级64"机上载有狙击手,但是为了不伤及妇女和儿童,每次射击时都必须将飞机降得很低,而这时,对方的子弹就会从下面雨点般地袭来。

十多名索马利亚武装民兵沿着与车队平行的街道奔跑,赶在车队的前头寻觅掩蔽处伏击车队。其余的索马利亚枪手则隐藏在赤手空拳的民众中,从街道两旁对着马路疯狂射击。一名枪手甚至利用三名妇女作掩护,趴在地上从妇女的胯下向美军开火。

索马利亚反政府武装成员

行进中,盘旋在空中的"超级64"直升机被索马利亚人用火箭弹击中了尾翼,驾驶员杜兰特只好将直升机迫降到地面。高斐纳驾驶着"超级62"赶来掩护,狙击手伦道尔·舒哈特中士和加里·戈登中士刚跃出机舱,"超级62"就被一枚火箭榴弹击中,被迫飞走。最终,杜兰特落入了索马利亚人之手。夜幕降临时,担负首批攻击任务的大约 160 名"三角洲"队员和"游骑兵"，全被索马利亚人分割包围。美军的"小鸟"直升机到这个时候才有了用武之地，飞行员使用红外线夜视镜来搜寻艾迪德武装，并用轻机枪解决了"超级 61"现场附近的索马利亚人。与此同时，"超级 66"直升机赶来为被困的突击队员空投了弹药、饮水、血浆等必需品。

最后，巴基斯坦和马来西亚维和部队开着坦克和装甲车前来支持，清除了游击队设置的路障，美军才总算全部撤离战场。

此次战斗，美军死 19 人，伤 70 余人，两架直升机被击落，3 架被击伤，数辆卡车和"悍马"车被击毁。这是越战以来美军所遭受的最惨重的军事失败。

兵家点评

摩加迪休之战体现了职业军队的战斗力。人数众多的索马利亚人在傍晚甚至调来了无后座力炮及迫击炮，也无法对环形防线中的美军造成实质性的威胁。这充分说明了武器装备及训练的重要性。另外，美军之所以将一场突袭行动变成了残酷的巷战，一个重要的原因是"三角洲"部队和"悍马"车队的通信不畅，延误了行动时间，也直接增加了直升机被击落的机会。这也给我们留下了一个重要的启示：无论什么时期的战争，通讯联系的作用都是十分重要的，有时甚至远远重于火力防护这样的一些硬指标。

经过这一惨痛的失败，让美军视地面战为畏途。无论是 1998 年对伊拉克实施的"沙漠之狐"行动，还是 1999 年的科索夫战争，美军均采取非接触作战方式——空袭战。这也许是美国人从此战中得出的教训。

小知识：
贝当——20 世纪最受争议的法国元帅
生卒年：公元 1856～1951 年
国籍：法国
身分：元帅
重要功绩：1916 年固守凡尔登要塞，挫败德军进攻，以"凡尔登英雄"而闻名全国。

俄军梦断嗜血之城
——格罗兹尼巷战

巷战,一般也被人们称为"城市战",这是因为巷战是在街巷之间逐街、逐屋进行的争夺战,发生的地点通常都是在城市或大型村庄内。

车臣首府"格罗兹尼"在当地方言中是"可怕和残酷"的意思,20世纪90年代以来,这里爆发了两次血腥的巷战,成为了名副其实的"嗜血之城"。

格罗兹尼在当初建城时,是按照作战要塞的要求来设计的,城里堡垒遍布,易守难攻。1994年,俄军第一次进入格罗兹尼就遭到了顽强的阻击。叛军在市区逐家逐户建构了防卫体系,包括火箭火力阵地和反坦克障碍。大楼的屋顶和高层遍布狙击手和高射炮的火力阵地,楼房下面的低层建筑也设置了火力点。郊区房屋的窗户和地下室入口、主要干道沿街和十字路口,全都用沙袋、石头和砖块堵塞,只留下一些枪眼用于观察和开火,交通要冲都布设了地雷。

车臣战争中俄罗斯一线作战部队

攻入城区的俄军恍若进了迷宫,很难辨别方向,空有优势武器和装备也无从发挥,全都变成了叛军狙击手的"枪靶子"。1000多名俄军,最后仅剩1名军官和10名士兵活着离开。隐蔽在居民区和各企业里的叛军炮兵,用火箭炮将26辆俄军坦克击毁了20辆,俄军的120辆装甲车也损失了102辆。在战斗中,叛军甚至用俄军士兵的尸体充当沙包,迭在一起筑成"人体碉堡"。

1999年,格罗兹尼发生了第二次巷战,俄罗斯阵亡士兵的尸体再次被污辱。叛军组成三人小组,每个狙击手搭配一个机枪手和一个火箭炮手。这样的组合杀伤力极强、机动灵活,兼具远—中—近三种距离的火力搭配,简直就是城市街道战的黄金组合。在巷战中,俄军75%的阵亡士兵死在狙击手的枪下。这些嗜血的恶魔号称"一枪一命",他们凶狠、果断、对地形了如指掌,散布于整座城市的阴暗处,令人防不胜防。俄军士官赫尔巴德斯在他的战地日记里写道:"我旁边的弟兄一个个倒下去,每个人的脑门上都留有小而圆的弹孔……"2000年1月18日,狙击手甚至射杀了俄军的格罗兹尼前线总指挥马洛费耶夫少将——头部两枪、背部一枪,枪枪致命。而叛军花钱雇来的国外佣兵更是要钱不要命,每杀死一百名俄军,就将得到10 000美元奖金。2000年1月24日,是第二次格罗兹尼巷战最惨烈的一天。当天滴水成冰,俄军尸横遍野,叛军武装若无其事地从这些冻僵的尸体上踏过——死去的士兵丧失了最后的尊严。

虽然俄军也调动了大批神枪队员来应付局面,但是俄军的死伤实在是太严重了。第二次巷战开始后,虽然官方报告称俄军平均每天有8人死亡、13人受伤,但报纸建议把这些数字扩大10倍才比较接近真实数字。美国人说他们打不起代价如此昂贵的战争——以一寸土地兑换一条人命。

最后,俄罗斯总统普京不得不下令轰平了格罗兹尼,才终止了这场惨烈的巷战。但这块弹丸小城,却成了俄罗斯军人心中永远的痛。

兵家点评

巷战具有以下两个显著特点:

其一,敌我短兵相接、贴身肉搏,异常残酷。城市中建筑物密集,受地形所限重武器几乎没有用武之地,整个战斗几乎都是以步兵轻火力突击为主。在巷战中,部队的机动性受到严重制约;视野局限,使得观察、射击、协同非常不便,很多情况下部队战斗队形被割裂,只好分散成各个单元独立作战。

其二,敌我彼此混杂、犬牙交错,危险性强。战斗中,敌我混杂、敌与平民混杂,形成了你中有我、我中有你的互相胶着状态。而进攻一方在明处,抵御一方躲在暗处,则更增加了巷战这种军事行动所具有的难度和风险。高大的建筑物和构筑在地下的掩体,往往是藏匿狙击手的好地方,出其不意的伏击与防不胜防的狙击,常常使进攻者损失惨重。

随着城市的发展,今后如果发生战争,城市巷战将仍不可避免,并将成为一种重要作战样式。在当今信息化的条件下,城市作战也凸显出了新的特点:打击手段趋于高科技化,如开发"多维监视系统",利用反狙击手和机器人技术,使用新型装甲防护技术,使坦克能够进入城区有效作战;打击方位趋于立体化,从陆、海、空、天四维对目标进行全方位打击和摧毁;打击目标趋于精确化,强调攻击与保护并重的原则。

现代非接触性战争的典范
——空袭科索沃

现代非接触性战争,指的是在作战行动中,透过使用信息化的火力,在不与对手直接接触的状态下,以各种远程突击兵器来杀伤和打败对手。

1999 年 3 月 23 日上午,北约秘书长索拉纳向来自世界各地的记者发布了一条惊人的消息:"和平解决科索沃危机的所有办法均未能奏效,现在除了军事行动外别无选择。经过北约 19 个成员国的一致同意,我已经下达了轰炸南联盟的命令!"他并没有透露进攻的具体时间,"因为这将由北约盟军总司令克拉克上将决定"。

3 月 24 日,南斯拉夫当地时间 20 时,蓄谋已久的北约终于刀剑出鞘,发动了代号为"盟军行动"的持续性大规模空袭。游弋在亚德里亚海域的"企业"号航空母舰率先发难,随后,6 架 B - 52 战略轰炸机突然出现在南联盟上空,发射出了一枚枚"战斧式"巡航导弹。首次在战争中亮相的 B - 2 隐形轰炸机也加入了战团,将一颗颗精确制导炸弹准确投向目标。导弹和炸弹像雨点一样倾泻,火焰在断壁残垣上燃烧,呜咽声在空袭警报中回响……

从实力比对上看,这是一场"老鹰"捉小鸡的非对称战争。从空袭开始到 3 月 27 日,北约出动了飞机 500 架次,发射了 250 至 300 枚导弹,重点袭击了南联盟的军用机场和防空系统。在此期间,南联盟防空部队也作了英勇的还击,在空袭的第二天,击落了两架参加空袭行动的北约飞机和 6 枚巡航导弹。在空袭的第四天,更让美空军引以为傲的 F - 117"隐形"战斗机折戟沉沙巴尔干。但是这些微小的胜利根本无法扭转大局,只能引来北约更为疯狂的轰炸。

从 3 月 28 日开始,北约将空袭的矛头指向南联盟的武装部队,特别是地面部队。到 4 月 1 日,空袭范围进一步扩大,汽车制造厂、无线电通讯设施、军火库、桥梁等目标均遭到了轰炸。为了逼迫南联盟及早就范,后来的空袭竟发展到了"想炸什么、就炸什么"地步。工厂、水电系统、医院、外国的使馆、村庄甚至连阿尔巴尼亚族难民车队都被纳入其"误炸"的目标,以致南联盟阿尔巴尼亚族难民愤愤

科索沃战争中战场上的士兵

地说："我们和塞族居民的关系并不像美国佬说的那么糟糕!"米洛舍维奇政府为了尽快结束战争,同意与阿族领导人鲁戈瓦举行政治磋商并达成协定,还承诺释放北约战俘,但北约对此不为所动,轰炸仍在升级。英国首相布莱尔更是一语道破天机："我们的最终目的是让米洛舍维奇这个欧洲最顽固的布尔什维克专制独裁政权彻底垮台!"

　　好像是老天故意与北约作对,巴尔干地区复杂的天气状况让负责空袭的指挥官伤透了脑筋。在头两周的空袭中,就有大约 20~50% 的计划因气候原因被取消。在整个科索沃战争中,北约一共出动飞机 35 000 万架次,只有 10 000 多架次的飞机顺利完成了攻击任务。在许多情况下,由于受到恶劣气候的影响,北约的轰炸机未到目标区实施攻击任务,便中途带弹返回。

　　不过,这并没有使北约知难而退,相反,轰炸愈演愈烈。

　　3 月 31 日,北约决定对南联盟进行持续 24 小时不间断轰炸,扬言要把这个本来就不太富有的巴尔干国家"炸回到石器时代"。如此高频率的狂轰滥炸一直持续到 6 月 10 日,南联盟的军事和基础设施几乎全部瘫痪。人员伤亡也急剧上升,居民纷纷躲进防空洞和地下掩体避难,多瑙河和地中海沿岸国家的生态环境也遭到了破坏。在这样的情况下,南联盟最终软化了立场,从科索沃撤出军队。

兵家点评

　　科索沃战争是现代非接触性战争的典范。它开创了空战制胜的先例,使空袭成为达到战争目的的唯一手段。

　　非接触性战争,是 20 世纪 90 年代以来崛起的一种新的作战样式,充分体现了一个简单而朴素的作战意图,即:我打得到你,你打不到我。当代信息化战场上的非接触性作战,在力量上将是以空、海、天联合作战为主,而不是以传统陆军为主;在方式上将是中远程精确打击,而不是短兵相接的直接拼杀。在整个科索沃战役中,北约的远程轰炸和精确打击主导了战争进程。从游弋在亚得里亚海的航空母舰,到幽灵般掠过长空的隐形战机,一批又一批高科技武器粉墨登场,将科索沃变成了试验场。

随着科技水平的迅猛发展,这种全方位、多层次、立体化的战争,将成为未来战争的主导形式。

小知识:

蒋百里——中国近代最知名的兵学家

生卒年:公元 1882~1938 年

身分:陆军上将

重要功绩:编着的《国防论》成为整个第二次世界大战中,中国军队的战略指导依据。

280

数字化战争的端倪
——伊拉克战争

数字化战争,就是数字化部队在数字化战场进行的信息战。它是以信息为主要手段,以信息技术为基础的战争,是信息战的一种形式。

2003 年春,在古老的幼发拉底河和底格里斯河流域刮起一场惨烈的"沙漠风暴",以美国为首的多国部队与伊拉克的战争全面爆发,令许多军事家震惊的是,此次战争自始至终仅仅持续 20 天,伊拉克首都巴格达就被多国部队所控制,最终以伊拉克的失败而告终。伊拉克军队为什么如此不堪一击?我们不妨把视角转向实地战场,去寻找答案。

美军在伊拉克战场

2003 年 3 月 29 日夜,伊拉克提前占领了一片高地作为阵地,在那里伊军隐藏了一个几十辆先进的苏制 T-72 坦克组成的坦克营,坦克都由掩体遮盖,只露出顶端用伪装网和树枝、草把覆盖着的炮塔。在其中的一辆坦克上,坐着坦克营营长,他两眼敏锐地盯着红外观察镜,不放过每一个可能出现的敌人位置。突然,一声巨响,美军穿甲弹击中了右侧一辆坦克,在强大的高温高压气流冲击下,里面的3名士兵脸色青黑,衣服和头发被全部烧焦,皮肤几乎都被烧熟,虽然还保持人形,但骨头已经被统统震碎,其状惨不堪言。还没等回过神来,左侧一辆坦克又被击中,巨大的炮塔顶盖被贫铀脱壳穿甲弹强烈的冲击力掀起,摔出5公尺多远,紧接着后面的一辆也中弹了。此时伊拉克坦克营营长,怒眼圆睁,死盯着观察镜,可是根本没有美国兵的踪影。而后方又传来被击中的声音,伊拉克坦克营长知道自己的部队有十足的力量,可是无从还击,无奈之下他为了避免无辜的牺牲只得下令:"全营官兵放弃坦克,下车举白旗投降"。那么美国究竟是用了什么更先进的武器将伊拉克军队置于此种境地呢?

原来是美国的M1A1坦克击毁了伊T-72坦克。其实,美制M1A1坦克和苏制T-27坦克在性能上并没多大差距,几乎是同一代。它们在火力、机动和防护等性能上基本一致,唯有在火力控制系统的观察瞄准装置上有一点差距,恰恰是这不起眼的差距,使T-72坦克在相较之下有了致命弱点。T-72坦克是用红外线瞄准镜,其有效观察距离是3公里,而M1A1坦克是用热成像仪,其有效观察距离是5公里。如此一来它们之间相差的这2公里就是T-72坦克的盲区,所以美国的M1A1坦克在伊坦克的盲区内实施攻击,在伊T-72坦克的观察镜上是发现不了任何迹象的,因此战场初期就出现了令人不可思议的一幕。同时,M1A1坦克的热成像仪,有极高的分辨率,它根据不同物质的热辐射强度来发现目标,即使在地下3公尺处隐蔽的坦克或汽车都能被它轻易定位,因此伊坦克虽然有掩体覆盖,并进行了周密的伪装,但在热成像仪准确的扫描下,依然会完全暴露;另外M1A1坦克配用的贫铀脱壳穿甲弹,弹头硬度强,密度大,初始速度快,仅靠弹头的动能就可轻易地穿透T-72坦克的装甲,因此在美制M1A1坦克面前苏制T-72坦克毫无战斗力可言。正如美国M1A1坦克兵所说:"击毁伊拉克坦克,和在训练场上击穿塑料模型靶一样简单。"

兵家点评

数字化战争以计算机网络为支柱,利用数字通讯进行联网,把作战指挥机关与各级作战部队乃至武器装备、单兵有机地连成一体;采用数字编码技术的方式,帮助语音、文字、图像等不同类型的战场信息、作战方案和作战计划等实现无阻碍、快捷、准确的传递;坦克、导弹等武器装备,与天基平台、作战飞机和军舰上的同类数字化系统相连,实现信息共享,信息实时传递,因而可以在更远的距离上发现和攻击敌人,可以充分发挥武器装备的整体作战效能,保证诸军兵种协调一致作战。

数字化使每位指战员都能保持对整个战场空间清晰的、透明的和精确的可视,并以此来拟订战斗计划和执行作战行动。数字化的核心是提供通讯和信息处理能力,使己方能够对整个战场空间的速度、空间和时间维进行控制,使所有参战人员能够共享战情战况,随时知道自己所在的位置、友邻部队的位置和敌方的位置,进而极大提高部队的战斗指挥能力,以小规模的军队取得大的攻击效率,进而赢得信息战的胜利。

小知识:

哈特——间接路线理论的倡导者

生卒年:公元 1895 ~ 1970 年

国籍:英国

身分:军事理论家

重要功绩:《战略论》自出版以来,曾被世界各国广为翻译出版,一直受到西方军界重视。